多维多点激励下大跨桥梁抗震性能及减隔震控制

全 伟 著

合肥工業大學出版社

图书在版编目(CIP)数据

多维多点激励下大跨桥梁抗震性能及减隔震控制/全伟著．—合肥：合肥工业大学出版社，2021.6
ISBN 978-7-5650-4535-6

Ⅰ.①多… Ⅱ.①全… Ⅲ.①长跨桥—抗震性能—研究 Ⅳ.①U448.43

中国版本图书馆 CIP 数据核字(2019)第 148726 号

多维多点激励下大跨桥梁抗震性能及减隔震控制

全 伟 著　　　　责任编辑 张择瑞

出 版	合肥工业大学出版社	版 次	2021 年 6 月第 1 版
地 址	合肥市屯溪路 193 号	印 次	2021 年 6 月第 1 次印刷
邮 编	230009	开 本	787 毫米×1092 毫米 1/16
电 话	理工编辑部：0551-62903204	印 张	11.25
	市场营销部：0551-62903198	字 数	253 千字
网 址	www.hfutpress.com.cn	印 刷	安徽联众印刷有限公司
E-mail	hfutpress@163.com	发 行	全国新华书店

ISBN 978-7-5650-4535-6　　　　定价：30.00 元

前　言

我国是一个地震多发国家，全国除少数省份以外，都发生过6级以上破坏性地震。地震的基本烈度在6度及以上地区的面积占全部国土面积的2/3以上。桥梁是陆上交通的生命线，它被破坏将严重影响抗震救灾工作的进行，使次生灾害加重。近年来，大跨桥梁（各种大跨度斜拉桥、悬索桥、拱桥、梁桥等）以及一些复杂桥梁（曲线桥等）的建设极为迅速，因此有必要对这些桥梁在地震作用下的动力及抗震性能进行深入地研究，以指导抗震设防工作。

理论研究结果和震害经验都表明，地震地面运动是复杂的多维多点运动。多维指的是地震动包括三个平动分量和三个转动分量；多点又称为非一致激励或者地震地面运动的空间变化等，指的是结构各支承如果相距较远，所承受的地震地面运动一般是不同的，这种不同主要包括行波效应、部分相干效应和局部场地土效应等。对于大跨桥梁，研究其在多维多点地震作用下的抗震性能及减隔震控制具有重要的现实意义。

本书共分为10章。第1章为绪论部分；第2章介绍了多维多点地震动输入，给出了多维多点地震动随机模型及人造时程模拟方法；第3章为多维地震动时程分析主方向确定，给出了曲线桥多维地震动时程分析主方向的确定方法；第4章介绍了多维多点反应谱法，阐述了多维多点反应谱法的基本原理；第5章为大跨斜拉桥多维多点地震反应分析，给出了大跨斜拉桥多维多点地震响应特征和简化计算方法；第6章为高墩大跨曲线连续刚构桥多维多点地震反应分析，给出了高墩大跨直线和曲线连续刚构桥多维多点地震敏感参数；第7章介绍了曲线桥多维多点地震激励半主动控制，研究了多维多点激励下曲线桥半主动控制的影响规律；第8章为铅芯橡胶支座（Lead Rubber Bearing，LRB）隔震桥梁多点地震反应分析，研究了LRB隔震连续梁桥在多点激励下的影响规律；第9章介绍了高铁矮塔斜拉桥多点地震动减隔震控制，研究了行波效应对高铁矮塔斜拉桥减隔震设计的影响规律;第10章为本书的结论。

在本书的撰写过程中,得到了黄山学院建筑工程学院赵士德院长和范兴华书记的大力支持,在此深表感谢。同时,还要感谢我的导师大连理工大学李宏男教授的指导和支持。另外,硕士生白士杰、张志强和于鸿铭协助进行了部分数据整理、排版和部分插图的绘制工作,在此表示感谢。最后,还要感谢辽宁省自然科学基金计划重点项目(20170540762)以及黄山学院2019年度校级人才启动项目(2019xkjq009)对本书及其研究的支持。

本书可供高等院校的本科生和研究生,从事桥梁抗震研究的工作人员以及从事桥梁抗震设计的工程技术人员参考使用。

由于本人水平有限,书中难免存在不足与错误之处,恳请读者批评指正。

黄山学院建筑工程学院　全伟

2019年7月

目　　录

第1章 绪 论

1.1 概述

众所周知，我国位于环太平洋和地中海-喜马拉雅两大地震带之间，地震灾害发生频繁，全国除少数省份以外，都发生过6级以上破坏性地震。地震基本烈度6度及以上地区的面积占全部国土面积的2/3以上。在全国所有城市中，位于地震区的占74.5％，约有一半城市位于基本烈度7度及以上地区。28个百万以上人口的大城市中，约85.7％位于地震区。地震给人类带来的灾难有目共睹，1976年唐山大地震顷刻间使一座拥有百万人口的城市夷为平地，伤亡40多万人，经济损失达100亿元。即使是在抗震技术发达的日本，1995年阪神地震也造成了5000多人死亡，3万多人受伤，数十万人无家可归，经济损失达1000亿美元。1999年，我国台湾的“9・21”南投地震，死亡人数2000多人，直接经济损失达118亿美元。2008年5月12日发生于四川汶川的里氏8.0级地震造成6万多人死亡，1万多人失踪，给人民的生命财产造成了极大的损失。我国从20世纪初至20世纪70年代，经历了四个地震活跃期，并从1988年开始进入第五个活跃期。2008年，新疆维吾尔自治区于田县发生7.3级地震和四川汶川县8.0级地震。2010年，青海省玉树县发生7.1级地震。2011年，云南省盈江县发生5.8级地震。2012年，云南省彝良县与贵州省交界处发生5.7级地震。2013年，四川省雅安市芦山县发生7.0级地震，甘肃省定西市岷县和漳县交界处发生6.6级地震。2019年，四川省宜宾市长宁县发生6.0级地震。

桥梁是陆上交通的生命线，桥梁在地震作用下的破坏将严重影响抗震救灾工作的进行，使次生灾害加重。对于大跨桥梁来说，其抗震安全性尤为重要。近年来，随着交通基础设施，包括公路、铁路以及市政道路等的大力建设和持续推进，大跨桥梁逐渐增多，包括大跨斜拉桥、悬索桥、拱桥、梁桥以及各种组合体系的桥梁等。为了保证这些桥梁在地震作用下的抗震安全，有必要对这些大跨复杂桥梁在地震作用下的动力及抗震性能进行深入地研究，以指导抗震设防工作。

理论研究结果和震害经验都表明，地震地面运动是复杂的多维运动，严格来说有六个分量，即三个平动分量（包括两个水平分量和一个竖直分量）和三个转动分量（包括两个摇摆分量和一个扭转分量）。对于大跨或者复杂桥梁而言，各个地震动分量之间的作用常常是耦合的，仅考虑一维地震作用显然是不够的，应该考虑多维地震动的联合作用。另外，对于大跨度桥梁而言，各支点的地震动是不同的，这一点已被许多强震的观测记录所证实。多点激励地震地面运动的空间变化等产生的原因主要有：①各支点的距离与地震波的波长在同一数量级时，各支点间地震动产生时间滞后，即行波效应；②由于地球介质的不均匀性，地震波在介质中的反射和折射使地震波在其传播方向的不同位置上叠加方式不同，由此产生各支点处地震动相干性的损失，即部分相干效应；③各支点处的局部土层不同，使由基岩到地表的地震波中各种频率成分的含量不同，即局部场地土效应。很显然，地震动是多维多点的，所以对大跨桥梁或者一些复杂的重要桥梁，考虑地震动的多维多点激励是非常必要的。

1.2 多维多点地震动输入

1.2.1 多维地震动输入

地震动输入在结构抗震设计理论中占有重要的地位，对最终的计算结果起着重要的控制作用，而地震动，特别是多维地震动是相当复杂的，人们对其还缺乏深入的认识。由于地震动转动分量的复杂性，而且缺乏可供实际应用的转动分量的观测资料，所以本书中多维地震动指的是地震动的三个平动分量，即两个水平分量和一个竖向分量。

1.2.1.1 水平和竖向地震动基本特性

1. 三个分量强度比

Hernandez 等综合文献中的成果，认为地震动的两水平分量之间的谱强度比值 γ_2 在 0.5 至 0.8 之间变化，而且远场地震动比近场地震动比值要大；地震动的竖向分量与水平分量中较大者的谱强度比值 γ_3 的变化范围较大，在 0.4 至 1.1 之间变化，在近场地震动时，竖向分量的谱强度可能大于水平分量的谱强度。

Niazi 等对我国台湾 SMART－Ⅰ台阵的超过 700 条近断层地震动进行了统计，认为地震动竖向分量与水平分量的加速度峰值的比值既与地震震级有关，又与震中距有关。在工程实际中，常常采用 2/3 的比值，对于离断层很近的情况，有可能会低估结构的反应，而对于震中距超过 50km 的情况，则会高估结构的反应。

王国权根据"9·21"台湾集集地震的调查结果发现，在部分近断层台站上记录的竖直方向地面峰值加速度（PGA）和地面峰值速度（PGV）大于相应水平方向的值。从总体上看，竖向地震动的峰值（PGA、PGV）、持时和反应谱都小于相应水平方向的值，从频率成分来讲，竖直方向包含更加丰富的高频成分。

Ohno 等通过对一些地震动的水平分量和竖向分量的分析，认为地震动水平和竖向分量持时相同，只是竖向地震动上升段更快。对于短周期结构，他们建议加速度反应谱竖向分量和水平分量的比值取 0.6，而对于长周期结构则取 0.5，可以简单利用一个谱传递率直接从水平地震动分量得到竖向地震动分量。

耿淑伟等采用严格按我国抗震设计规范划分场地条件的水平向 444 条、竖向 228 条实际强震记录，计算了不同情况下加速度反应谱竖向分量和水平分量的比值的平均值，结果表明，该比值与周期、震中距及场地条件有关。

因此，简单地将地震动各个分量看成一个确定的关系显然是与实际情况不相符的，实际应用时，应根据场地条件、地震震级、震中距、结构周期等诸多因素综合进行选取，以保证结构的安全。

2. 频率成分

地震动的频谱反映了地震动能量在频域内的分布情况，其重要性在于共振现象的存在，影响频谱特性的原因主要有震级的大小、震中距的远近以及局部场地土的特性等。理论研究指出，水平和竖向地震动所含频率成分是不同的，常常由地震动的穿零率(单位时间内地震波穿过零点的次数)和卓越周期来表述，竖向地震动加速度分量高频成分比水平分量丰富。

3. 持时

地震动持时反映了震源释放能量时间的长短，也反映了结构吸收地震能量时间的长短，主要对结构产生累积破坏效应。地震动作用下，多数结构的破坏都属于低周疲劳破坏。因为强地震动是一个模糊量，难以准确定义，只能靠经验确定，所以目前对地震动持时的定义尚不统一，在一定程度上均具有主观性。由于地震动本质上是多维的，所以将三个方向的持时取成相同是符合实际情况的。

4. 三分量之间的相关性

多维地震动的模型化方法常常是在单分量模型的基础上考虑各个分量的互相关性而得到的，所以，研究地震动三个分量的互相关性对复杂大跨结构多维地震动的抗震设计非常重要。

Penzien 等类比了弹性力学中的主应力轴系，提出了地震动的主轴概念，在主轴上地震动分量具有最大、中等和最小方差，在三个主轴上的各分量互不相关。在多维抗震分析的反应谱法研究中，主轴模型得到了广泛的应用，Lopez 等和 Menun 等都基于主轴模型提出了多维地震组合的 CQC3 法。Clough 根据主轴模型，推导了地震动各分量之间的可能相关性，并认为如果两水平地震动强度相同，两者之间的相关性为零，即使两水平分量强度比为 0.85 时，其最大相关系数为 0.14，因此绝不应该利用高相关分量来表示在特定地点的地面运动，因为这样的分量是不现实的。

Hadjian 的研究结果表明，地面运动两水平分量的相关系数几乎都在－0.32 至 0.32 之间，而实际应用上界于－0.5 至 0.5 之间。Chen 等计算了 104 条真实强震记录的相关系数，并认为将三维地震动分量简单地看成是独立的是不符合实际情况的，因为基于他们的统计分析，水平和竖向地震记录的相关系数在 0.16 到 0.2 之间。

黄玉平等假定两水平地震动加速度分量为平稳随机过程，通过对Ⅰ类场地上强度大于 0.05g(g 为重力加速度)的 11 组水平双向地震加速度记录进行统计分析，研究了双向水平地震动的空间相关性，得到如下结论：水平双向地震动加速度的相关程度较大，两水平方向加速度统计平均自谱在形状上大致相同，互谱的形状与自谱相近，互谱相位角较小。

王君杰对相关性的研究采用了两种方法：①假定水平两向地震动为平稳随机过程，各频率分量间相位差为零，由此，理论上导出了计算相干函数的公式，它能将基于主轴概念得到的相干函数公式包含在内。通过分析得到了不同频率的地震分量有不同的主轴方位和不存在一个所有频率分量共享的主轴系的结论。此方法的最大特点是将频率作为一个变量，考虑了其对各个分量相关性的影响。②通过对 SMART－Ⅰ台阵地震数据的分析得到了一个求相关性的经验公式，并对不同地震拟合了参数，研究表明，相干函数随方位的变化并不显著，从工程应用的角度考虑，近似认为相干函数与方位无关是可以接受的。

王国权认为，竖向分量和水平分量在幅值和频谱成分上的差别导致两者在相关性上的显著差别，通过对反应谱、加速度时程、速度时程、位移时程的相关矩阵的对比分析可知，从总体来看，两水平分量的自相关函数较竖向分量大，两者的互相关性也较竖向和水平方向大。竖向分量和水平分量的互相关性从总体上讲比较弱，而且这种相关性是随时间变化的。

钟菊芳等通过 SMART－Ⅰ台阵的 3 次强震记录，第 5 次、第 39 次和第 45 次事件的统计结果，分析了同一测点三个平动分量之间的相干性。统计结果表明，同一测点不同分量间地震动的相干性较小，是低相干，相干值小于 0.5，两水平分量的相干性比水平和竖向分量的相干性大。相干值随频率变化不大，衰减关系并不明显。建议在实际工程中不考虑同一测点不同分量间相干值随频率的变化，直接取为常数。

已有研究成果都表明，地震动三个分量是两两相关的，对桥梁进行多维地震动反应分析或者生成多维人工地震动时程时，应当适当考虑各个地震动分量之间相关性的影响。

1.2.1.2　现行规范相关规定

《公路工程抗震设计规范》(JTG B02—2013)中 5.1.3 条规定，设计基本地震动峰值加速度大于或等于 0.2g 地区的拱式结构、长悬臂桥梁结构，以及竖向地震作用引起的地震效应占总地震效应的比率大时，应同时考虑顺桥向 X、横桥向 Y 和竖向 Z 的地震作用；其余桥梁结构可仅考虑水平向地震作用。该规范中 5.2.5 条给出了竖向设计加速度反应谱的确定方法，可由水平向设计加速度反应谱乘以竖向/水平向谱比函数 R 确定。对于基岩场地，R 为 0.6；对于土层场地，R 根据结构自振周期的不同，取 0.5 到 1.0。

《铁路工程抗震设计规范》(GB 50111—2006)中 7.1.4 条规定，对于抗震设防烈度为 9 度的悬臂结构和预应力混凝土刚构桥等，还应计入竖向地震作用的影响。竖向地震作用可按结构恒载和活载总和的 7%计入，或按水平地震基本加速度 α 值的 65%进行动力分析。

《城市桥梁抗震设计规范》(CJJ 166—2011)中 5.2.3 条规定，竖向设计加速度反应谱可由水平方向设计加速度反应谱乘以 0.65 得到。该规范中 5.1.1 条规定，对于地震基本烈度为 8 度和 9 度的拱式结构、长悬臂桥梁结构和大跨结构，以及竖向作用引起的地震效应很重要时，应考虑竖向地震作用。

《城市轨道交通结构抗震设计规范》(GB 50909—2014)中 5.3.1 条规定，场地地表竖向设计地震动峰值加速度取值不应小于水平方向峰值加速度的 0.65 倍。当水平方向峰值加速度为 0.05g～0.4g 时，竖向地震动峰值加速度与水平方向峰值加速度的比值为 0.65～1.0，且峰值加速度越大，比值越大。在活动断层附近，竖向峰值加速度宜采用水平向峰值加速度值。

欧洲桥梁抗震设计规范明确指出，地震地面运动包括六个分量，三个平动分量和三个转动分量，可采用六分量模型进行表述。六分量模型可以根据 P 波、S 波、Rayleigh 波以及 Love 波占总的地震地面运动的比例得到。同时指出，对竖向地震动不敏感的桥梁结构可不考虑竖向地震动分量；转动分量一般占的比例很小，可以不考虑。通常情况下，只考虑地震地面运动的三个水平方向的分量。当采用反应谱法进行抗震设计时，应分别沿纵桥向、横桥向和竖向三个方向进行分析，然后采用一定的组合方法（SRSS 法或者 100/30 准则）进行组合。

美国规范指出，对于离活动断层 9.66km 以内的 D 类桥梁，应考虑竖向地震动分量的影响。此外，对于长跨、柔性桥梁和竖向荷载传力路径中存在较大偏心的桥梁，应考虑竖向地震动的影响。规范未给出竖向地震动与水平地震动的关系。

日本公路桥梁抗震规范中的竖向地震作用表征为竖向设计震度，用于支座验算时所需竖向设计地震力的计算，设计竖向震度由设计水平震度乘以一个折减系数得到，当为水平地震动（A 型支座）时折减系数的值取 0.5，当为水平地震动（B 型支座）Ⅰ类时折减系数的值取 0.5，当为水平地震动（B 型支座）Ⅱ类时折减系数的值取 0.67。

现行抗震规范出于对未来地震动方向的不确定性考虑而近似地取两个水平分量在峰值和频谱特性上是完全相同的，并分别按正交的两个方向独立进行地震作用验算，用一定的组合系数适当考虑正交地震作用效应的组合。这种实质上没有考虑水平分量在随机特性上的差别的处理方法，对一般的工程结构可能是可行的，但是对于大型的复杂的不规则结构来说，应该考虑两者在随机特性上的差别和两者的相关性。对于竖向地震动，一般按水平地震动的 0.6 倍左右取值，仅拱式、长悬臂和大跨结构等需要考虑竖向地震动的影响。

1.2.2　多点地震动输入

早期的地震动研究一般只注重研究地震动在时间内的变化情况，而在空间内常常假定为一致输入，即不考虑地震动在空间内的变化规律。近年来，各国的大跨度结构建设发展极为迅速，该类结构具有一些特殊的动力特性，例如，远大于一般结构的超长周期、密集的特征频率、结构的大尺度使其受到地震动空间变化的强烈影响，拟静力位移对结构总响应的影响不容忽视和空间耦合特性导致结构响应的多振型参与等。这些特殊的结构动力特性，要求用于大跨度结构的地震动模型能更准确地反映地震动的一些重要特性。因此，综合反映地震地面运动的时间变化和空间变化的各种效应以及生成相应的人造地震动随机场，对大跨度结构的地震响应分析具有重要的现实意义。

1.2.2.1　相干函数

为了指导工程实践，研究者们以相干函数的形式提出了地震动场的各种空间变化模型。从建立相干函数的方法来看，可以将相干函数分为三类：经验相干模型、半理论半经验相干模型以及纯理论相干模型。

1. 经验相干模型

经验相干模型一般以密集台阵的地震动记录为依据，通过回归分析的方法得到。由于不同学者所采用的数学模型不同、台阵地质情况不同、具体地震记录不相同，所以得到的相干函数模型有许多形式。下面给出一些典型的相干函数例子，公式中的 k_1、k_2、k_3、k_4、b 为常量参数（通过回归分析确定），ξ 为两点间距，ω 为频率，v 为视波速。

冯启民等依据中国海城台阵记录，得到：

$$\rho(\xi,\omega)=\exp[-(k_1\omega+k_2)\xi] \tag{1-1}$$

Harichandran 等依据 SMART－Ⅰ 台阵的第 20 次事件记录得到：

$$\rho(\xi,\omega)=k_1\exp\left[-\frac{2\xi}{k_2\theta(\omega)}(1-k_1+k_1k_2)\right]+(1-k_1)\exp\left[-\frac{2\xi}{\theta(\omega)}(1-k_1+k_1k_2)\right] \tag{1-2}$$

式(1－2) 中，$\theta(\omega)=K\ [1+(\omega/\omega_0)^b]^{-\frac{1}{2}}$。

Loh 等根据 SMART－Ⅰ 台阵的第 40 次事件记录得到：

$$\rho(\xi,\omega)=\exp\left[-\frac{k_1\omega\xi}{2\pi v}\right] \tag{1-3}$$

针对地震动相干函数统计资料存在方向性，Loh 等在后续研究中根据该台阵的第 40 次、第 41 次 和第 45 次事件记录得到如下与方位有关的相干函数公式，θ 为两点连线与波传播方向的夹角：

$$\rho(\xi,\omega)=\exp[-(k_1+k_2\omega^2)\,|\xi\cos\theta|\,]\cdot\exp[-(k_3+k_4\omega^2)\,|\xi\sin\theta|\,] \tag{1-4}$$

此外，还有 Abrahamson 等根据 LSST 台阵 15 次地震的地表测点记录得到的相干函数模型；屈铁军等利用收集的经验相干函数模型在各次地震的相干值取平均值，提出的适用模型；王君杰依据 SMART－Ⅰ 台阵的三次记录提出的模型等。

以上模型中只含一个空间变量 ξ，是一维相干模型。在空间分析中，结构中各个方向可能有多个支点，一维相干函数模型难以准确描述各支点激励的相关性。Hao 等根据 SMART－Ⅰ 台阵的两次事件记录提出了二维相干函数模型，如下所示：

$$\rho(\xi_1,\xi_2,\omega)=\exp[-(\beta_1\xi_1+\beta_2\xi_2)]\cdot\exp\left\{-\left[a_1(\omega)\sqrt{\xi_1}+a_2(\omega)\sqrt{\xi_2}\right]\left(\frac{\omega}{2\pi}\right)^2\right\} \tag{1-5}$$

式(1－5) 中，$a_1(\omega)=\frac{2\pi a}{\omega}+\frac{b\omega}{2\pi}+c$；$a_2(\omega)=\frac{2\pi d}{\omega}+\frac{e\omega}{2\pi}+g$；$a\sim g$ 和 β_1、β_2 均为常数；ξ_1、ξ_2 为 i、j 两点连线在沿波的传播方向和垂直于波的传播方向的投影。

Nakamura 根据 Chiba 台阵记录提出了另一种二维相干函数模型。严格地说，一维相干函数模型只考虑了一个方向的相关性，只能用于平面分析，而二维相干函数模型则能同时考虑两个方向的相关性，可以用于地震中两个方向相关性均需考虑的结构。

王君杰等对现有的地震动空间相干函数模型进行了总结，提出了一种新的面向工程应用的形式统一的地震动空间相干函数模型，并在此基础上推导了多点功率谱法和反应谱法所需要的振型组合系数的解析表达式，避免了耗费时间的数值积分运算。

通过经验统计回归而得到的模型有如下缺点：研究者笼统地将密集台阵地震记录分析回归，没有对地震动相干函数的可能影响因素进行区分，相干函数仅反映了场地处地质条件、地形特征对相干函数的影响；现有的回归模型一般是由一定距离的各个观测点的强震记录拟合而成，至于相对于其他距离的两点之间的相关性如何，还有待于强震记录的丰富。

2. 半理论半经验相干模型

针对完全统计回归经验模型的明显缺陷，研究者们提出了一些地震动空间相干函数的半理论半经验模型。Luco 等采用剪切波在随机介质中的传播理论，得到了如下地震动场的相干函数模型：

$$\rho(\xi,\omega)=\exp\left[-\left(\frac{\alpha\omega\xi}{v_s}\right)^2\right]\quad \alpha=\left(\mu\frac{R}{r_0}\right)^{1/2} \tag{1-6}$$

式(1－6)中，α 为相干性系数；v_s 为地震波传播介质的剪切波速；r_0 为剪切波传播途径的随机非均匀性的比例长度；μ 为弹性介质的相对变异的度量值；R 为传播距离。

Somerville 等将地震动空间变化主要归结为行波效应、震源的有限尺度、从震源到场地复杂波动传播以及场地条件，前两个因素归结为 $\rho_{source}(\xi,\omega)$，后两个因素归结为 $\rho_{path}(\xi,\omega)$，总的相干函数为两者的乘积。Kiureghian 从随机理论出发，提出了一个地震动相干函数理论模型，他将地震地面运动归结为四个方面的影响：行波效应、部分相干效应、衰减效应以及局部场地土效应。由于衰减效应在工程结构尺度内可以忽略，总的空间相关函数是后三者的乘积。杨庆山等的模型是在 Kiureghian 研究的基础上提出的，认为地震动相干函数的非相干效应对所有工程场址均具有相同的统计特性，在此理念上，他们提出了基于峰值因子的实用相干函数模型，并根据从实际地震记录统计得到的 187 个相干函数样本确定非相干效应的均值函数和方差函数。从这些模型可以看出，先分析影响地震动相干函数的主要因素，再分别研究单个因素的影响规律，是近年来相干函数模型研究的一种趋势。

3. 纯理论相干模型

由于目前密集台阵的有限性，没有位于基岩场地的台阵还无法得到基岩地震动的统计相干函数模型。丁海平等采用随机振动理论方法，考虑震源破裂速度、子源个数、震源深度和介质传播速度等因素的影响，对每个样本用数值模拟方法计算采用震源位错模型的基岩地震动场，最后根据所有样本统计得到了倾滑断层和走滑断层情形下近场基岩地震动相干函数模型。

本书采用公式(1－7)形式的指数函数分别对各种弹性介质水平和竖向的相干函数计算值进行拟合：

$$\rho(\xi,\omega)=\exp\left[-\left(a+b\omega^2\right)\xi\right] \tag{1-7}$$

式(1－7)中，a 和 b 为常数，通过回归分析得到。

通过计算可知，基岩地震动相干函数在一定范围内比土层地表相干函数高很多，说明如果将土层的结果用于基岩，则有失偏颇；地表和一定埋深处的水平方向相干系数基本相同；在深度200m范围内竖直向的相干函数比水平方向低。

由于目前缺少基岩地震动场的观测资料，无法得到相应的统计相干函数模型，因此理论模型是一个很好的补充，但是还有待于理论计算样本的丰富以及实际观测资料的验证。

另外，以上的模型大部分都是关于水平地震动分量的，对于竖向地震动分量的研究较少。刘先明利用SMART－Ⅰ台阵的六次事件地震记录，对竖向地震动场的相干函数进行分析，采用Hao提出的相干函数模型来描述竖向地震动场空间相干函数。丁海平等采用理论模型，利用指数函数形式得到了竖向相干函数的一些规律。

针对相干函数法描述地震动空间变化的固有缺陷，金星等、李小军等和Zerva等都提出了一种有别于此的研究思路：用模拟空间相关地震动场的方法来间接反映地震动的空间变化。这种方法的思路是从地震动的相位谱、相位差谱、幅值谱的角度进行合成，该方法在模拟地震动之前完全避开了地震动场相干函数的确定。该方法认为，传统的描述地震动空间变化的理论过于注重地震动场的经验统计，而忽视从物理过程来考察地震动的特征。这种直接模拟方法能否真实地反映地震动场的空间相关性还有待于进一步研究。

陈清军等提出了基于强震台阵记录的地震动空间相干函数实用模型。根据上述对基岩场地318条地震动记录、一般场地381条地震动记录以及软土场地417条地震动记录的空间相干函数计算值的分析，三类场地的地震动两点间的相干性均随距离和频率的增大呈指数形式衰减。对水平地震动分量和竖向地震动分量空间相干函数计算值的对比分析结果表明，地震动水平分量的相干性要大于竖向分量的相干性。

洪娜等针对目前有关地震动相干性研究基本上是限于自由场地的地面运动相干性的问题，为探究地震动随场地深度变化的相干性，提出了一种适用于不同类型场地随深度变化的地震动相干函数模型。

丁海平等提出基于能量的相干函数有效频段范围的选取方法，频率范围为0～8Hz时，频段内的能量达到总能量的99%左右。因此，建议在进行相干函数模型的参数拟合时，可采用能量比为95%～99%时对应的频率作为最大频率，从而减少高频成分对拟合结果的影响。

针对目前相干函数的研究现状，一方面要继续加强研究以得到确定合理的实际工程场地的地震动输入场的方法，这需要大量强震台阵记录的积累，短时期内想彻底解决不太现实；另一方面要着眼于工程应用，可以退而求其次，对相干函数选取一个简单的函数形式，评估一个相干函数系数可行的参数范围不会太难，求出结构响应在此区间的最大值，以保证结构的安全。

1.2.2.2 现行规范相关规定

《公路桥梁抗震设计细则》(JTG/T B02－01—2008)中第5.1.3条规定，桥址存在地质不连续或者地形特征可能造成各桥墩的地震动参数显著不同，以及桥梁一联总长超过

600m 时，宜考虑地震动的空间变化，包括波传播效应、失相干效应和不同塔墩基础的场地差异。对反应谱法或者功率谱法应取场地包络反应谱或者包络功率谱。

《城市桥梁抗震设计规范》(CJJ 166—2011)中第二章术语和符号内列出了非一致地震动输入的概念：特大跨径桥梁抗震分析中，尤其是时程分析中各个桥墩基础处的地震动输入有所不同，反应地震动的空间变异性。但该规范仅在 10.2.1 条的说明中指出大跨度桥梁抗震分析中应考虑地震动多点非一致的影响。

《城市轨道交通结构抗震设计规范》(GB 50909—2014)中 5.1.3 条规定，当工程场地表层工程地质特性变化显著、地形变化较大，或轨道结构的一个结构振动单位的跨度超过 600m 时，宜计入地震作用的空间变化。

现行铁路工程抗震设计规范不含有多点地震动激励的相关条文。

欧洲桥梁抗震设计规范明确指出，对于以下两种情况应该考虑地震地面运动的空间变化，即多点激励：①桥位处地质不连续(如软土场地与岩石场地相邻)或者存在明显的地形特征差异；②桥梁总长超过 600m，即使不存在地质不连续以及明显地形特征差异等情况。规范给出了地震地面运动空间变化的计算模型(适应于地面连续变形的情况)，同时指出，强烈地震下，由于表面断层或者土层断裂等引起的不连续的变形也应加以考虑，这种情况下应采用合适的结构体系尽量避免危害的发生。

美国规范仅笼统地指出了对长联桥梁应该考虑地震动空间变化效应。同时还指出了对于较短的桥梁，行波效应和部分相干效应相比于局部场地土效应影响较小。

总之，目前国内外规范关于多点地震动输入的条文规定还很笼统，且对多点地震动输入的求解未给出详细的方法，有待进一步研究。

1.2.3　多维多点地震动输入

建立合理的多维多点地震动输入模型非常复杂，主要难点在于多维多点相干函数的确定，包括地震动同一点各个分量之间的相干函数的确定，不同点相同地震动分量之间的相干函数的确定以及不同点不同地震动分量之间的相干函数的确定。这些相干函数的确定取决于多点地震动台阵观察记录的丰富，目前研究还不够完善，取值带有较大的随意性，影响了考虑多维多点地震激励效应的准确性，因此应该加强这方面的研究。

1.3　多维多点地震反应分析方法

1.3.1　多维多点反应谱法

1. 多维反应谱法

基于单分量输入的反应谱分析理论，许多研究者对多维地震动输入下的反应谱法做了有意义的探索，总结目前国内外有关结构在多维地震动作用下反应的组合方法，主要

有以下十种：①不考虑各地震动分量相关性的平方和开根号方法（简称 SRSS），即 $Q=(\sum_{p} Q_p)^{1/2}$；② 各分量单独作用下结构最大反应的绝对值之和（简称 SUM），即 $Q=\sum_{p} |Q_p|$；③ 方法 ① 和方法 ② 的平均值，即（SRSS＋SUM）/2；④ 三分量中产生反应的最大值与其余两项的平方和开根号相加（简称 NRLS），即 $Q=Q_{k,\max}+(\sum_{p\neq k} Q_p^2)^{1/2}$；⑤方法①和方法④的平均值，即（SRSS＋NRLS）/2；⑥三分量中产生反应的最大值与其余两项绝对值之和的 30％相加（简称 100/30 准则）；⑦三分量中产生反应的最大值与其余两项绝对值之和的 40％相加（简称 100/40 准则）；⑧三分量中产生反应的最大值与其余两项绝对值之和的 50％相加（简称 100/50 准则）；⑨CQC3 法，其为 CQC 法在多维地震作用下的推广，采用 CQC3 法可以求出结构在多维反应谱输入下的最不利输入角度，以保证结构的安全；⑩Hernandez 推导给出了当地震动三个主轴方向与结构轴线成任意角度时的反应谱组合方法，称为 GCQC3 法。

以上各种组合方法中，前 8 种方法均是基于三个地震动平动分量互不相关的假设给出的，而 CQC3 法是根据 Penzien 等所建议的主轴模型推导出的，GCQC3 法是当竖直方向不是地震动的一个主轴方向时推导出的。这两种方法利用主轴模型考虑了地震动三个分量之间的相关性，具有更高的准确性。

2. 多点反应谱法

各国抗震设计规范给出的结构抗震分析方法通常是反应谱法，这种方法简便、实用，且在一定的范围内具有较高的精度。但由于它是基于一致地震激励假设而建立的，难以应用于大跨结构的抗震分析。

近十年来，已有不少学者基于随机振动理论提出了一些改进的反应谱方法。Yamamura 等将结构各支承点根据其空间分布和场地情况划分为若干组，相距较近且位于同一场地的支承点划为一组，每组内各支承点的地面运动假定为完全相关，振型反应用 CQC 法加以组合；而各组之间的地面运动假设为互不相关，振型反应通过 SRSS 法叠加。但是该方法只能粗略地反映局部场地的影响，而无法考虑行波效应和部分相干效应，具有较大的局限性。Berrah 等用一个修正系数对多点支承处的反应谱值进行修正来考虑多点激励时地面运动的时空变化效应对结构反应的影响，然后用一致激励的振型组合方法（如 CQC 法）来组合结构的最大地震反应，他们在后续的研究中对一致激励反应谱振型组合方法中的相关系数进行了修正，但是该方法仍未计入结构的拟静力反应及其与动力反应的耦合作用，也未考虑局部场地土的影响。Kiureghian 等的 MSRS 法是基于平稳随机振动理论导出的多点激励反应谱分析方法，该方法具有较严密的理论依据，而且较全面地考虑了行波效应、部分相干效应及局部场地土效应的影响，较好地反映了各支承点地面运动的相关性和各振型间的相关性。Loh 针对 MSRS 法计算量大的缺点，对积分系数的求解给出了简化计算的方法。Kahan 等同样基于 MSRS 法探讨了当地震地面运动空间变化程度较小时，MSRS 法的简化形式，但是适用范围有限。Wang 等提出了一种基于与荷载相关的里兹向量的多点反应谱分析方法，该方法同样基于 MSRS 反应谱方法，只是在求取结构频率和振型时，采用基于里兹向量的方法，该方法可较大地节约计算工作量。

王君杰根据平稳随机振动理论推导出了一般阻尼体系在多维多点地震动作用下结构响应的反应谱法。王淑波基于虚拟激励原理提出了适合大跨桥梁的多点激励反应谱法,该方法适用性如何还有待于进一步验证。夏友柏等提出了一种基于改进振型法的反应谱法。李杰等将反应谱法推广到多点激励抗震结构的可靠度分析中,并简化了组合公式中的谱参数和相关系数的计算方法,大大提高了计算效率。刘先明根据大跨度空间网格结构的特点,忽略了拟静力反应项与动力反应的耦合项,从地震动功率谱密度函数以及频响函数对频率的选择性入手,对拟静力反应项与动力反应项的系数进行了研究并予以简化,大大减少了计算量。Allam 等利用 MSRS 法研究了多分量地震激励下斜拉桥的地震响应,将反应谱法计算结果与相应的随机振动法分析结果进行了比较,结果表明,两者吻合较好,验证了多点反应谱法的有效性。

Heredia 等将整个多支承结构的动力响应分析转化为受一系列单点激励的单自由度模态振子集合,并借此来考虑多点输入和地面运动的时空相关性,结构的动力响应方差也可以表示成一系列模态贡献和的形式,从而避开原结构体系的一些复杂计算。基于 Heredia 等人的方法,刘洪兵提出了一种计算结构最大地震响应数学期望的反应谱法,并对谱参数的计算进行了简化处理,还将该方法应用于安徽芜湖长江大桥在多支承下的地震响应,与 Kiureghian 的 MSRS 法比较符合,大大减少了工作量。孙建梅等针对大跨空间结构的特点,在虚拟激励原理的基础上,提出了一种形式简单、概念明确的多点输入反应谱法,并根据反应谱公式中的耦合系数需要数值积分才能求解、计算量大的缺点,从积分特性、地震动特性和频响函数三方面入手,提出了快速计算方法。苏亮提出了一种基于多点输入的绝对位移运动方程的多点反应谱法,该方法不再将多点输入位移分解为传统的拟静力位移和动态相对位移两部分,从而简化了结构多点地震反应的分析计算。

从以上的分析中可以看出,各种方法中以 Kiureghian 提出的 MSRS 方法理论最为严密,且经过验证,MSRS 法的精度较高,得到的应用相对较多,前述的绝大多数方法都可以看作是在该方法的基础上所做的简化。另外,各个研究者的研究范围基本都局限于单维多点的反应谱法,对多维多点的反应谱法基本没有涉及。

虽然多点反应谱法已经被提出十几年了,但是在抗震实践中还未得到广泛的应用,造成这一现状的主要原因有两个:其一是地震动输入的不确定性问题,目前对多点地震动输入模型的系统研究还很匮乏,远未形成可供实际运用的合理、有效的多点模型;其二是多点反应谱法的计算效率和计算精度问题。目前 MSRS 法计算中涉及相关系数的积分问题,计算量很大,当结构支点多、参振振型数目多时,计算量常常难以接受,这也是影响多点反应谱法走向实用的一个重要原因。另外,基于振型叠加的反应谱法本质上是一种线性方法,将其用于强非线性问题可能导致较大的误差。如何改进现有的多点反应谱法是目前的研究方向之一。

除了以上基于随机振动的多点反应谱法外,研究者们还提出了一些其他类型的反应谱法。Zembaty 等考虑了地震动激励的空间相关性,基于随机振动理论提出了结构抗震分析的剪力反应谱法,初步形成了修正反应谱思想,并通过适当相干函数来考虑地震动的空间变化，该方法粗略地反映了不同支承处地震动拟静力分量和动力分量的影响。Jeng 等基于随机振动理论提出了计算地震动行波作用下相邻结构最大相对位移的谱差法（SPD 法），由于考虑了时滞效应，因此用该方法计算相邻结构最大相对位移要比传统的振型组合方法更加准确，且应用更加方便，但该方法不适用于计算结构自振周期较小、支承相距较远等情况。

Trifunac 等将各柱的刚度作为权重来确定各柱的运动参考点，推导并得出了分析大跨结构第一层柱地震响应的四参数相对位移反应谱法——SDC 法，该方法使得大跨度结构非一致地震动的激励问题转化为传统一致激励的反应谱进行考虑。后来 Trifunac 等又在四参数 SDC 法的基础上，提出了六参数 SDC 法，可同时考虑非一致地震激励的出平面响应（如地震动扭转分量）。SDC 法的应用保持了传统反应谱法的简便性，该方法与既有的基于随机振动理论得出的多点输入反应谱法的主要区别是，基于随机振动理论的多点输入反应谱法以互相关函数描述各个支承点的运动差异，而 SDC 法则应用各个支承点的物理特性进行表示。

苏亮提出了基于两线支承结构的多点输入平均反应谱法，该方法的最大优点就是多点输入下两直线边支承空间结构的地震反应可以简化成一致输入的传统反应谱法得到。

然而以上几种反应谱法的适用范围有限，只适用于简单结构或者特定结构，难以应用于一般结构的抗震设计中。

3. 多维多点反应谱法

将多点反应谱法推广应用到多维多点领域（即可以得到多维多点的反应谱法）方向的研究还极其欠缺。目前常用的做法是假设各个方向地震动互不相关，利用单维多点反应谱法求得地震动各个分量的地震响应，然后用 SRSS 法进行组合，求得结构在多个分量下的响应。这种方法没有考虑同一点多维地震动分量之间的相关性，也没有考虑不同点不同分量之间的相关性，势必不能保证结构的安全，因此研究这些因素对结构地震响应的影响很有必要。本书在后续的研究中拟对忽略这些因素对桥梁结构的影响进行探讨。

1.3.2 多维多点时程分析法

时程分析法是一种更加精确的计算方法，具有更加广泛的适应性，该法可以将地震动输入的特性和结构的特性很好地联系起来，特别是将地震动输入的特性与结构的弹塑性地震反应联系起来，这样可以分析结构在地震作用下弹性和非弹性阶段的内力变化，以及构件逐步开裂、损坏直至倒塌的全过程。其主要缺点：一是计算工作量大，为了得到结构反应的统计结果，必须对多条地震波进行分析；二是计算结果过分依赖所选取的加速度时间历程曲线，同样峰值的不同地震波计算得到的响应可能相差若干倍。

1. 多维时程分析法

多维地震作用下的时程分析，涉及一个主方向问题，即不同的地震反应量对应着不同的地震输入的角度。只有在某一特定的方向输入地震波时，结构某点或某截面的应力才达到最大值。多维反应谱法作用下的最不利角度利用 CQC3 法或者 GCQC3 法可以比较容易地求得。时程分析法求地震激励的最不利主方向时，不少学者采用了沿着多个可能方向输入地震波，通过计算比较不同方向的输入结果，确定最不利输入方向，这种方法计算工作量大，数据处理十分麻烦。本书给出了曲线桥在多维时程分析时的主方向的确定方法。

2. 多点时程分析法

多点激励的时程分析法与普通的时程分析法并没有什么大的不同。但是计算时需要对运动方程进行重新推导，针对多点激励运动方程处理方法的不同，可以分为加速度激励法和位移激励法两种形式。加速度激励法是推导时将结构的总位移分为拟静力位移和动态相对位移的方法。拟静力位移可以通过静力方法求解，而动态相对位移可以利用与传统的一致激励加速度激励法相似的方法求解。位移激励法是直接以结构的绝对位移为求解变量的方法，地震激励以位移时程曲线的形式表达。

国巍等指出在大跨隔震结构中使用位移模型所需注意的问题，其根源在于位移模型推导过程中所忽略的阻尼项，若盲目忽略将可能在大跨隔震结构多点地震响应计算中导致严重误差。在已有工作的基础上，建议了两种有效且实用的修正方法：无质量刚度元修正方法和位移激励修正方法，二者均能巧妙避开或弥补原位移模型中存在的误差问题，可以实现大跨隔震结构地震响应的准确计算。经测试表明 SAP2000 所采用的位移模型因考虑了集中阻尼(非经典阻尼)的影响，所以计算结果可靠。

无论是加速度激励还是位移激励，对结构进行多点时程反应分析时，不仅需要结构各个支点的加速度时程曲线，同样需要得到合理的位移时程曲线，所以用于分析的地震动记录必须是经过基线调整的时程记录，满足自然积分关系，否则计算出来的结果将不可靠。

3. 多维多点时程分析法

多维多点时程分析法用于多维多点地震反应计算，关键在于多维多点地震动的模拟问题。如何得到符合实际场地条件的多维多点地震动时程曲线是计算的关键。目前在研究中采用的多维多点地震动时程曲线主要有以下几种来源：

(1)直接采用实际记录到的多维地震动时程曲线，各个支点之间考虑一定的时差，波形不变，仅考虑行波效应。

陈幼平等进行了天津永和桥多维多点下的时程反应分析，对斜拉桥在三向正交分量独立作用和联合作用下，考虑行波效应进行了数值模拟，对其影响规律进行了探讨。罗尧治等研究了索穹顶结构动力特性及多维多点抗震性能，考虑了三向地震动，同样只考虑了行波效应的影响。刘枫等进行了首都机场 3 号航站楼多维多点输入下的时程反应分析，输入多维地震动选用的是实际水平双向地震动，水平双向地震波的峰值加速度按 1∶0.85 进行调整。多点激励仅考虑了行波效应的影响，假定各分量行波波速相同。杨志等同样采用实际地震动研究了多维多点激励下老山自行车馆屋盖结构的地震反应分析。

(2)选用真实的密集台阵记录作为多点激励。

Nazmy 等利用美国的 El Centro 差动台阵记录研究了斜拉桥在多维多点地震记录下

的反应。秦权等研究了苏通桥在非一致地震输入下的反应，并对人工波质量进行了讨论。研究中，采用的地震动为台湾 SMART－Ⅱ台阵记录到的 7 群三维非一致地震记录，以及 2 群以杂交法针对苏通桥桥位断层和地质构造产生的三维非一致地震人工地面加速度时程历史作为输入。但是密集台阵记录仅仅适用于台阵场址，而实际结构所处场地条件各异，难以保证处于不同工程场址的结构都有合适的台阵记录。另外密集台阵记录极其有限，也难以保证各台站之间的间距与结构之间的间距相符。

(3)人工合成多维多点时程曲线

人工生成地震动多维时程曲线或者多点时程曲线的研究较多。但由于缺乏多维地震动的相关性模型，目前多维地震动的模拟一般是采用 Penzien 等于 1975 年提出的主轴模型。Penzien 等认为沿着主轴方向多维地震动三个方向的地震动分量是不相关的，这样就可以分别模拟沿主轴方向的三个地震动分量，即两个水平分量和一个竖直分量；然后用坐标旋转的方法变为沿结构长短轴向的两个水平方向。但是主轴模型是基于一致激励假设，能否推广应用于多维非一致的情况，还有待于进一步的研究。

Zanardo 等在研究中采用了人工合成的多维多点时程曲线对带有基底隔震装置的多跨简支梁的碰撞反应进行了研究。研究时分别拟合各个方向地震动，未考虑多维地震动之间的相关性；地震动各个分量的空间相干函数选用相同的形式；采用的是简单的谐波叠加法；利用强度包络函数考虑了地震动的强度非平稳性，未考虑频率非平稳性的影响；同时考虑了行波效应和部分相干效应的影响。Zanardo 等利用已有的三维实际地震动合成了满足给定相干特性的多维多点位移时程曲线，各个地震动分量多点相干函数同样取相同的形式。

田利等开展了复杂地形场地上多维多点地震动模拟研究。惠迎新等开展了跨断层桥梁非一致激励输入模型适用性研究。赵博等研究给出了一种空间相关多点地震动合成的实用模拟方法。Konakli 给出了一种考虑桩土地震相互作用以及行波效应、部分相干效应以及不同场地土条件的人造时程生成方法。Hu 研究了采用谱表示法模拟多点人造地震动时的统计误差，以便更准确地模拟多点人造地震动。由于多维多点地震动相干模型的复杂性，现有的多维多点人工地震动程序在模拟时，均对相干函数进行了简化处理，忽略了部分相干系数的影响。

目前人工合成多维多点地震动的方法还非常不成熟，带有很大的假设和任意性。这主要是缺乏可供实际应用的多维多点地震动统计模型，因此应当加强这方面的研究工作。

此外，多维多点地震动作用对非线性体系的反应的影响远比线性体系复杂得多，主要原因在于叠加原理不再适用。已有的研究表明，在对结构进行多维多点地震反应分析时，由于它对结构及其构件的作用是空间的，多维多点地震动作用下结构反应比仅考虑多维或者多点地震动作用的结构反应大得多，因此应进行多维多点地震动作用下的结构反应分析。为研究地震动作用下结构的破坏机制及正确评估结构的安全性，需要考虑多维地震动作用下结构的非弹性动力性能，首先要建立考虑空间力相互作用的构件恢复力模型。这一理论难度较大，且理论研究尚不完善，故关于这方面的假设还具有较强的假设性。相关分析方法主要有微观有限元法和宏观有限元法两类。

1.3.3 多维多点随机振动法

随机振动法是近年来研究较多的方法之一，并已作为与时程法、反应谱法并行的一种分析方法被列入欧洲规范。随机振动法是概率性分析方法，它把具有统计性质的地震动作用到结构上求出结构的反应。该法建立在地面运动统计特征的基础上，提供了对响应的统计度量，不受任意选择某一个输入运动的控制。

目前，国内外学者在随机振动领域进行了广泛的研究，在地震动随机模型以及结构在地震作用下的随机反应分析方法等方面取得了较好的研究成果。Williams 首次提出了振型加速度法的概念，此法能较好地反映高阶振型对结构反应的影响，应用较少的振型就能达到较高的精度。Kiureghian 提出了计算高层建筑平-扭耦联效应的随机地震反应的振型位移法，但在处理具有非重合的质量和弹性中心的高层建筑时，为了获得足够的精度，需要考虑的振型数很多，计算量大大增加。王虎栓等提出了均值反应谱随机振型加速度法，对具有非重合的质量和弹性中心的高层建筑，仅用少数几阶振型就能得到较好的结果，且与振型位移法相比，收敛更快。李宏男将振型加速度法推广应用到多维地震动领域，得到了多维随机振动的振型分解法和振型加速度法，并运用该方法研究了多高层建筑在地震平动和扭转分量共同作用下结构的随机反应。

Harichandran 等应用随机振动理论分析了地震动空间变化对简支梁桥、悬索桥等桥梁结构的地震反应的影响。其他研究者也利用随机振动方法研究了核电站、大型桥梁结构、管道、坝体等的地震反应分析。目前，大型有限元程序 ANSYS 内已有结构多点随机振动分析模块，可用其对结构进行多点地震反应分析。

应用随机振动分析方法时，计算工作量是一个非常突出的问题，林家浩等近年来发展的虚拟激励法计算效率很高，理论上是随机振动方程的精确解法，为大跨度结构多点激励地震分析提供了一个有效的途径。较反应谱法而言，该法不仅能较容易地考虑多点输入时地震动转动分量的影响，理论上亦可精确地处理非比例阻尼问题等，因此具有较好的应用前景。但是，要使该法真正在工程上应用，许多工作还有待完成，最主要的是多点激励随机地震动场的确定和随机地震响应分析结果的处理。

薛素铎等将虚拟激励法推广到多维地震动作用下，进行了网壳结构多维多点非平稳随机地震响应分析研究。赵灿晖等同样将虚拟激励法推广到多维地震动作用下，计算了大跨钢管混凝土结构的地震响应；探讨了虚拟激励法在多维非一致激励情况下的应用问题。但随机振动法与反应谱法有相同的缺点，即由于采用了谱的概念，目前仅能适用于线性系统，因此如何考虑非线性等因素的影响，并用相应的实用分析软件进行充分验证，以便将其正式纳入我国抗震规范等，还需要进行大量的研究。

李忠献等对大跨度空间网格结构进行了多维多点随机地震响应分析。数值仿真分析了一柱距 80m 的正方形平板网架分别在一维地震动和三维地震动的一致激励、行波激励和考虑部分相干效应的随机激励下的地震反应。计算时两水平地震动分量的相干系数取 1，水平和竖向地震动的相干系数取 0.6。水平两个方向和竖向加速度按 1∶0.85∶0.65的比例进行输入。

丁阳等对天津奥林匹克体育场屋盖结构分别在一维随机地震动和三维随机地震动的一致激励、行波激励以及考虑部分相干效应和地震动非平稳的多点激励下的反应进行了研究。经试算，考虑了前200阶振型的影响和强度非平稳性的影响。

Hao利用随机振动法研究了同时考虑水平和竖向地震多点激励下，圆形拱桥的地震反应。由于缺乏可供实际应用的竖向多点地震动相干函数模型，而已有的研究表明相同场地的不同事件，竖向地震动有时比水平地震动相干性大，有时比水平地震动相干性小，还远未形成共识。因此，本书对水平和竖向地震动相干函数模型近似取相同的形式，且假设水平和竖向地震动是完全不相关的。

Manohar等根据多维多点地震动模型参数的不确定性，提出一种求得结构在多维多点激励下结构最不利反应的方法。该方法认为多维多点各个分量之间的相干性是完全不可知的，利用求极值的方法，求得结构最大响应。显然该方法并未借鉴现有多维多点相干函数统计分析的成果，只是简单地求取结构的最大响应，是一种偏保守的做法，适用于危险性极高的核电站等结构的抗震设计，对一般结构显然是不合适的，必然会造成浪费。本书建议综合评判相干函数值的范围，然后求得结构在该范围内的极值以用于抗震设计，此方法应该是一种比较合理的方法。

Heredia等提出了一种新的多点随机振动分析方法，该方法的优点在于其动力响应可以基于不相互耦合的各个振型的叠加得到，避免了振型之间耦合系数的计算，计算效率较高。

随机振动法在多维多点地震分析领域有广阔的发展前景，但同时存在以下不足：多维多点随机模型有待完善，如何考虑非线性因素的影响以及如何提高计算效率的问题等。

1.4 大跨桥梁多维多点地震反应特性

研究者们针对不同类型的桥梁开展了多维多点地震反应分析的研究工作。项海帆、陈幼平、范立础、史志利、Namzy、Allam、Soyluk等对大跨斜拉桥进行了多点激励地震反应分析。李忠献、刘洪兵等针对高墩大跨连续刚构桥开展了多点地震激励的研究工作。Harichandran、Dumanoglu、胡世德、刘春城等对悬索桥进行了多点激励地震反应分析。黄海新等对自锚式斜拉-悬吊协作体系桥进行了多点激励下的地震反应分析。王君杰研究了多点激励效应对大跨度拱桥抗震安全的重要意义。Hao研究了圆弧拱多点激励下的响应，并指出由于结构对称模态的激起，多点输入的考虑会增大结构的响应。以上研究可以看出，多点输入对大跨度桥梁结构的地震响应是不可忽视的，其可能增大也可能减小结构的响应，难以得到确切的结论；不同桥梁结构形式多维多点地震激励敏感性程度存在较大的差异。

地震动的空间变化效应不仅对大跨桥梁有十分显著的影响，对中小跨径的桥梁也有十分重要的影响。Tzanetos等研究了五跨钢筋混凝土桥梁在多点地震激励下的弹塑性动力响应，其跨径为32m＋3×40m＋32m。Kim和Feng研究了空间变化地震动对桥梁易损性曲线的影响，研究了跨径从13.5m到63.5m的七座桥梁的影响。Sextos等进行了同时考虑地震地面运动的空间变化、场地土效应以及土结构相互作用的钢筋混凝土桥梁的弹塑性地震反应分析。Lou等研究了三跨斜梁桥在空间变化地震动作用下的线性和非线性地震响应，跨径为30.48m＋36.58m＋30.48m。Lupoi等研究了地震地面运动的空间变化对钢筋混凝土桥墩延性需求的影响，结果表明多点激励大大增加了结构破坏的概率。Wafy等研究了行波效应和场地土效应对长联桥梁的影响规律。

除桥梁结构外，研究者们还进行了多点激励对输电塔-导线体系的地震反应分析（Ghobarah、岳茂光、全伟等）；多点激励对大坝的地震反应分析（Harichandran、Alves等）；多点激励对地下管线的地震反应分析（Hindy、屈铁军、董汝博等）；多点激励对普通建筑的地震反应分析（Hahn、Hao、Heredia、Aviles、夏友柏等）。多点激励对大跨空间结构的地震响应研究（孙建梅、罗尧治、刘枫、杨志、李忠献、杨庆山、王社良等）。

随着结构减震装置在大跨度结构上的应用，多点激励对有控结构（包括主动控制、半主动控制以及被动控制）的影响开始引起研究者的关注（Caicedo、代泽兵、史志利、亓兴军、吴春秋、杨德健等）。

Ates、江宜城等进行了多点激励对隔震桥梁的影响分析。Shrestha开展了旋转摩擦阻尼器对多点激励下的多跨简支梁桥振动控制的有效性分析。Hao进行了简支梁桥在多点激励下的稳定性分析。Ohsaki等进行了多点激励下桁架拱截面的优化分析。Kim等进行了多跨桥梁在多点激励下的易损性分析。丁光莹等在Berrah等提出的多点输入反应谱法的基础上，进一步给出了结构最大反应的方差组合公式，建议基于非一致激励反应谱分析的抗震可靠度计算方法，并将其应用到大型电厂输煤栈桥的抗震可靠度分析中。李建华等将Heredia等提出的反应谱法推广应用到结构抗震可靠度计算分析中，发展了基于多点激励反应谱理论的结构抗震可靠度计算方法，并通过Monte Carlo模拟对该方法进行了验证，分析结果表明，这一抗震可靠度分析方法具有良好的精度。孙建梅等建立了基于多点虚拟激励反应谱法的结构抗震可靠度分析方法，该分析方法能够较方便地应用于大跨空间网格结构的抗震可靠度分析，可在概率意义上保证结构的抗震安全性。Du等开展了多点地震激励下桥梁-列车系统动力相互作用的研究。

另外多点激励对桥梁碰撞的研究也开始引起研究者的广泛关注。Hao进行了多点地震激励对桥梁支承长度的影响的研究。Jankowski等进行了隔震桥梁上部结构碰撞的研究。Chouw等进行了土结构相互作用以及近断层非一致激励对桥梁伸缩缝的影响的研究。Bi等开展了峡谷场地下空间变化地震动下桥梁结构的三维碰撞反应分析。Shrestha等开展了空间变化地震动下橡胶缓冲器和侧向限位装置用于减轻桥梁结构碰撞或者落梁损伤的有效性研究。李忠献等进行了考虑地震动空间效应的城市高架桥梁地震碰撞响应研究。王军文等研究了地震动行波效应对连续梁桥纵向地震反应碰撞的影响。

近年来，随着国内多点地震动台阵的大量建设，多维多点激励下大跨桥梁的振动台试验逐渐增多。张超等开展了三塔长跨斜拉桥振动台试验研究。何立翔等开展了空间多点地震作用下桥梁结构碰撞响应振动台试验研究。孙利民等开展了超大跨斜拉桥多点振动台试验研究。Li等开展了曲线桥多点振动台试验，该试验考虑了行波效应和局部场地土效应的影响。

可以看出，多点激励效应与其他因素（如减隔震、碰撞、可靠度、稳定性、易损性分析、土结构相互作用）的耦合分析，以及多点振动台试验研究已经成为目前研究的热点。

1.5 本书主要内容

1.5.1 存在的问题

各国的研究者们已经充分认识到对大跨桥梁考虑地震多维多点效应的重要性，从多维多点地震动输入、多维多点地震反应分析方法以及大跨桥梁多维多点地震动下的响应特征等方面都取得了长足的进步。但是目前还存在以下问题：

(1)多维多点地震输入模型问题。已有不少学者针对该问题利用现有地震记录或者地震台阵记录进行了一些统计分析，但如前所述，目前离建立真正合理的多维多点模型还相距甚远，强震记录还有待丰富和进一步研究。

(2)各种不同的抗震计算方法各有优缺点，在可以预见的将来，不存在哪一种方法完全替代其他方法的情况。应该充分利用各种方法的特点，在分析时灵活选用。

(3)不同桥梁结构体系在考虑多维多点地震激励时的简化分析方法或者随结构参数的变化规律还有待更深入、更系统的研究。

(4)开展不同结构类型大跨桥梁振动台试验研究，积累振动台试验研究数据，验证理论方法的有效性。

1.5.2 主要内容

针对以上问题，本书主要围绕多维多点激励下大跨桥梁结构的抗震性能和减隔震控制而展开，针对多维多点地震动输入、曲线桥多维地震反应分析，多维多点反应谱法、大跨斜拉桥多维多点地震反应分析，高墩大跨曲线连续刚构桥多维多点地震反应分析，曲线桥多维多点地震激励半主动控制，铅芯橡胶支座隔震桥梁多点地震反应分析以及高铁矮塔斜拉桥多点地震动减隔震控制等几个方面进行论述，以期为大跨桥梁结构抗震分析更好地考虑多维多点效应给出一些实用的计算方法和建议。

本书共分10章。第1章绪论，系统地回顾了多维多点地震动输入、多维多点地震反应分析方法以及大跨桥梁多维多点地震反应特性的研究现状。第2章多维多点地震动输入，通过台阵记录的统计分析，给出多维多点地震动随机模型的确定方法以及多维多点人造时程模拟的方法。第3章多维地震动时程分析主方向确定，以曲线桥为例，通过公式推导，给出了多维地震动时程分析主方向的确定方法。第4章多维多点反应谱法，给出了多维多点反应谱法的计算公式以及基于MATLAB的多维多点反应谱法程序的编制原理。第5章大跨斜拉桥多维多点地震反应分析，采用多维多点反应谱法研究了大跨曲线斜拉桥在竖向、纵向、横向以及多维多点激励下的响应特征，并给出了简化方法以及基于遗传算法求解多维多点反应谱法的最值。第 6 章高墩大跨曲线连续刚构桥多维多点地震反应分析，通过工程实例研究了高墩大跨曲线连续刚构桥多维多点地震响应特征，分析了系梁、墩高、跨数等敏感参数对桥梁地震响应的影响规律。第 7 章曲线桥多维多点地震激励半主动控制，研究了多维多点激励下曲线桥半主动控制的影响规律。第 8 章铅芯橡胶支座隔震桥梁多点地震反应分析，给出了 LRB 隔震连续梁桥在多点激励下的影响规律。第 9 章高铁矮塔斜拉桥多点地震动减隔震控制，研究了行波效应对高铁矮塔斜拉桥减隔震设计的影响规律。第 10 章结论。

第2章　多维多点地震动输入

2.1　引言

合理的地震动输入是对大跨桥梁开展抗震设计的基础。由于地震记录的有限性，难以找到满足条件的实际地震记录进行桥梁的抗震分析，因此，生成合理的人工地震动时程已经成为大跨桥梁抗震研究的重要组成部分。要生成合理的多维多点时程曲线，必须先给定多维多点地震动的统计特性，包括多维多点地震动各个地震动分量之间的相干性以及各点地震动的功率谱或者反应谱取值，而这些参数的取值还远未达到共识。

本章拟对该问题进行探讨，根据以往的研究成果和对台湾 SMART－Ⅰ台阵的实际多维多点地震动记录的几次事件的进一步分析，初步建立了实用的多维多点模型，为多维多点人工地震动时程合成打下基础，也可供多维多点反应谱法和随机振动方法参考。

2.2　多维多点地震动随机模型

假定结构受多维多点平稳随机激励，由于具有空间变化效应的地震动在本质上是随机的，因此可以用地面各点加速度的功率谱密度函数矩阵来加以描述。首先建立单点多维平稳地震动的功率谱矩阵，考虑多维地震各分量间的互相关性：

$$\boldsymbol{S}(\omega)=\begin{bmatrix} S_{xx}(\omega) & S_{xy}(\omega) & S_{xz}(\omega) \\ S_{yx}(\omega) & S_{yy}(\omega) & S_{yz}(\omega) \\ S_{zx}(\omega) & S_{zy}(\omega) & S_{zz}(\omega) \end{bmatrix} \tag{2-1}$$

式(2-1)中，对角线元素 $S_{xx}(\omega)$，$S_{yy}(\omega)$，$S_{zz}(\omega)$ 分别为各点地震动的水平 x，y 方向以及竖直 z 方向的自谱密度；非对角元素 $S_{ab}(\omega)$(a，b 表示 x，y，z；$a\neq b$) 为各个方向之间的互谱密度。三维地震动随机模型的建立关键在于确定各分量之间的互谱密度。1974 年日本学者松岛丰提出互谱密度取以下简单的形式：

$$S_{ab}(\omega)=\gamma_{ab}\sqrt{S_{aa}(\omega)S_{bb}(\omega)} \tag{2-2}$$

并建议系数 $\gamma_{ab}=0.6(a\neq b)$，$\gamma_{aa}=1$。国内学者李忠献、薛素铎等在研究中均采用了以上假设。笔者认为该假定过于简单，应该寻求更加合理的相干系数的取值方法。

目前关于多维地震动相干函数的研究还不够充分，还没有形成一个论据充分、便于工程应用的描述各分量间相干性的数学模型，而且各个研究者统计的量也不尽相同，有的是以时域内的相关函数的形式进行统计的，有的则是以频域内的相干函数的形式统计的。但总结现有的研究成果发现：从平均意义上讲，地震动三维分量之间的相关性应该是低相关的。鉴于地震动各个分量相关性的复杂性，在实际应用时近似的不考虑同一测点不同分量间相干值随频率的变化是可以接受的。钟菊芳等经过统计分析认为同一测点不同分量之间的相干性较小，相干值小于 0.5；日本学者松岛丰建议相干系数取 0.6；另外，Clough、Hadjian、Chen 等给出的相干系数均小于 0.5。故笔者认为将相干系数的区间取为[0,0.6]基本可以包络住现有的相干系数取值。

由于地震动各个分量相干系数取值的复杂性，研究其对具体结构的影响是一条比较现实的途径。已经有研究者进行了一些相关的探讨，Simos 等对多维地震动相关性简化偏心结构模型的地震响应的影响进行了分析，研究结果表明两水平地震动相关性，一方面增大结构在一个水平方向的地震响应，另一方面，减少结构在另一水平方向的地震响应，但对竖向地震动响应基本没有影响。吴健等研究了多维地震动相关性对拱坝动应力的影响，研究结果表明多维地震动各个分量的相关性对结构的动力响应具有一定的影响，相关程度越高，动力响应越大，其最大值比最小值增大 10%～20%。李宏男在多维反应谱法的研究中，对某三自由度偏心结构进行了分析，认为地震动各分量间的相关性从平均意义上讲影响不大，为抗震设计应用简便起见，当结构在多维地震动作用下进行抗震计算时，建议不考虑多维地震动相关性，采用 SRSS 组合方法。

考虑地震动随机场自身特性的空间分布以及随机场的空间相关性，可得到如下多维多点平稳地震模型的谱矩阵：

$$\boldsymbol{S}(\omega)=\begin{bmatrix}\boldsymbol{S}_{11}(\omega) & \cdots & \boldsymbol{S}_{1i}(\omega) & \cdots & \boldsymbol{S}_{1k}(\omega)\\ \vdots & & \vdots & & \vdots\\ \boldsymbol{S}_{i1}(\omega) & \cdots & \boldsymbol{S}_{ii}(\omega) & \cdots & \boldsymbol{S}_{ik}(\omega)\\ \vdots & & \vdots & & \vdots\\ \boldsymbol{S}_{k1}(\omega) & \cdots & \boldsymbol{S}_{ki}(\omega) & \cdots & \boldsymbol{S}_{kk}(\omega)\end{bmatrix},\quad (i=1,\cdots,k) \tag{2-3}$$

式(2-3)中，k 为地面支点数；$\boldsymbol{S}_{ii}(\omega)$ 为地震动随机场中第 i 点的单点多维平稳地震模型的谱矩阵，可按式(2-1)进行计算。$\boldsymbol{S}_{ij}(\omega)(i,j=1,\cdots,k;i\neq j)$ 为地震动随机场中第 i 点和第 j 点的多维互谱密度矩阵。

多维多点地震动随机模型的建立关键在于确定地震动随机场的各点的多维功率谱矩阵以及互谱密度矩阵，下面分别进行讨论。

(1) 当 $i=j$ 时，式(2-3)中 $\boldsymbol{S}_{ii}(\omega)$ 可以写成如下的形式：

$$\boldsymbol{S}_{ii}(\omega)=\begin{bmatrix} S_{iixx}(\omega) & S_{iixy}(\omega) & S_{iixz}(\omega) \\ S_{iiyx}(\omega) & S_{iiyy}(\omega) & S_{iiyz}(\omega) \\ S_{iizx}(\omega) & S_{iizy}(\omega) & S_{iizz}(\omega) \end{bmatrix} \tag{2-4}$$

式(2-4)即为各个支承点的多维功率谱矩阵,不含各点之间的相互影响。

(2) 当 $i\neq j$ 时,式(2-3)中的 $\boldsymbol{S}_{ij}(\omega)$ 可以写成如下的形式:

$$\boldsymbol{S}_{ij}(\omega)=\begin{bmatrix} S_{ijxx}(\omega) & S_{ijxy}(\omega) & S_{ijxz}(\omega) \\ S_{ijyx}(\omega) & S_{ijyy}(\omega) & S_{ijyz}(\omega) \\ S_{ijzx}(\omega) & S_{ijzy}(\omega) & S_{ijzz}(\omega) \end{bmatrix} \tag{2-5}$$

式(2-5)中,$S_{ijab}(\omega)$(a,b 表示 x,y,z)为地震动随机场中第 i 点 a 方向和第 j 点 b 方向之间的互谱密度,可按下式计算:

$$S_{ijab}(\omega)=\gamma_{ijab}(\mathrm{i}\omega)\sqrt{S_{ia}(\omega)S_{jb}(\omega)} \tag{2-6}$$

式(2-6)中,$S_{ia}(\omega)$ 和 $S_{jb}(\omega)$ 分别是第 i 点 a 方向和第 j 点 b 方向的一维地震动随机模型的谱密度,如果各点的自功率谱密度函数取值不同,则可以反映局部场地土效应的影响;相干函数 $\gamma_{ijab}(\mathrm{i}\omega)$ 可以写成:

$$\gamma_{ijab}(\mathrm{i}\omega)=|\gamma_{ijab}(\mathrm{i}\omega)|\exp[\mathrm{i}\theta_{ijab}(\omega)] \tag{2-7}$$

其模必满足 $|\gamma_{ijab}(\mathrm{i}\omega)|\leqslant 1$,而幅角 $\theta_{ijab}(\omega)=\arctan[\mathrm{Im}S_{ijab}(\mathrm{i}\omega)/\mathrm{Re}S_{ijab}(\mathrm{i}\omega)]$。i 是单位复数(注意到各支点序号下标同样也用 i 表示,应注意区分)。式(2-7)中,$|\gamma_{ijab}(\mathrm{i}\omega)|$ 即为部分相干效应因子,称为迟滞相干函数。$\exp[\mathrm{i}\theta_{ijab}(\omega)]$ 为行波效应因子,可写成如下的形式:

$$\exp[\mathrm{i}\theta_{ijab}(\omega)]=\exp[\mathrm{i}\omega d_{ij}^{\mathrm{L}}/v_{\mathrm{app}}] \tag{2-8}$$

式(2-8)中,d_{ij}^{L} 为两点间连线沿着地震波传播方向的投影;v_{app} 为地震地面运动的视波速,又称为行波波速。从理论上说,地震波的传播具有频散效应,不同频率的波传播速度是不一样的,v_{app} 应该是 ω 的函数,但目前对影响 v_{app} 的因素的认识还不够,所提出的 v-ω 关系离散性都较大,难以应用,所以目前一般仍采用常量视波速,即认为视波速与频率无关。

将公式(2-6)代入公式(2-5)中,得:

$$\boldsymbol{S}_{ij}(\omega)=\begin{bmatrix} \gamma_{ijxx}(\mathrm{i}\omega) & \gamma_{ijxy}(\mathrm{i}\omega) & \gamma_{ijxz}(\mathrm{i}\omega) \\ \gamma_{ijyx}(\mathrm{i}\omega) & \gamma_{ijyy}(\mathrm{i}\omega) & \gamma_{ijyz}(\mathrm{i}\omega) \\ \gamma_{ijzx}(\mathrm{i}\omega) & \gamma_{ijzy}(\mathrm{i}\omega) & \gamma_{ijzz}(\mathrm{i}\omega) \end{bmatrix}\sqrt{S_{ia}(\omega)S_{jb}(\omega)} \tag{2-9}$$

由式(2-9)可以看出,要确定式(2-5)中的元素 $S_{ijab}(\omega)$(a,b 表示 x,y,z),关键是要确定相干函数 $\gamma_{ijab}(\mathrm{i}\omega)$,而由式(2-7)和式(2-8),可以将 $\gamma_{ijab}(\mathrm{i}\omega)$ 写成下面的形式:

$$\gamma_{ijab}(\mathrm{i}\omega)=|\gamma_{ijab}(\mathrm{i}\omega)|\exp[\mathrm{i}\omega d_{ij}^{\mathrm{L}}/v_{\mathrm{app}}] \tag{2-10}$$

若 v_{app} 和 d_{ij}^{L} 已知，则行波效应因子参数就确定了。下面讨论相干函数中部分相干效应因子，迟滞相干函数 $|\gamma_{ijab}(\mathrm{i}\omega)|$ 的确定方法：

(1) 当 $a=b$，即 $|\gamma_{ijxx}(\mathrm{i}\omega)|$、$|\gamma_{ijyy}(\mathrm{i}\omega)|$、$|\gamma_{ijzz}(\mathrm{i}\omega)|$ 分别为第 i 点和第 j 点水平 x 方向，水平 y 方向以及竖向 z 方向的迟滞相干函数（在不引起混淆的情况下，简称为相干函数）。对于各点水平同方向的地震记录的相干函数，根据密集台阵的地震动记录，研究者们已经提出了很多相干函数（见第 1 章），一般认为两个水平方向地震动相干函数相差不大，故水平 x 向和 y 向地震动相干函数可以取相同的函数形式。对于各点竖向地震记录的相干函数，研究较少。Hao 等研究了 SMART－Ⅰ 台阵第 24 次地震和第 45 次地震的水平两个方向和竖直方向的相干函数，用同一个函数形式拟合各自的相干函数，并给出了参数的取值，研究表明两个水平向相干函数可以取相同的参数，而竖直方向的参数则与水平方向不同。刘先明同样也根据台湾 SMART－Ⅰ 台阵的几次记录统计分析了竖向地震动的空间相干性，并提出了竖向地震动的空间相干函数模型，认为竖向地震动空间相干函数值与水平向相干函数值没有可比性，在相干性的强弱程度上没有明显规律。根据目前的研究现状，由于台阵记录的有限性和统计资料的缺乏，考虑水平向相干函数和竖直向相干函数的差异是不切合实际情况的。

(2) 当 $a\neq b$，即 $|\gamma_{ijxy}(\mathrm{i}\omega)|$ 为第 i 点水平 x 方向和第 j 点水平 y 方向的相干函数，$|\gamma_{ijxz}(\mathrm{i}\omega)|$、$|\gamma_{ijyz}(\mathrm{i}\omega)|$、$|\gamma_{ijyx}(\mathrm{i}\omega)|$、$|\gamma_{ijzx}(\mathrm{i}\omega)|$、$|\gamma_{ijzy}(\mathrm{i}\omega)|$ 依次类推。目前，就不同点的不同分量之间的相干函数的形式，还没有任何的相关研究报告，考虑到地震波的传播方式，这些分量之间肯定存在着某种程度的相关性。因此，研究地震动各点不同分量之间的相干函数的取值对于大跨结构的多维多点地震反应分析非常必要。本书拟采用现有的台阵记录对这一问题进行探索。Luco 在其研究中近似地假设式(2－9)中的相干函数矩阵中的元素 $\gamma_{ijab}(\mathrm{i}\omega)$（$a,b$ 表示 x,y,z）是完全相同的，也就是不仅各点相同分量之间的相干函数 $\gamma_{ijxx}(\mathrm{i}\omega)$、$\gamma_{ijyy}(\mathrm{i}\omega)$、$\gamma_{ijzz}(\mathrm{i}\omega)$ 是完全相同的，而且其非对角线元素也是完全相同的，其合理性如何，有待于统计分析结果的证实。

综合以上研究背景，本章建立了多维多点随机模型，并对模型中参数确定的几个重点、难点问题进行了一些初步的探讨，以期为大跨结构的多维多点随机振动分析和多维多点反应谱分析提供更加合理、更加简单实用的地震动输入模型。

2.3　台湾 SMART－Ⅰ台阵及其地震记录

早在 20 世纪 50 年代，地震动空间变化对结构反应的影响就引起了人们的重视。不过由于理论不成熟及密集台阵记录资料的匮乏，早期的分析方法常对结构的输入地震动的空间变化采用行波效应的假定，即假定空间上任意两点的地震动仅仅相差一个相位因子。事实上，行波效应只反映了地震的延迟效应，不能体现地震的震源特性、地震波在场地介质传播过程中的散射效应、非弹性吸收效应以及局部场地条件等因素的影响。非行波方法直到 20 世纪 70 年代末期才开始出现，这要归功于地震动空间相关模型的获得。

日本的地震工程学家 Matsushima(1975)最先提出了对空间两点地震动的互功率谱密度经验衰减模型。20 世纪到 80 年代,随着高质量大型密集强地震记录台阵的逐渐建立,地震动空间变化规律的研究才蓬勃发展起来。世界上第一座大型密集台阵是位于我国台湾地区的 SMART－Ⅰ台阵(Strong Motion Array in Taiwan,Phase I)。

SMART－Ⅰ台阵设置于 1980 年 9 月,位于台湾省东北部宜兰县罗东镇附近,测站呈十二方位辐射排列,如图 2－1 所示。SMART－Ⅰ共由 37 个测站构成,包含一个中心点(C00)及三个同心圆;内圆 I、中圆 M、外圆 O 的半径分别 200m、1000m、2000m,每一个同心圆上等间隔设置 12 个测站。每一测站仪器包括一个三分量(一个垂直向,两个水平向)的加速度地震仪,并连至卡式磁带数字式记录器上,所记录的地震信号为每秒钟一百采样点,十二字元数字式地震记录。可记录的加速度范围为±2g。SMART－Ⅰ在 1980 年至 1991 年运转期间,共记录到 60 个不同规模、不同震源深度、不同震中距的地震,收录有 978 组三分量加速度记录。表 2－1 列出了研究中常用的 5 次地震记录的主要参数。

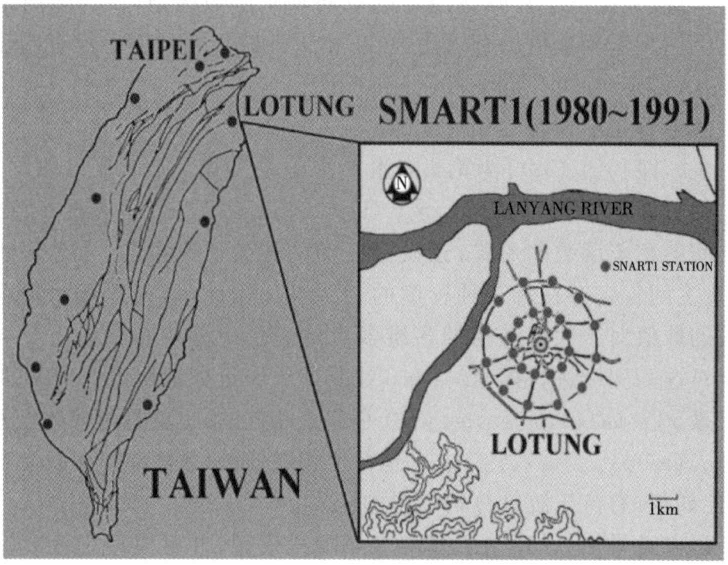

图 2－1　SMART－I 台阵位置示意

表 2－1　5 次地震记录的主要参数表

震次	震级 M_L	震源深度 /km	震中距 /km	方位角 /°	最大加速度/(cm/s²)		
					东西	南北	竖向
5	6.3	25	30	154	158.24	244.30	91.47
25	6.8	18.0	96.6	144.4	35.57	38.45	17.29
33	6.5	3.3	44.4	100.8	148.63	97.16	46.00
40	6.5	15.8	65.2	195.7	210.47	251.07	72.47
45	6.8	13.9	76.5	174.5	178.00	251.00	110.30

2.4　不同点不同分量相干函数分析

由于长期以来对各点水平地震动分量研究的偏重，学者们所提的相干模型都是关于水平地震动分量的。只有 Hao 等和刘先明等对各点竖向分量做过相关研究，而对各个不同点之间不同分量的相干函数，除本书进行了初步的探索外，还未发现相关研究。

2.4.1　相干函数的定义

地震动场空间变化可以在时域范围内分析其相关性，也可以在频域范围内分析其相干性。地震动分量，包括三个平动分量和三个转动分量，相应于坐标轴 1,2,3 可以写成：

$$\begin{cases} u_m = d_m, \dot{u}_m = v_m, \ddot{u}_m = a_m; \\ u_{m+3} = \theta_m, \dot{u}_{m+3} = \dot{\theta}_m, \ddot{u}_{m+3} = \theta_m; \end{cases} \quad m = 1,2,3 \tag{2-11}$$

式(2－11)中，d，v 以及 a 分别代表 m 方向的位移、速度和加速度；θ 代表绕 m 轴的转动。

分析地表面不同台站的地震数据的一个直接的方法就是计算台站 i 和台站 j 处的两个分量 u_m 和 u_n 的相关函数：

$$R_{mi,nj}(t_0, \tau) = \frac{1}{2\delta t}\int_{t_0-\delta t}^{t_0+\delta t} u_{mi}(t) u_{nj}(t+\tau) \mathrm{d}t \tag{2-12}$$

为了简化起见，我们首先分析不同台站相同分量之间的相关性，则下标 m，n 可以省略。对于平稳随机过程，互相关函数仅仅依赖于时间差 τ，则相关函数可以写成：

$$R_{ij}(\tau) = \int_{-\infty}^{+\infty} S_{ij}(\mathrm{i}\omega) \mathrm{e}^{\mathrm{i}\omega\tau} \mathrm{d}\omega \tag{2-13}$$

式(2－13)中，$S_{ij}(\mathrm{i}\omega)$ 由式(2－14)给出：

$$S_{ij}(\mathrm{i}\omega) = \lim_{T\to\infty} \frac{1}{2\pi T}\left[\int_{-T/2}^{T/2} u_i(t)\mathrm{e}^{-\mathrm{i}\omega t}\mathrm{d}t \times \int_{-T/2}^{T/2} u_j(t)\mathrm{e}^{\mathrm{i}\omega t}\mathrm{d}t\right] \tag{2-14}$$

即 $S_{ij}(\mathrm{i}\omega)$ 为 u_i 和 u_j 的互功率谱密度函数，如果 $i=j$，则式(2－13)和式(2－14)就分别是 u_i 或者 u_j 的自相关函数 $R_{jj}(\tau)$ 和自功率谱密度函数 $S_{jj}(\omega)$。一般情况下，$S_{jj}(\omega)$ 为实数，而 $S_{ij}(\mathrm{i}\omega)$ 为复数，且有如下性质：$\mathrm{Re}(S_{ij}) = \mathrm{Re}(S_{ji})$，$\mathrm{Im}(S_{ij}) = -\mathrm{Im}(S_{ji})$。这意味着包含所有的 $S_{ij}(\mathrm{i}\omega)$ 的矩阵为 Hermitian 矩阵。

互相干函数 $R_{ij}(\tau)$ 经过正则化，可以写成如下的无量纲的形式：

$$\rho_{ij}(\tau) = \frac{R_{ij}(\tau)}{\sqrt{R_{ii}(0)}\sqrt{R_{jj}(0)}} \tag{2-15}$$

式(2－15)中，$\rho_{ij}(\tau)$ 为相干系数，相应于频域中的表达式：

$$\gamma_{ij}(\mathrm{i}\omega) = \frac{S_{ij}(\mathrm{i}\omega)}{\sqrt{S_{ii}(\omega)}\sqrt{S_{jj}(\omega)}} \tag{2-16}$$

式(2-16)中，$\gamma_{ij}(\omega)$ 为相干函数。$\rho_{ij}(\tau)$ 和 $\gamma_{ij}(\omega)$ 均为两个不同信号相关程度的很好的度量形式。对于完全相关信号，其相应的值为±1和1；而对于完全不相关信号，两者的值均为零。

$\rho_{ij}(\tau)$ 达到最大值的时间差 τ 与信号从 i 台站传播到 j 台站的时间密切相关。时间域内的时间差相应于频率域内 $\exp(i\omega\tau)$，其中：

$$\tau = d_{ij}^{L} / v_{app} \tag{2-17}$$

式(2-17)中，v_{app} 为频率 ω 的表面波视波速；d_{ij}^{L} 为 i 和 j 两点连线在地震波入射方向上的投影。

2.4.2 数据处理

本书重点考虑地震动各个台站之间不同分量之间的相干性，在对地震波进行分析时，由于地震记录的有限性，采用了以下基本假定：

(1) 地面运动随机场在空间上是均匀的，即其概率分布函数和联合概率分布函数与台站的方位是独立的。

(2) 加速度记录为平稳随机过程，随机过程的概率函数仅为时间差的函数。

(3) 各台站的平稳随机过程为各态历经的，这样，就可以利用记录到的加速度时程的时间平均作为其集合平均。

本书采用相干函数表达台站 j 和 k 两条加速度记录的相关性。为了求得相干函数的值，首先要利用谱估计技术求得式(2-16)中三项的值，求时间序列的功率谱的常用方法有经典的谱分析技术、最大似然法和最大熵法。后两种方法都能够产生比传统方法要精确的解。然而对于宽带地震动来说，经典的谱分析技术的精度已经足够了，因此本书选用该法。在进行谱分析之前，首先要选用一定的时间窗长度，即选用地震记录的一定的时间段进行分析，本书根据所选用的地震记录，时间窗长度取 20.48s，另外对所选记录，应该进行基线调整和仪器误差调整。除此之外，应该消除记录之间的时间差，也就是行波效应的影响。时间差的确定通过估计两个时间序列的相干函数来确定，求得相干函数取最大值的时刻。时间差的消除并不改变迟滞相干效应，仅仅改变其相位谱。

在求相干函数的时候，对求得的功率谱进行平滑处理是必不可少的一个步骤，否则，不管时间序列的性质如何，相干函数恒等于1。平滑窗的选择决定了相干函数估计的统计特征(包括方差和偏差)，常用的平滑窗包括 Bartlett 窗、Hanning 窗和 Hamming 窗等，只要选用的这些窗函数的等效带宽相同，平滑的结果相差不大，则都能满足求解的需要。因此，选择一个合适的等效带宽比平滑窗的类型要重要得多。平滑窗长度的选取应该考虑在方差和偏差之间寻找一个合适的平衡。Abrahamson 建议对于时间窗长小于2000个点的情况，可以采用11个点的 Hamming 窗，得到的相干函数可用于结构的分析。

对于有限长度的时间序列，在相干函数估计中，偏差和方差不可避免。在真实的相干函数为零的时候，估计的相干函数可能出现中等或者较高的相干值。另外，相干函数的方差取决于相干函数的真实值，当其真实值下降的时候，其方差增大，当相干函数很小的时候，很难得到很好的估计值。

相干函数的具体计算步骤：

(1) 用 FFT 程序对数据 $a_j(t)$ 和 $a_k(t)$ 进行 Fourier 变换，得到频域的 $A_j(\mathrm{i}\omega)$ 和 $A_k(\mathrm{i}\omega)$。

(2) 按 $S_{jj}(\omega)=A_j^*(\omega)\times A_j(\omega)$，$S_{kk}(\omega)=A_k^*(\omega)\times A_k(\omega)$，$S_{jk}(\omega)=A_j^*(\omega)\times A_k(\omega)$ 来计算自谱和互谱。

(3) 对 $S(\omega)$ 进行平滑：

$$\bar{S}(\omega)=\int_{-\infty}^{+\infty}S(\Omega)W(\omega-\Omega)\mathrm{d}\Omega \tag{2-18}$$

式(2-18) 中，$S(\omega)$，$\bar{S}(\omega)$ 为平滑前后的谱函数；$W(\omega)$ 为谱窗，这里选用 Hamming 窗。

(4)根据相干函数的定义式(2-16)来估算各个分量之间的相干值。

2.4.3　对第 45 次地震的分析

学者们已经对第 45 次地震的水平地震动分量相干函数进行了分析研究，本书重点对第 45 次地震记录两不同点相同和不同分量之间的相干函数进行分析。本书所采用的地震记录来自美国太平洋地震工程研究中心 PEER 提供的地震数据以及美国 COSMOS 强震数据库提供的 SMART-Ⅰ台阵记录。根据地震波的传播方向，作出第 45 次地震示意图(图 2-2)，取 M07—I07—C00—I01—M01 和 M04—I04—C00—I10—M10 两条线各台站地震记录作为主要的研究对象，未考虑外圆处的地震动。

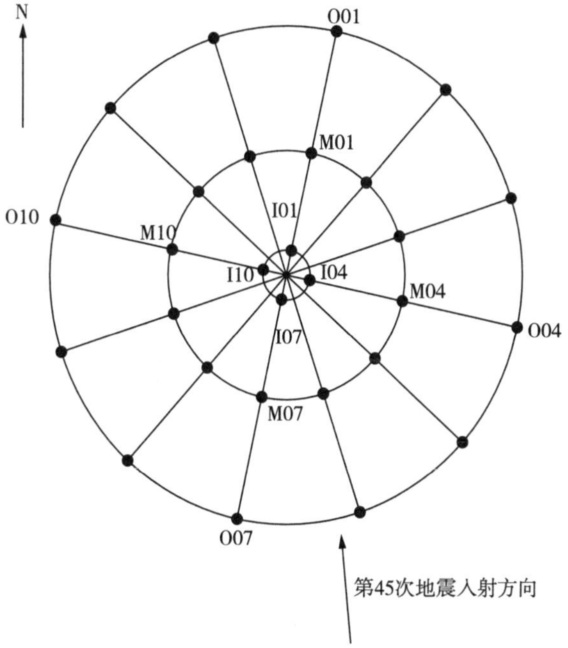

图 2-2　第 45 次地震示意图

1. 相干函数随着频率的变化

为了便于对比分析，本书在图 2－3 中首先给出了 C00—I01（两点间距为 200m）三个地震动分量的相同分量之间的相干函数的计算结果，即公式（2－9）中的 $|\gamma_{ijxx}(\mathrm{i}\omega)|$、$|\gamma_{ijyy}(\mathrm{i}\omega)|$、$|\gamma_{ijzz}(\mathrm{i}\omega)|$ 的值随频率的变化曲线。其中东西向为 x 向，南北向为 y 向，竖直向为 z 向。

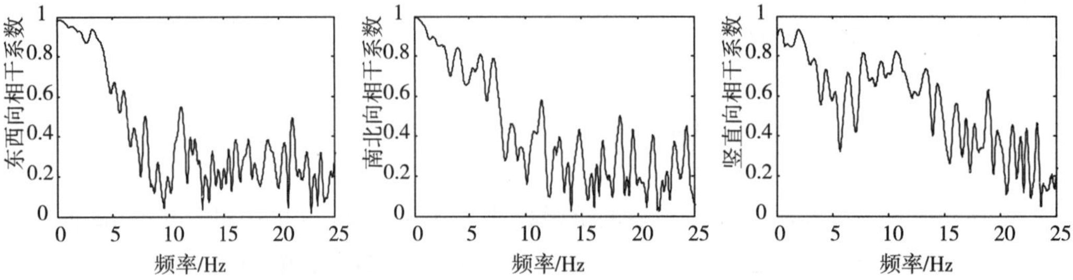

（a）东西向相干函数　（b）南北向相干函数　（c）竖直向相干函数

图 2－3　第 45 次地震 C00—I01 相同地震动分量相干函数

从图 2－3 可以看出，相邻两个测点的相干函数，无论是两个水平地震动分量的相干函数还是竖直地震动分量的相干函数，在总体趋势上都是随频率的增大而逐渐减小（研究其他测点也可以得出同一结论），而且我们还可以观察到以下现象：

（1）两个水平地震动分量的相干函数随频率的衰减曲线非常相似，刚开始衰减很快，到频率为 10Hz 时，相干函数的值就下降到很小的程度。

（2）竖向地震动分量的相干函数与两个水平分量明显不同，低频时值稍小，随着频率的增加，同样也呈衰减的趋势，但是衰减速度明显较慢，到 10Hz 时，相干函数还具有中等相干性，高频处逐渐衰减到零。

从以上研究可以看出，近似认为两个水平地震动分量相干函数相同是可以接受的。而竖向地震动相干函数与水平向地震动相干函数有一些差异。

图 2－4 给出了 C00—I01 三个地震动分量的不同分量之间的相干函数的计算结果，即 $|\gamma_{ijxy}(\mathrm{i}\omega)|$、$|\gamma_{ijxz}(\mathrm{i}\omega)|$、$|\gamma_{ijyz}(\mathrm{i}\omega)|$、$|\gamma_{ijyx}(\mathrm{i}\omega)|$、$|\gamma_{ijzx}(\mathrm{i}\omega)|$、$|\gamma_{ijzy}(\mathrm{i}\omega)|$ 的值随频率的变化曲线。

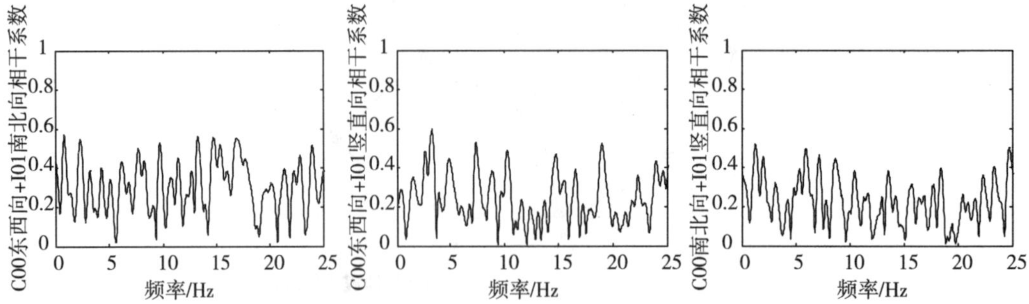

（a）C00东西向+I01南北向　（b）C00东西向+I01竖直向　（c）C00南北向+I01竖直向

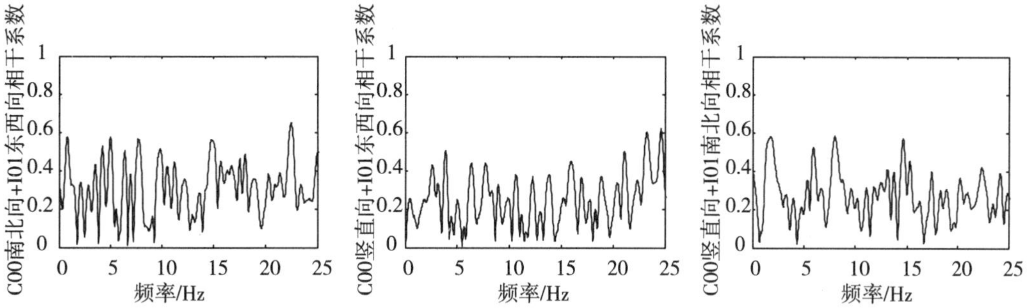

（d）C00南北向+I01东西向　　（e）C00竖直向+I01东西向　　（f）C00竖直向+I01南北向

图 2-4　第 45 次地震 C00—I01 不同地震动分量相干函数

从图 2-4 可以看出不同台站不同地震动分量之间的相干函数很弱，随频率的变化衰减趋势不明显，其均值大概在 0.2 左右。考虑到在相干函数估计中，偏差和方差不可避免的事实，则其相干性就更小了。由本书得到的结论可知，Luco 简单地假设不同台站地震动相同分量之间以及不同分量之间的相干函数是完全一样的，这是不合理的。

图 2-5 和图 2-6 给出了台站 C00 和台站 I07 的三个分量之间的相同分量和不同分量之间的相干函数，同样可以看到相似的规律。

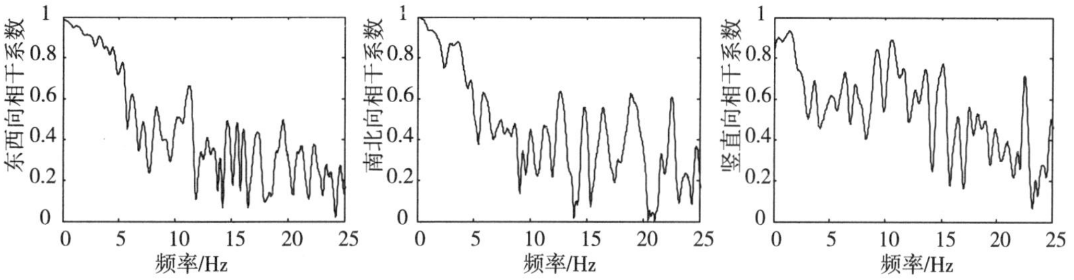

（a）东西向相干函数　　（b）南北向相干函数　　（c）竖直向相干函数

图 2-5　第 45 次地震 C00—I07 相同地震动分量相干函数

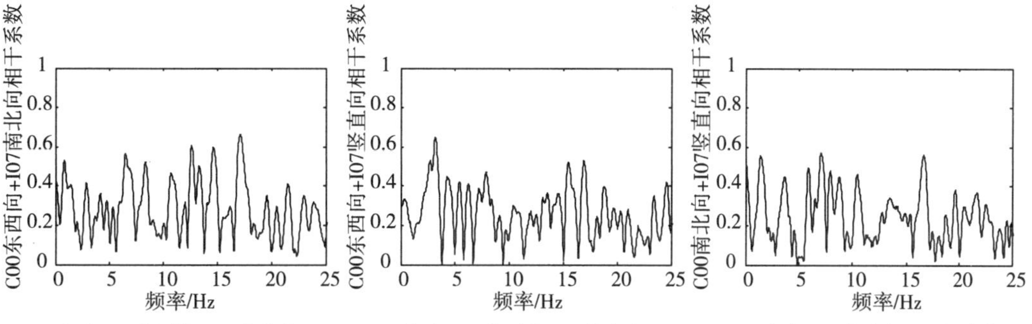

（a）C00东西向+I07南北向　　（b）C00东西向+I07竖直向　　（c）C00南北向+I07竖直向

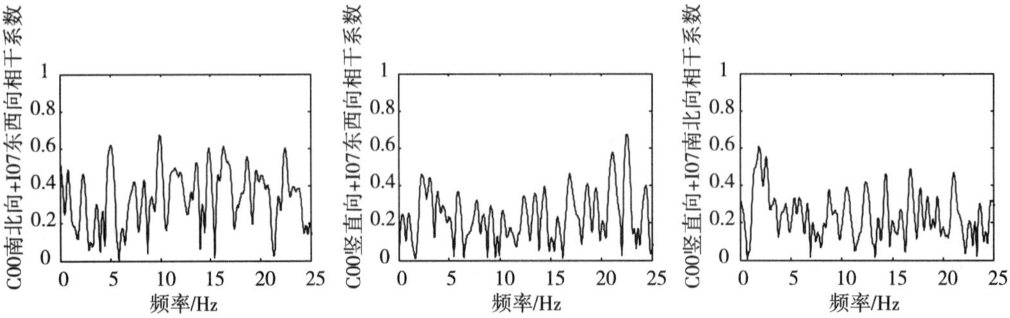

（d）C00南北向+I07东西向　（e）C00竖直向+I07东西向　（f）C00竖直向+I07南北向

图 2-6　第 45 次地震 C00—I07 不同地震动分量相干函数

2. 相干函数随着距离的变化

图 2-7 和图 2-8 给出了台站 C00 和台站 M01 之间（相隔距离 1000m）的三个分量之间的相同分量和不同分量之间的相干函数。

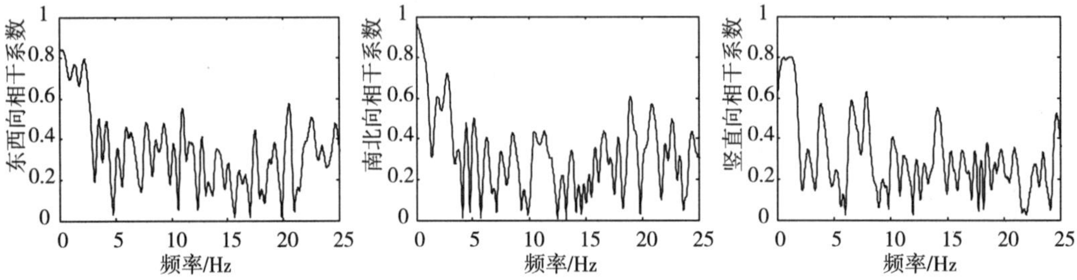

（a）东西向相干函数　（b）南北向相干函数　（c）竖直向相干函数

图 2-7　第 45 次地震 C00—M01 相同地震动分量相干函数

对比图 2-3 和图 2-7 可以看出，随着测站之间的距离由 200m 增加到 1000m，虽然总体上仍然是低频处相干函数值较大，高频处较小，但是测点之间的相干函数总体上大大减弱了，而且各个地震动分量的相干性的衰减程度大大增加了，到频率为 5Hz 时相干函数就下降到很小。竖向地震动分量相对于水平地震动分量，低频时相干函数值较小，但衰减趋势同水平地震动分量。

图 2-8 给出了台站 C00 和台站 M01 的三个分量之间的不同分量之间的相干函数。

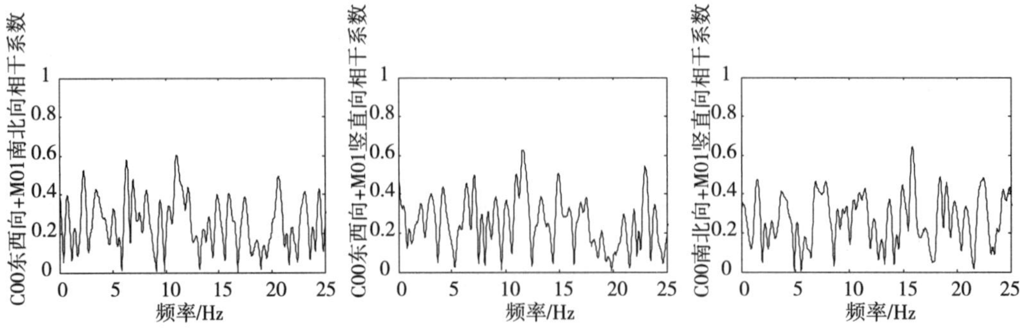

（a）C00东西向+M01南北向　（b）C00东西向+M01竖直向　（c）C00南北向+M01竖直向

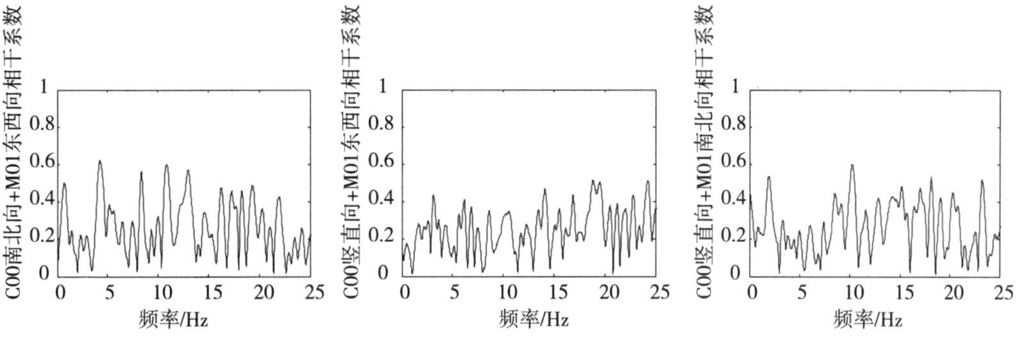

（d）C00南北向+M01东西向　（e）C00竖直向+M01东西向　（f）C00竖直向+M01南北向

图 2-8　第 45 次地震 C00—M01 不同地震动分量相干函数

从图 2-8 可以看到，相对于测点距离为 200m 的情况，当两测点距离为 1000m 时，不同台站不同地震动分量之间的相干函数同样很弱，随着频率的变化衰减趋势不明显，其均值同样也在 0.2 左右。运用同样的方法，研究了其他几次台站的数据，均可以发现类似的现象。考虑到在相干函数估计中，相干性越弱，偏差和方差一般越大的事实，综合已有的研究结论，本书建议在没有进一步的数据之前采取以下做法：

(1)对不同台站之间的相同分量的相干函数，无论是水平地震动分量还是竖向地震动分量可取相同的函数形式，但其相干函数的参数必须在一定范围变化，以涵盖不同相干程度的情况，确保结构的安全。

(2)对于不同台站不同分量之间的相干函数，可以看出是低相干的，与参考文献[46]简单地假设其与不同点相同地震动分量之间的相干函数取为相同的形式是完全不同的。在没有更加可靠的统计数据之前，简单地假设为一个与频率无关的常数来反映其相干性，计算其对最终结果的影响。参照同一点不同分量之间的相干函数的取值区间[0, 0.6]，以及本节的计算结果，不同点不同分量之间相干函数的取值区间同样取为[0, 0.6]，基本应该可以涵盖其最大值。

2.5　多维多点人工时程合成

2.5.1　单维多点地震动合成

目前国内外学者已经提出了一些多点地震动的模拟算法，Hao 等最早提出了利用谐波叠加方法模拟多点地震动，该方法首先合成第一个点的地震动，在生成第 n 个点的地震动时，考虑其与之前的 $n-1$ 个地震动的相关性。屈铁军等在 Hao 等提出的方法的基础上进行了改进，计算每一个点的地震动时程时均考虑了与其他所有点的相关性，避免了 Hao 等提出的方法中各点合成公式相差较大导致的各点地震动幅值相差较大的情况。杨庆山等在屈铁军等提出的方法的基础上引入相位差谱，用符合相位差谱统计规律的相位角代替随机相位角，生成了考虑频率和强度非稳性的多点地震动时程。Shama 假定第一点地震动给定的情况下，提出了一种基于自回归模型的多点地震动合成算法。董汝博等提出了一种考虑局部场地收敛性的多点地震动合成方法。由于基于引入相位差谱的多点地震动方法还不成熟，参数确定困难。在实际运用中采用最多的依旧是传统的谐波叠加法，本书采用该方法来模拟生成满足给定的相干函数和给定的反应谱的非平稳人造地震动。

2.5.1.1 谐波叠加法原理

地面运动的 n 个不同地点的地震动可以用地面加速度的功率谱密度函数矩阵加以描述：

$$\boldsymbol{S}^0(\omega)=\begin{bmatrix} S_{11}(\omega) & S_{12}(\omega) & \cdots & S_{1n}(\omega) \\ S_{21}(\omega) & S_{22}(\omega) & \cdots & S_{2n}(\omega) \\ \vdots & \vdots & & \vdots \\ S_{n1}(\omega) & S_{n2}(\omega) & \cdots & S_{nn}(\omega) \end{bmatrix} \tag{2-19}$$

式(2-19)中，$\boldsymbol{S}^0(\omega)$ 对角线元素 $S_{jj}(\omega)$ 为各点的自功率谱密度函数矩阵，非对角元素为地面上任意两点 j 和 k 的互谱密度函数，$S_{jk}(\omega)=\sqrt{S_{jj}(\omega)S_{kk}(\omega)}\times|\gamma_{jk}(\mathrm{i}\omega)|\exp[\mathrm{i}\omega d_{ij}^{\mathrm{L}}/v_{\mathrm{app}}]$，其中 d_{ij}^{L} 为连接 j 和 k 两点的矢量在地震波入射方向上的投影；v_{app} 为地震地面波视波速；$|\gamma_{jk}(\mathrm{i}\omega)|$ 为间距为 d_{ij}^{L} 的台站之间的迟滞相干函数，反映了部分相干效应的影响；指数项反映了波速为 v_{app} 的地震波表面传播效应的影响，即行波效应的影响。

利用 Cholesky 分解，$\boldsymbol{S}^0(\omega)$ 分解为下三角矩阵和上三角矩阵的形式，即

$$\boldsymbol{S}^0(\omega)=\boldsymbol{H}(\omega)\boldsymbol{H}^{\mathrm{T}^*}(\omega) \tag{2-20}$$

式(2-20)中，T 代表转置；* 代表复共轭。$\boldsymbol{H}(\omega)$ 的各个元素可以写成如下的形式：

$$H_{jk}(\omega)=|H_{jk}(\omega)|\exp[\mathrm{i}\theta_{jk}(\omega)],\quad j>k \tag{2-21}$$

$$\theta_{jk}(\omega)=\tan^{-1}\left(\frac{\mathrm{Im}[H_{jk}(\omega)]}{\mathrm{Re}[H_{jk}(\omega)]}\right) \tag{2-22}$$

则 n 个不同地点的地震地面运动可以由式(2-23)得到：

$$g_j(t)=2\sum_{m=1}^{n}\sum_{l=1}^{N}|H_{jm}(\omega_l)|\sqrt{\Delta\omega}\cos[\omega_l t-\theta_{jm}(\omega_l)+\Phi_{ml}],j=1,2,\cdots n;N\rightarrow\infty \tag{2-23}$$

通过采用不同的随机相位角 Φ_{ml}，则可以生成平稳随机矢量过程 $g_j(t)$ 的第 i 个样本

$g_j^{(i)}(t), j=1,2,\cdots,n$。相应的非平稳过程的第 i 个样本 $f_j^{(i)}(t)$ 可以由 $g_j^{(i)}(t)$ 乘以调制函数 $A_j(t)$ 而得到：

$$f_j^{(i)}(t)=A_j(t)g_j^{(i)}, j=1,2,\cdots,n \tag{2-24}$$

于是我们得到了一组满足给定功率谱密度函数以及相干函数的空间变化地震动。

为了得到拟合规范反应谱的多点地震动时程，要先对各点的自功率谱密度赋初值，该初值可以是拟合规范反应谱的功率谱密度函数，也可以为简化起见直接采用常数。利用计算生成的地震动的反应谱与给定的反应谱进行比较，迭代修正生成地震动的幅值谱，使其拟合规范反应谱，迭代数次，达到了较好的效果，且修正地震动各点的幅值谱不会对各点地震动的相干函数产生大的影响。对不同的点给定不同的场地条件下的反应谱曲线初值，则生成的地震动可以反映局部场地土条件的影响。

2.5.1.2　零线调整和速度位移末值归零

多点地震动作用下结构的响应计算不仅需要加速度时程曲线，同样也需要给出各点合理的位移时程曲线。采用上述的模拟算法虽然可以得到合理的加速度时程曲线，但是可能会在模拟得到的地震地面运动中引入长周期分量，造成直接积分得到的速度和位移时程曲线严重失真。

1. 零线调整

本书综合采用时域内基线调整和频域内滤除不合理的长周期分量，取得了较好的效果。首先，由加速度积分得到速度时程，然后利用最小二乘法对速度时程进行二次多项式 $c_0+c_1t+c_2t^2$ 的拟合，接着从加速度时程中减去导数 c_1+2c_2t，最后利用四阶 Butterworth 滤波器对加速度时程进行滤波，就可以得到经过校正后的加速度时程，依次对积分得到的速度和位移时程进行滤波操作，就可以得到经过校正后的速度和位移时程。调整后，零线漂移得到了很好的控制，但有可能产生一定的残留位移，需要进一步进行位移末值归零的操作。

2. 速度位移末值归零

经过基线调整和滤波之后的地震动位移时程曲线虽然均值基本归零，但是往往还会出现的一个问题就是残留位移和残留速度较大，不满足地震动在末时刻速度、位移为零的物理机制。本书采用 Trujillo 提出的一种加速度记录校正积分算法，较好地解决了该问题。Trujillo 提出的方法适用于对地震动进行零线调整，本书计算发现，对生成的人造地震动直接采用该方法进行零线调整达不到较好的效果，但是该方法的特点是可以对积分得到的速度、位移的最终值进行控制。将本书方法零线调整后得到的地震动进一步采用 Trujillo 提出的方法进行积分校正，可使速度和位移时程的末值趋于零，并取得了很好的效果。

该方法是在已知部分时刻的速度或位移值(如地震终止速度与位移值等)的前提下，求解一个最小优化问题。设加速度 $a_i^*(i=1,\cdots,N)$、速度 v_i^* 和位移 d_i^* 已知，则目标函数定义为：

$$E=h\sum_{i=1}^{N}\left[(a_i-a_i^*)^2+\lambda_1(v_i-v_i^*)^2+\lambda_2(d_i-d_i^*)^2\right]$$

$$+\lambda_3(v_n-v_n^*)^2+\lambda_4(d_n-d_n^*)^2+\lambda_5 e_n^2 \tag{2-25}$$

式(2-25)中，h 为样点的采样间隔；n 为总时间段 T 内的采样点数；$\lambda_1 \sim \lambda_5$ 为指定的相对权值；a_i，v_i 和 d_i 为校正后的加速度、速度和位移数据。校正后的运动三分量也应该满足自然积分关系，以离散形式可以定义为：

$$\begin{cases} v_{i+1}=v_i+(a_i+a_{i+1})h/2 \\ d_{i+1}=d_i+(v_i+v_{i+1})h/2 \end{cases} \tag{2-26}$$

另外，式(2-25)中的 e_n 代表整个时段 T_n 内校正后的平均积分位移值，即令 $e_n=\int_0^{T_n} d(t)\mathrm{d}t$。进而转化为求解离散数据的最小化问题 Min($E$)，最终可以获得满足自然积分关系的校正地震波信息。

以一般情况为例，仅知原始地震波的加速度信息 a^* 及极小的终止速度和位移值。可令权值 λ_1 和 λ_2 为零，$\lambda_3=\lambda_4=\lambda_5=20$。则公式(2-37)表征的目标函数退化为：

$$E=h\sum_{i=1}^{N}[(a_i-a_i^*)^2]+20v_n^2+20d_n^2+20e_n^2 \tag{2-27}$$

式(2-37)的具体求解过程可见参考文献[177]。

2.5.1.3　算例

以某五跨LRB隔震连续梁桥为例进行分析。该桥跨径布置为36.6m＋3×73.2m＋36.6m，两桥台纵向自由，模拟该桥中间四个桥墩处的纵向多点地震动。不考虑局部场地土条件影响时，根据《建筑抗震设计规范》(GB 50011—2001)，假定所分析的桥梁位于Ⅰ类场地土(相当于硬土)，抗震设防烈度为8度，罕遇地震，设计地震分组为第3组，阻尼比为0.05。假设结构各个基础处的反应谱曲线均相同，峰值加速度为400cm/s^2。

相干函数采用广泛运用的 Harichandran 和 Vanmarcke 模型：

$$\rho(\xi,\omega)=A\exp\left[-\frac{2\xi}{\alpha\theta(\omega)}(1-A+\alpha A)\right]+(1-A)\exp\left[-\frac{2\xi}{\theta(\omega)}(1-A+\alpha A)\right] \tag{2-28}$$

式(2-28)中，$\theta(\omega)=K[1+(\omega/\omega_0)^b]^{-\frac{1}{2}}$；$\xi$ 为间隔距离；ω 为圆频率。依据SMART-Ⅰ台阵的第20次事件记录，公式中参数取为：$A=0.736$，$\alpha=0.147$，$K=5210\text{m}$，$\omega_0=6.85\text{rad/s}$，$b=2.78$。本书中假定视波速 $v_{\text{app}}=500\text{m/s}$。

本书中调制函数取为如下常用的形式：

$$A(t)=\begin{cases}(t/t_1)^2 & t<t_1 \\ 1 & t_1<t<t_2 \\ \exp[-c(t-t_2)] & t>t_2\end{cases} \tag{2-29}$$

式(2-29)中，c 为衰减系数；t_1 和 t_2 分别为地震平稳段的首、末时间。上述参数与震级、震中距和场地条件有关。

各点的自功率谱密度初值采用修正的 Clough - Penzien 谱，其功率谱密度函数为：

$$S(\omega)=\frac{\omega_g^{\ 4}+4\zeta_g^{\ 2}\omega_g^{\ 2}\omega^2}{(\omega_g^{\ 2}-\omega^2)^2+4\zeta_g^{\ 2}\omega_g^{\ 2}\omega^2}\cdot\frac{\omega^4}{(\omega_f^{\ 2}-\omega^2)^2+4\zeta_f^{\ 2}\omega_f^{\ 2}\omega^2}S_0 \tag{2-30}$$

式(2-30)中，S_0 为谱强度因子；ζ_g 和 ω_g 分别为地基土的阻尼比和卓越频率；ζ_f 和 ω_f 分别为控制地震动低频分量的地面过滤参数。

潘晓东在参考文献[197]中给出了拟合规范反应谱的地面加速度功率谱 Clough - Penzien 模型的参数取值。本书利用这些参数取值作为拟合初始值，然后将计算生成地震动的反应谱与给定的反应谱进行比较，迭代修正生成地震动的幅值谱，使其拟合规范反应谱达到了较好的效果，且修正地震动各点的幅值谱不会对各点地震动的相干函数产生大的影响。对不同的点给定不同的场地条件下的反应谱曲线初值，则生成的地震动可以反映局部场地土条件的影响。

根据参考文献[107]，时间包络函数 $t_1=0.5\text{s}$，$t_2=5.5\text{s}$，$c=0.45$，为了便于进行快速傅立叶变换，地震动点数 1024 个，时间间隔取 0.02s，地震持时取 20s。人工模拟的各个桥墩处的地震动加速度时程曲线如图 2 - 9 所示。

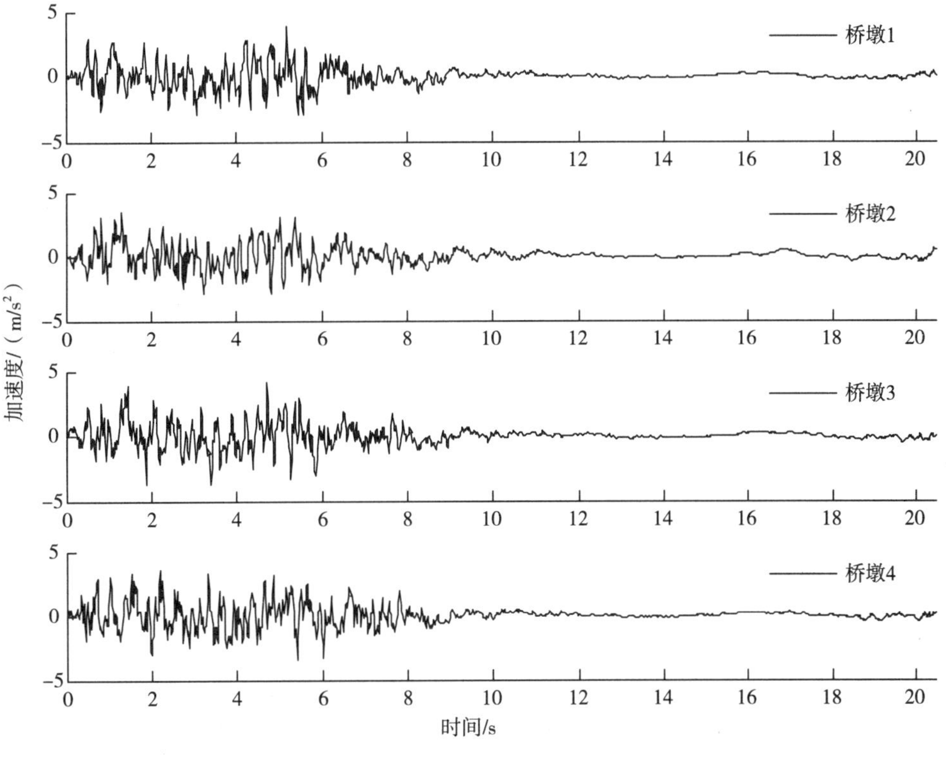

图 2 - 9　人造地震动各点加速度时程曲线

图 2 - 10(a)给出了桥墩 1 处的加速度时程曲线反应谱与规范加速度时程曲线的拟合结果，可以看出除个别点误差较大外，拟合效果良好。图 2 - 10(b)给出了桥墩 1 和桥墩 2 地震加速度时程曲线的相干函数与目标相干函数的对比曲线。

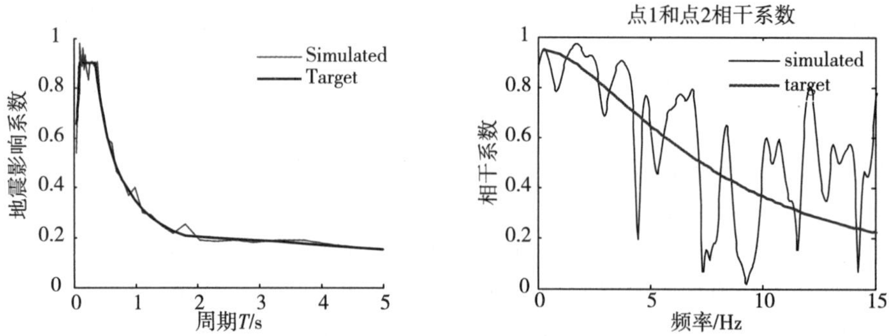

(a) 加速度反应谱与规范反应谱的拟合　　(b) 相干函数的拟合

图 2-10　模拟值与目标值对比

按照本书方法进行零线和位移值归零计算之后，模拟得到的各个支点地震动位移时程曲线如图 2-11(a)所示。

另外为了比较局部场地土条件的影响，假设两边墩(墩 1 和墩 4)位于Ⅰ类场地土，两中墩(墩 2 和墩 3)同时位于Ⅱ类、Ⅲ类或Ⅳ类场地土时，其余参数同上，生成了各点的地震动位移时程曲线。图 2-11(b)表示了两中墩同时位于Ⅳ类场地的结果，从图中我们可以看出，中墩处(软土场地)地震地面位移的峰值要大于两边墩处(硬土场地)的位移峰值，反映了实际局部场地土条件的影响，符合实际情况。

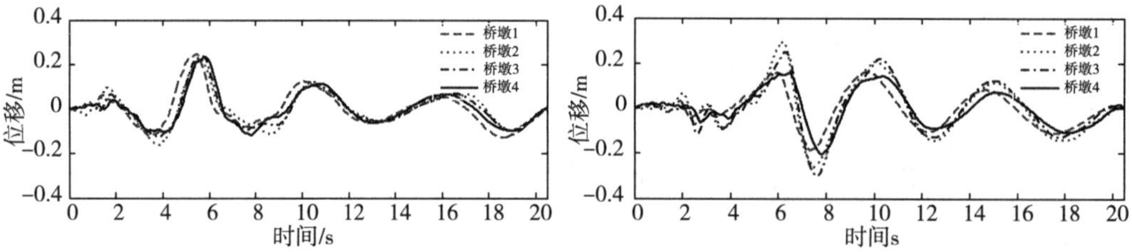

(a) 各点均位于Ⅰ类场地　　(b) 桥墩1,4 位于Ⅰ类，桥墩2,3位于Ⅳ类

图 2-11　各点位移时程曲线

2.5.2　多维多点地震动合成

如果不考虑同一点各个分量之间的相干性以及不同点地震动不同分量之间的相干性，则可以分别模拟纵向、横向和竖向地震动分量的多点时程曲线，于是多维多点地震动的模拟就简化为三个单维多点地震动模拟。如果已知多维多点地震动各个分量之间的相干函数的表达形式，则多维多点地震动模拟方法与单维多点地震动模拟方法并没有什么不同，只需要将功率谱矩阵公式扩充至多维多点即可。多维多点人工地震时程曲线生成的难点同样在于确定合理的多维多点地震动模型。

模拟三个点处的多维多点时程，点与点之间相隔 100m，Ⅰ类场地，抗震设防烈度为 8 度，罕遇地震，设计地震分组为第 3 组，阻尼比为 0.05。以拟合功率谱的多维多点地震动生成为例，功率谱模型采用修正的 Clough - Penzien 谱。模型参数取拟合规范反应谱的功率谱的值。竖向地震动和水平地震动的谱强度的比值为 $S_{0V}=0.281S_{0H}$，此外，$\omega_{gV}=$

1.58ω_{gH}，$\zeta_{gV}=\zeta_{gH}$。低频修正的频率和阻尼的参数均取相同。不同点相同分量，水平和竖向地震动均采用同一个相干模型 Harichandran 和 Vanmarcke 模型；不同点不同分量，认为是不相干的；竖直方向和水平方向的相干系数取 0.4；强度包络函数水平向和竖向相同。图 2-12 给出了模拟得到的各点水平地震动和竖向地震动的加速度时程曲线。图 2-13 给出了各点地震动功率谱与目标功率谱的对比曲线，可以看出模拟结果较好。图 2-14 给出了各点竖向分量和水平分量的相干函数的对比曲线，同样拟合结果较好，满足要求。

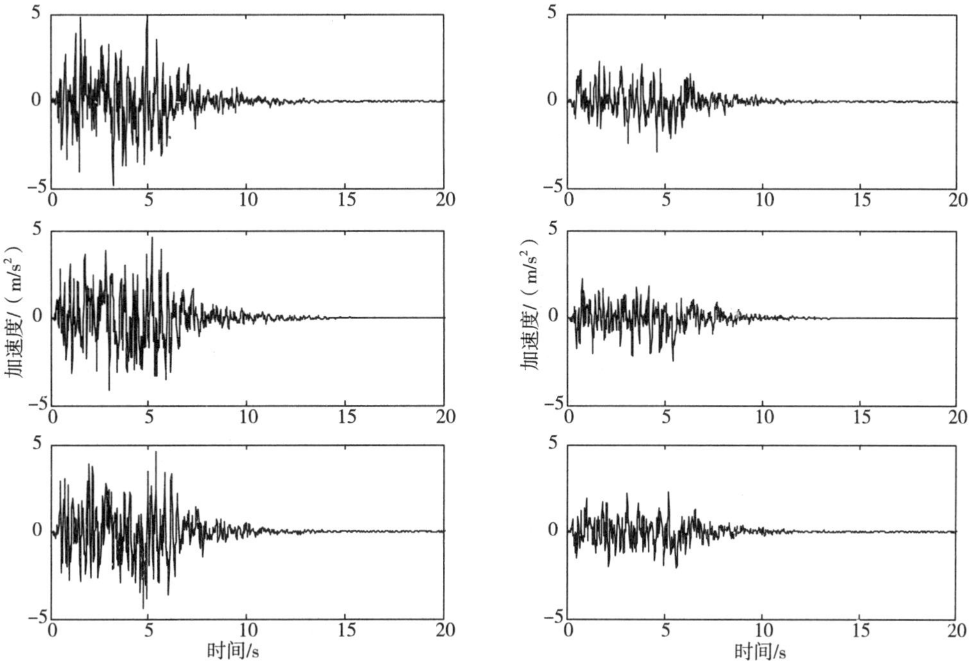

（a）各点水平地震动分量　　（b）各点竖向地震动分量

图 2-12　各点加速度时程曲线

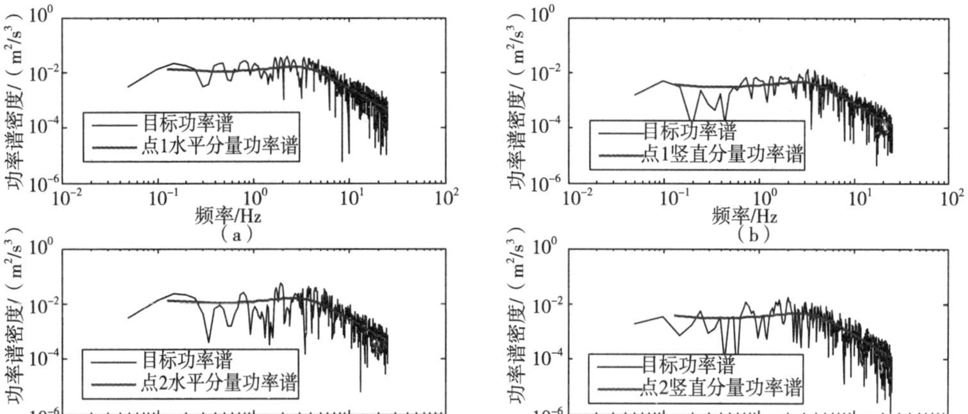

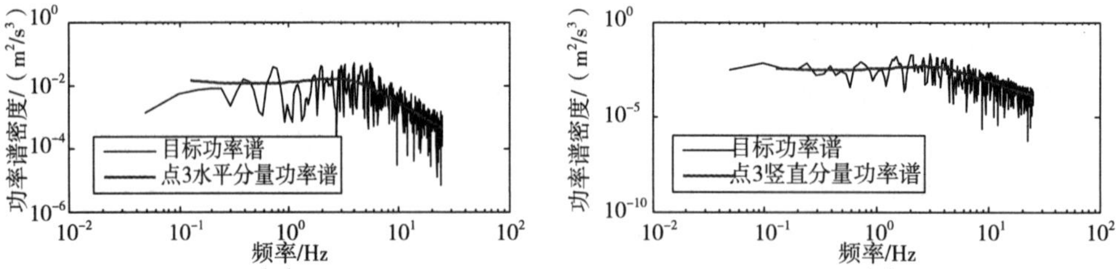

（e）　　　　（f）

图 2－13　各点地震动功率谱与目标功率谱对比曲线

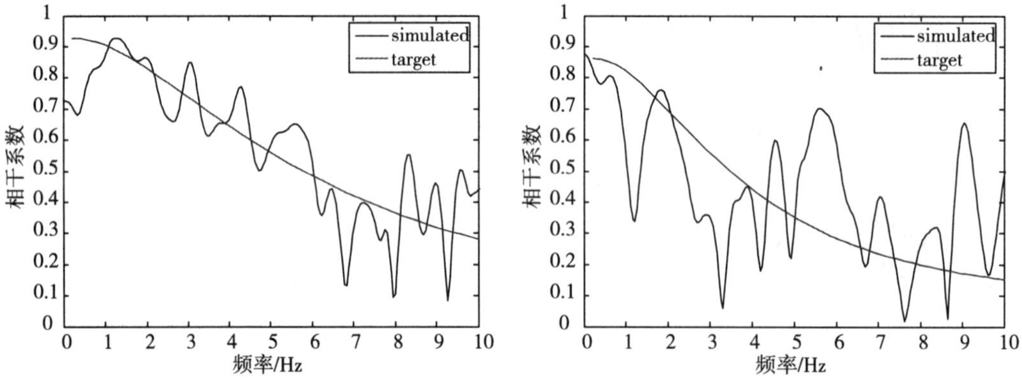

（a）点1和点2竖向分量　　　　（b）点1和点3水平分量

图 2－14　各点地震动相干函数与目标相干函数对比

2.6　本章小结

本章研究了多维多点的随机模型，针对以往研究中未考虑多点地震动不同点不同地震动分量之间的相干性的问题，利用 SMART－Ⅰ台阵的地震记录，分析了其相干函数的值的范围，给出了取值的建议。同时，本章给出了多维多点人工地震动时程记录的生成方法，给出了基线调整和位移速度末值归零的方法。利用该方法可以方便地生成满足给定相干函数的多维多点地震动，可用于大跨桥梁的多维多点时程分析。

第3章 多维地震动时程分析主方向确定

3.1 引言

曲线桥地震输入时，首先要假定地震波的输入方向，只有在某一特定的方向输入地震波时，桥梁某点位移或者某截面的内力才达到最大值，这就是地震激励的主方向问题。对于该问题，国内外已经进行了广泛的研究。朱东生等推导了双向地震动反应谱输入时曲线桥地震最不利主方向的计算公式。李宏男等推导了偏心结构在双向地震动作用下的反应谱组合方法。范立础等研究了复杂结构地震波输入最不利方向标准问题。高晓安等对曲线桥在多向地震作用下的动力分析方法进行了系统的对比和分析。Menun 等给出了正交反应谱组合的 CQC3 法，利用该方法可以得到各个反应量的地震激励的最不利角度以及最大反应。Hernandez 等给出了当结构主轴之一不与竖直轴重合时的反应谱组合的 GCQC3 法。Heredia 等对多维地震反应分析的百分比方法进行了评估。以上均是基于反应谱法对多维地震动作用下不规则结构的最不利响应进行了研究。时程分析法求地震激励的最不利主方向时，不少学者采用了沿着多个可能方向输入地震波，通过计算比较不同方向的输入结果，确定最不利输入方向，这种方法计算工作量大，数据处理十分麻烦。

综合以上研究背景，本章利用时程分析法对曲线桥在多维地震动作用下的主方向问题进行了研究。推导出曲线桥在单维及多维时程反应分析时，各个反应量的最不利角度以及最大值，与传统方法进行对比验证了该方法的有效性。时程分析法进行多维地震反应分析时，一般情况下，应将多维地震动同时输入，也可以在正交方向上分别输入，然后以某种组合方式如 SRSS 或者百分比准则求出结构在多维地震动下的反应。本章最后比较了各种组合方法的准确性。

3.2 单维和多维地震最不利输入方向

对任意一个线性多自由度结构，当单维或多维地震动沿任意方向输入时，结构的运动方程为：

$$\boldsymbol{M}\ddot{\boldsymbol{U}}+\boldsymbol{C}\dot{\boldsymbol{U}}+\boldsymbol{K}\boldsymbol{U}=-\boldsymbol{M}(\boldsymbol{I}_x\ddot{V}_{x(t)}+\boldsymbol{I}_y\ddot{V}_{y(t)}+\boldsymbol{I}_z\ddot{V}_{z(t)}) \tag{3-1}$$

式(3-1)中，$\boldsymbol{M}$,$\boldsymbol{C}$,$\boldsymbol{K}$分别为结构的质量、阻尼和刚度矩阵；$\ddot{\boldsymbol{U}}$,$\dot{\boldsymbol{U}}$和$\boldsymbol{U}$分别为结构的相对加速度、相对速度和相对位移向量；$\ddot{V}_{x(t)}$,$\ddot{V}_{y(t)}$和$\ddot{V}_{z(t)}$为单维或多维地震动沿结构x,y和z三个坐标轴方向的分量；$\boldsymbol{I}_x$,$\boldsymbol{I}_y$和$\boldsymbol{I}_z$为影响向量，$\boldsymbol{I}_x$的元素取0或者1，即与x方向对应的自由度取1，其他自由度取0；$\boldsymbol{I}_y$与$\boldsymbol{I}_z$具有类似的特性，分别在与结构y或z方向对应的自由度取1，其他自由度取0。

3.2.1 单维地震动沿水平面内任意方向输入

仅考虑单维地震动a_{gx}与结构x轴成α角度输入，如图3-1所示。

其运动方程为：

$$\boldsymbol{M}\ddot{\boldsymbol{U}}+\boldsymbol{C}\dot{\boldsymbol{U}}+\boldsymbol{K}\boldsymbol{U}=-\boldsymbol{M}(\boldsymbol{I}_x a_{gx}\cos\alpha+\boldsymbol{I}_y a_{gx}\sin\alpha) \tag{3-2}$$

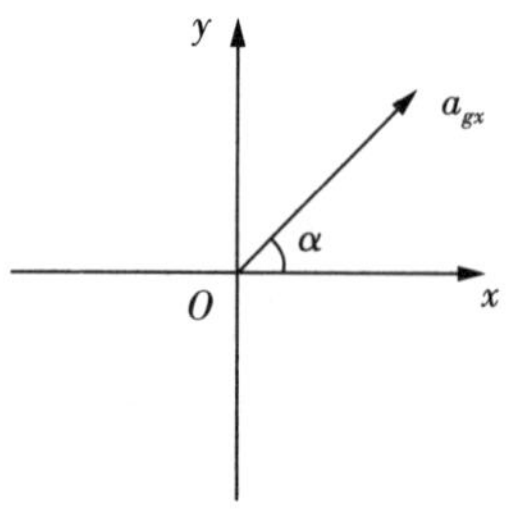

图3-1 单维地震动输入方向

式(3-2)中，$-\boldsymbol{M}\boldsymbol{I}_x a_{gx}$为$a_{gx}$沿$x$轴输入时的地震力，$-\boldsymbol{M}\boldsymbol{I}_y a_{gx}$为$a_{gx}$沿$y$轴输入时的地震力，由于所分析结构为线性，可以得到结构任意响应R的计算公式：

$$R=R_{xx}\cos\alpha+R_{xy}\sin\alpha \tag{3-3}$$

式(3-3)中，R_{xx}和R_{xy}分别为a_{gx}沿着x和y方向输入时结构的响应。

对式(3-3)进行变换：

$$R=\sqrt{R_{xx}^2+R_{xy}^2}\cos(\alpha-\theta) \tag{3-4}$$

式(3-4)中，$\theta=\arctan(R_{xy}/R_{xx})$。从式中可以很容易看出结构任意响应的最大值为$\sqrt{R_{xx}^2+R_{xy}^2}$，地震激励的最不利输入角度即为$\alpha=\theta$。

3.2.2 两维地震动沿水平面内任意方向输入

只考虑两个水平地震动分量a_{gx}和a_{gy}沿水平面内任意角度输入，其中a_{gx}与x轴夹角为α，a_{gx}与a_{gy}垂直，如图3-2所示。运动方程为：

$$\boldsymbol{M}\ddot{\boldsymbol{U}}+\boldsymbol{C}\dot{\boldsymbol{U}}+\boldsymbol{K}\boldsymbol{U}=-\boldsymbol{M}(\boldsymbol{I}_x a_{gx}\cos\alpha+\boldsymbol{I}_y a_{gx}\sin\alpha)-\boldsymbol{M}(-\boldsymbol{I}_x a_{gy}\sin\alpha+\boldsymbol{I}_y a_{gy}\cos\alpha) \tag{3-5}$$

同样由于结构为线性，可以得到结构任意响应R的计算公式为：

$$\begin{aligned}R&=R_{xx}\cos\alpha+R_{xy}\sin\alpha-R_{yx}\sin\alpha+R_{yy}\cos\alpha\\&=(R_{xx}+R_{yy})\cos\alpha+(R_{xy}-R_{yx})\sin\alpha\\&=\sqrt{(R_{xx}+R_{yy})^2+(R_{xy}-R_{yx})^2}\cos(\alpha-\theta)\end{aligned} \tag{3-6}$$

式(3-6)中，R_{xx} 和 R_{xy} 分别为 a_{gx} 沿着 x 和 y 方向输入时结构的响应；R_{yx} 和 R_{yy} 分别为 a_{gy} 沿着 x 和 y 方向输入时结构的响应；$\theta=\arctan[(R_{xy}-R_{yx})/(R_{xx}+R_{yy})]$。由公式(3-6)可以很容易看出结构的任意响应的最大值为 $\sqrt{(R_{xx}+R_{yy})^2+(R_{xy}-R_{yx})^2}$，地震激励的最不利输入角度即为 $\alpha=\theta$。

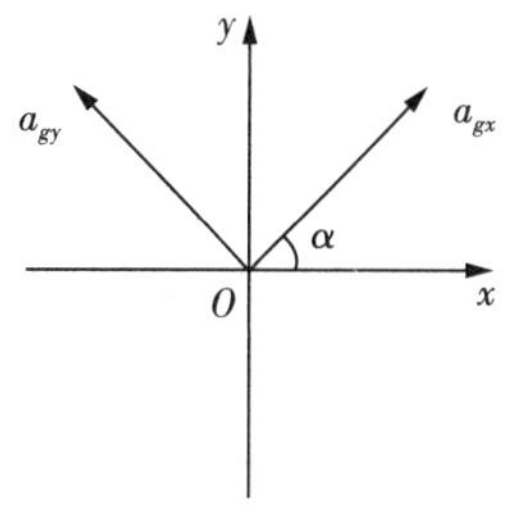

图 3-2　两维地震动输入方向

3.3　曲线桥多维地震反应分析

以某立交桥匝道桥为例进行说明，桥梁跨径为 5×30m，曲率半径为 60m，主梁采用单箱单室箱梁，桥墩为矩形墩，墩高均为 9m。桥墩均与主梁固结，两桥台上的支座采用多向活动的球形橡胶支座，基础为扩大基础。主梁和桥墩均采用 C50 混凝土。主梁截面特性为：面积 $A=3.93\text{m}^2$，惯性矩 $I_{zz}=1.55\text{m}^4$，$I_{yy}=14.1\text{m}^4$。桥墩的截面特性为：面积 $A=2.25\text{m}^2$，惯性矩 $I_{zz}=0.42\text{m}^4$，$I_{yy}=0.42\text{m}^4$。主梁和主墩均采用空间梁单元模拟。桥梁墩底固结，两桥台为竖向约束。定义两桥台连线的方向为顺桥向，垂直于两桥台连线方向为横桥向，桥梁的总体布置如图 3-3 所示。

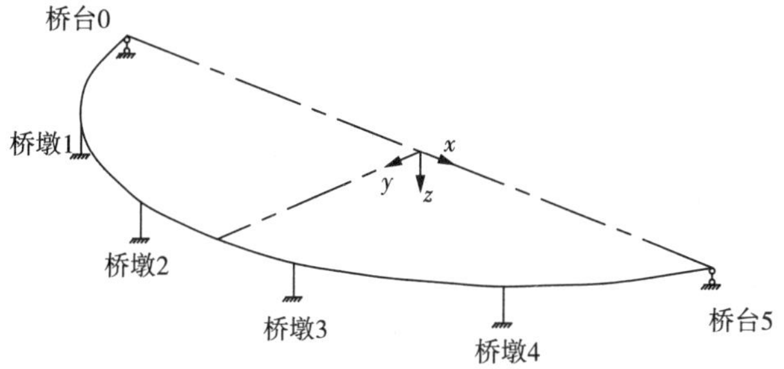

图 3-3　桥梁总体布置图

3.3.1　单维地震动沿水平面内任意方向输入

根据上节推导的计算公式，以 El Centro 南北分量为单维地震动输入，进行地震时程反应分析，求桥墩 1 墩顶顺桥向位移和横桥向位移的主方向。将 El Centro 南北分量沿如图 3-3 所示的 x 方向(即顺桥向)和 y 方向(即横桥向)分别输入，并进行两次时程反应分析，令 U_{xx} 和 U_{xy} 为地震动沿 x 方向和 y 方向输入时墩顶的顺桥向位移。U_{xx}、U_{xy} 以及其最值 $U=\sqrt{U_{xx}^2+U_{xy}^2}$ 的时程曲线如图 3-4 所示。

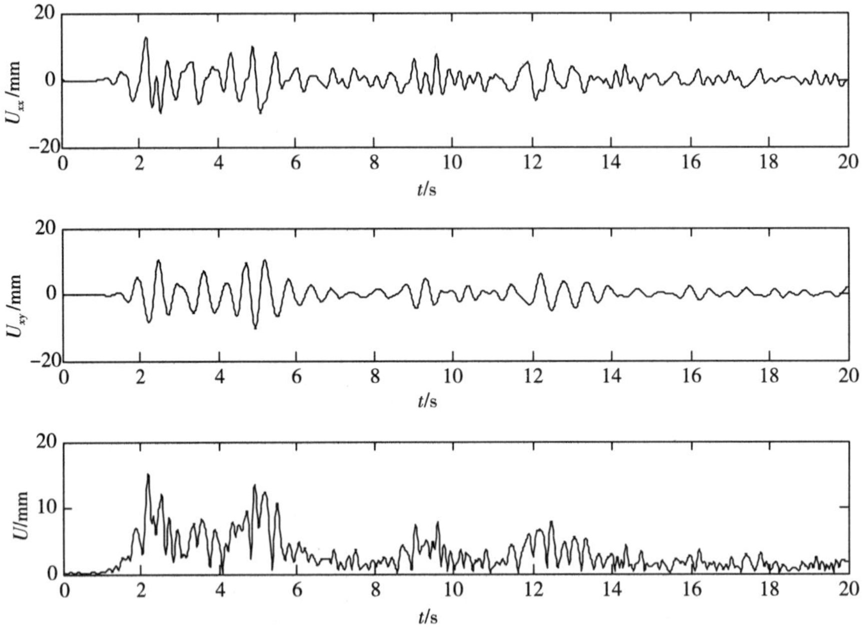

图 3-4　墩顶顺桥向位移时程曲线

当 $t=2.22$ s,$U_{xx}=13.01$ mm,$U_{xy}=-7.63$,U 取最大值,为 15.09mm,最不利输入角度 $\alpha=\theta=\arctan(U_{xy}/U_{xx})=149.6°$。同样,可以求出墩顶横桥向位移的最不利输入角度,如图 3-5 所示。当 $t=2.24$ s,$U_{xx}=-9.18$ mm,$U_{xy}=23.19$ mm,此时 U 取最大值,为 24.94mm,最不利输入角度 $\alpha=\theta=\arctan(U_{xy}/U_{xx})=111.6°$。

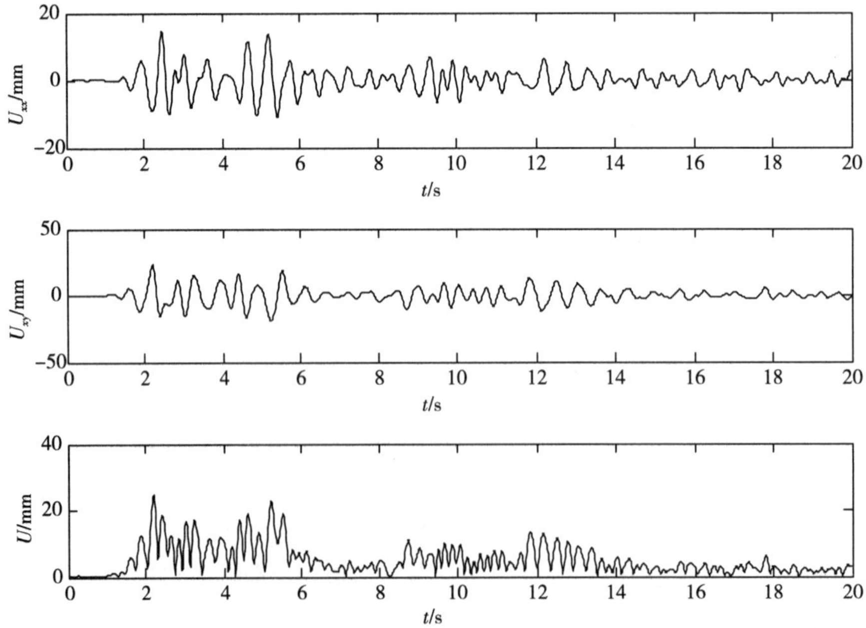

图 3-5　墩顶横桥向位移时程曲线

以传统的方法，沿着所有可能的方向输入地震动，求得墩顶顺桥向和横桥向位移随单向地震波输入角度的变化曲线。角度以10°递增，从 0°计算到180°。

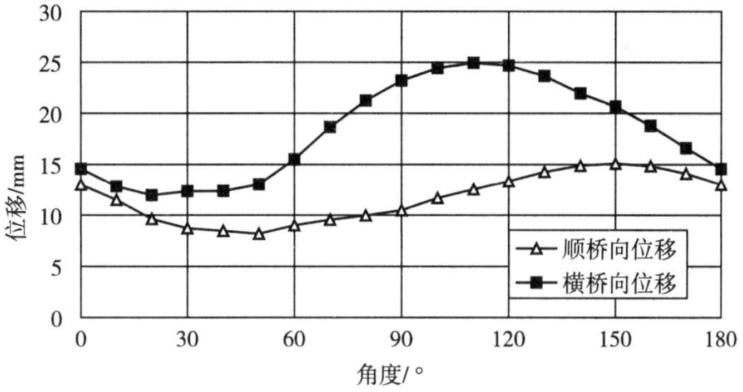

图 3－6　墩顶顺桥向和横桥向位移最值随激励角度变化曲线

从图 3－6 可以看出对墩顶顺桥向位移而言，最不利输入角度为150°；对墩顶横桥向位移而言，最不利输入角度为110°。而本书方法计算的最不利角度分别为149.6°和111.6°。产生差异的原因是，利用传统方法不可能完全穷尽所有的角度，而本书方法仅仅只需要两次时程分析就可以精确地求出最不利输入角度。这也验证了本书方法的准确性和有效性。

3.3.2　两维地震动沿水平面内任意方向输入

以 El Centro 地震波南北分量和东西分量作为输入，同样求桥墩 1 墩顶顺桥向位移和横桥向位移的主方向。由于地震反应分析时一般假定竖向地震动分量方向是不变的，故本书仅考虑两水平地震动分量同时作用的情况。令南北分量沿 x 方向输入结构的响应为 U_{xx}；南北分量沿 y 方向输入结构的响应为 U_{xy}；东西分量沿 x 方向输入结构的响应为 U_{yx}；东西分量沿 y 方向输入结构的响应为 U_{yy}。

同时输入两水平分量，其中南北分量沿 x 方向输入，东西分量沿 y 方向输入，进行一次时程反应分析，求得 $U_{xx}+U_{yy}$。同时输入两水平分量，其中南北分量沿 y 方向输入，东西分量沿 x 轴负轴方向输入，进行一次时程反应分析得到 $U_{xy}-U_{yx}$。墩顶顺桥向位移 $U_{xx}+U_{yy}$、$U_{xy}-U_{yx}$ 以及两维地震作用下的最值 $\sqrt{(U_{xx}+U_{yy})^2+(U_{xy}-U_{yx})^2}$ 的时程曲线如图 3－7 所示。

对墩顶顺桥向位移而言：当 $t=2.22$ s，$U_{xx}+U_{yy}=19.32$ mm，$U_{xy}-U_{yx}=4.13$ mm，此时 U 取最大值，为 19.75mm，最不利输入角度 $\alpha=\theta=\arctan[(U_{xy}-U_{yx})/(U_{xx}+U_{yy})]=167.9°$。

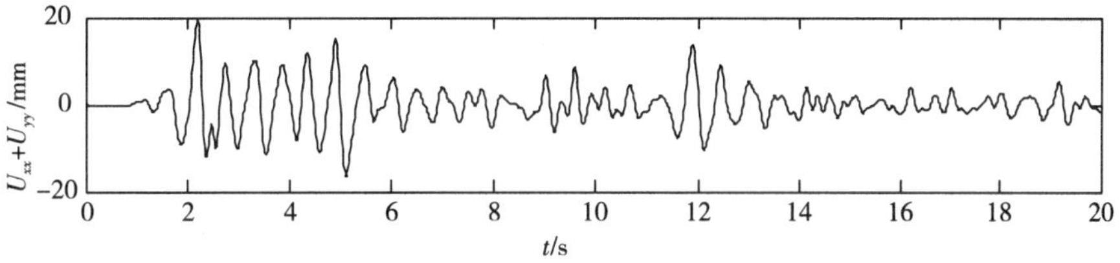

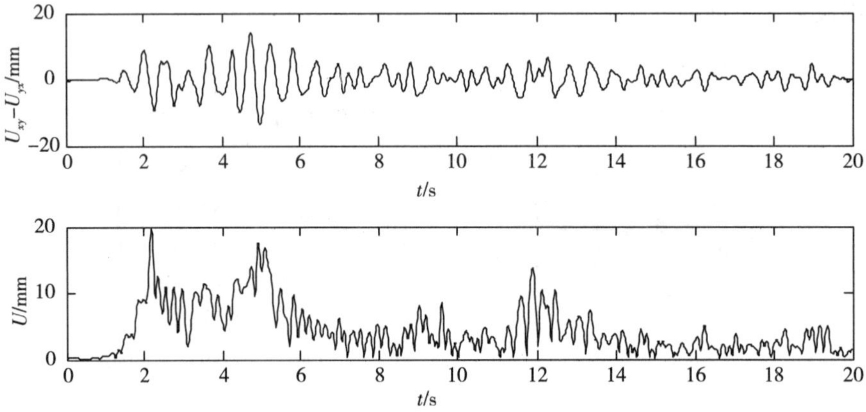

图 3-7　墩顶顺桥向位移和两维地震作用下最值的时程曲线

墩顶横桥向位移 $U_{xx}+U_{yy}$、$U_{xy}-U_{yx}$ 以及水平双向地震动作用下的最值 $\sqrt{(U_{xx}+U_{yy})^2+(U_{xy}-U_{yx})^2}$ 的时程曲线如图 3-8 所示。

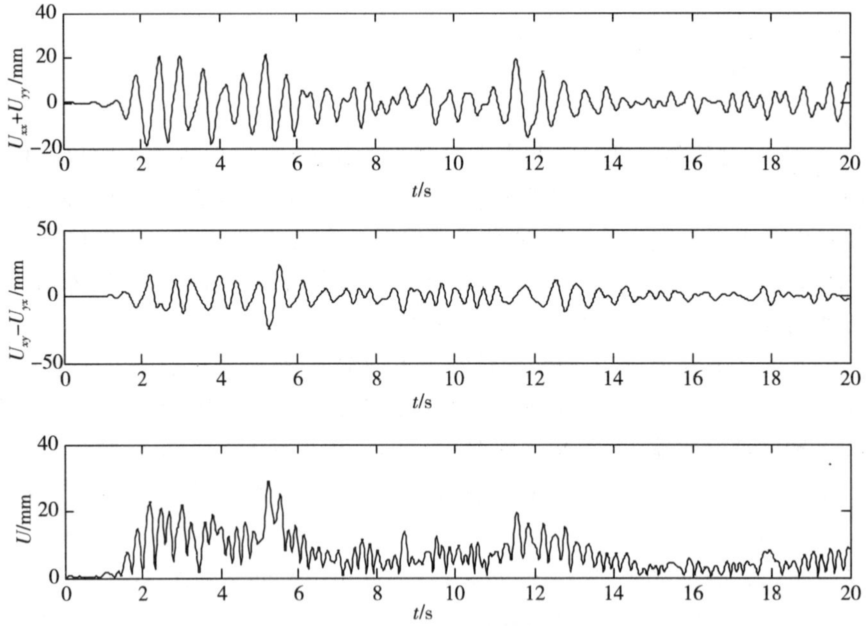

图 3-8　墩顶横桥向位移和水平双向地震动作用下最值的时程曲线

对墩顶横桥向位移：当 $t=5.28$ s，$U_{xx}+U_{yy}=17.21$ mm，$U_{xy}-U_{yx}=-23.36$ mm，此时 U 取最大值，为 29.01mm，最不利输入角度 $\alpha=\theta=\arctan[(U_{xy}-U_{yx})/(U_{xx}+U_{yy})]=126.4°$。

同样以传统的方法，沿着所有可能的方向输入地震动，求得墩顶顺桥向位移和横桥向位移随着双向地震波输入角度的变化曲线。角度以10°递增，从 0°计算到180°。

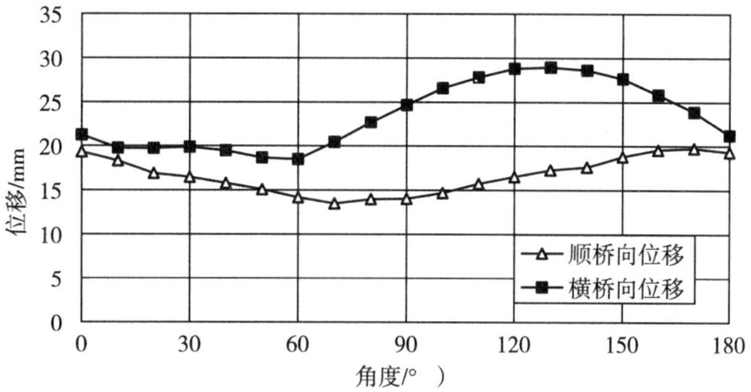

图 3－9　墩顶顺桥向和横桥向位移最值随激励角度变化曲线

从图 3－9 可以看出，对顺桥向位移而言，最不利输入角度为170°；对横桥向位移而言，最不利输入角度为130°。而本书方法计算的最不利角度分别为167.9°和126.4°，这与利用本书方法求出的角度基本相符。产生差异的原因同样是利用传统方法不可能完全穷尽所有的角度，而本书方法仅仅只需要两次时程分析就可以精确地求出最不利输入角度。进一步验证了本书方法的准确性和有效性。

3.4　多维地震动组合问题

在多维地震作用下，对于任意结构的一个构件的某一个反应，最不利输入角度都有可能是独特的。因此在工程中常常不考虑具体的地震输入角度的影响，采取一些近似的计算方法来考虑多维地震作用。对于曲线桥来说，常常沿定义的顺桥向方向（沿着桥台连线方向）和横桥向方向（垂直于两桥台连线方向）输入地震动，然后进行组合求得结构的反应。

进行时程分析时，多维地震常用的组合方法有：

（1）SUM 法，即各分量单独作用下结构最大反应的绝对值之和。

（2）SRSS 法，即不考虑各地震动分量相关性的平方和开平方法。

（3）三分量中产生反应的最大值与其余两项绝对值之和的 30％相加（简称 100/30 准则）。

（4）三分量中产生反应的最大值与其余两项绝对值之和的 40％相加（简称 100/40 准则）。

表 3－1 给出了墩顶顺桥向和横桥向位移在各种组合方法下的计算结果。本书仅考虑两水平方向地震动组合的情况。从以上组合结果可以看出，对本书的曲线桥而言，时程分析时，除了采用 SUM 法对单维地震动组合偏保守外，无论是采用 SRSS 法、100/40 准则和 100/30 准则对单维地震动进行组合得到的反应值，还是沿定义的顺桥向和横桥向方向同时输入地震动得到的值，均较两维最不利输入方向得到的结构的最大反应值要小，有可能造成不安全。其中，顺桥向位移多维最不利比单维最不利大 31％，横桥向位移

多维最不利比单维最不利大16%。故对曲线桥，应该同时输入多维地震动，并找到其最不利激励角度，以保证桥梁的安全。

表3-1　各种不同组合方法下顺桥向和横桥向位移计算结果　（单位：mm）

响应量	SRSS法	100/40准则	100/30准则	SUM法	x和y同时输入	多维最不利	单维最不利
顺桥向位移	16.61	17.14	16.11	23.34	19.32	19.75	15.09
横桥向位移	27.38	29.01	27.56	37.75	21.22	29.01	24.94

注：表中x和y同时输入指地震动的两个水平分量沿所定义的顺桥向和横桥向同时输入。

3.5　本章小结

本章利用时程分析法对曲线桥在多维地震动作用下的反应分析及地震激励下的主方向问题进行了研究，得出以下结论：

(1)对于曲线桥，应该考虑地震动的多维性。不考虑多维有可能导致桥梁不安全。对于本书研究的曲线桥的墩顶顺桥向位移，考虑多维可比单维大31%。

(2)采用本书的方法，通过两次时程反应分析就可以很方便地求出曲线桥单维和多维地震动作用下的各个反应量的最大值，并同时求出最不利角度，与传统的沿各个可能的方向输入的方法相比，大大地减少了计算量。

(3)对于曲线桥，不同的反应量对应着不同的最不利激励角度。时程分析时，采用各种不同的组合方法不一定能得到保守的结果，实际分析时建议对关键部位的内力或位移沿最不利激励方向同时输入地震波进行分析。

第 4 章　多维多点反应谱法

4.1　引言

各国抗震设计规范给出的桥梁抗震分析方法通常是反应谱法，这种方法简便、实用，且在一定的范围内具有较高的精度。但由于它是基于一致地震激励假设而建立的，难以应用于大跨桥梁的抗震分析中。近十年来，已有不少学者基于随机振动理论提出了一些改进的反应谱法，并取得了丰硕的研究成果。本章系统概述了目前已经提出的几种多点反应谱法，总结现有的研究成果，建立多维多点地震动输入模型，进一步将已有的反应谱法推广应用到多维多点领域，编写了基于 MATLAB 的大跨桥梁多维多点反应谱法的程序。

4.2　运动方程及其解答

一个自由度为 n 的线弹性离散单元体系，在 m 个地面支承点受到地面运动的非一致激励时，其运动方程可写成如下形式：

$$\begin{bmatrix}\boldsymbol{M}_{\mathrm{ss}} & \boldsymbol{M}_{\mathrm{sb}}\\ \boldsymbol{M}_{\mathrm{sb}}^{\mathrm{T}} & \boldsymbol{M}_{\mathrm{bb}}\end{bmatrix}\begin{Bmatrix}\ddot{\boldsymbol{X}}_{\mathrm{s}}\\ \ddot{\boldsymbol{X}}_{\mathrm{b}}\end{Bmatrix}+\begin{bmatrix}\boldsymbol{C}_{\mathrm{ss}} & \boldsymbol{C}_{\mathrm{sb}}\\ \boldsymbol{C}_{\mathrm{sb}}^{\mathrm{T}} & \boldsymbol{C}_{\mathrm{bb}}\end{bmatrix}\begin{Bmatrix}\dot{\boldsymbol{X}}_{\mathrm{s}}\\ \dot{\boldsymbol{X}}_{\mathrm{b}}\end{Bmatrix}+\begin{bmatrix}\boldsymbol{K}_{\mathrm{ss}} & \boldsymbol{K}_{\mathrm{sb}}\\ \boldsymbol{K}_{\mathrm{sb}}^{\mathrm{T}} & \boldsymbol{K}_{\mathrm{bb}}\end{bmatrix}\begin{Bmatrix}\boldsymbol{X}_{\mathrm{s}}\\ \boldsymbol{X}_{\mathrm{b}}\end{Bmatrix}=\begin{Bmatrix}\boldsymbol{0}\\ \boldsymbol{P}_{\mathrm{b}}\end{Bmatrix} \tag{4-1}$$

式(4－1)中，下标 s，b 分别代表结构和地基；$\boldsymbol{M}_{\mathrm{ss}}$，$\boldsymbol{C}_{\mathrm{ss}}$，$\boldsymbol{K}_{\mathrm{ss}}$ 为结构非约束自由度的 $n\times n$ 维质量矩阵、$n\times n$ 阻尼矩阵和 $n\times n$ 刚度矩阵；$\boldsymbol{M}_{\mathrm{bb}}$，$\boldsymbol{C}_{\mathrm{bb}}$，$\boldsymbol{K}_{\mathrm{bb}}$ 为结构支承点自由度的 $m\times m$ 维质量矩阵、$m\times m$ 维阻尼矩阵和 $m\times m$ 维刚度矩阵；$\boldsymbol{M}_{\mathrm{sb}}$，$\boldsymbol{C}_{\mathrm{sb}}$，$\boldsymbol{K}_{\mathrm{sb}}$ 为这两组自由度耦合的 $n\times m$ 维质量矩阵、$n\times m$ 维阻尼矩阵和 $n\times m$ 维刚度矩阵。$\ddot{\boldsymbol{X}}_{\mathrm{s}}$，$\dot{\boldsymbol{X}}_{\mathrm{s}}$，$\boldsymbol{X}_{\mathrm{s}}$ 分别表示结构的 n 维绝对加速度向量、n 维速度向量和 n 维位移列向量；$\ddot{\boldsymbol{X}}_{\mathrm{b}}$，$\dot{\boldsymbol{X}}_{\mathrm{b}}$，$\boldsymbol{X}_{\mathrm{b}}$ 分别表示支承点的 m 维加速度向量、m 维速度向量和 m 维位移列向量；$\boldsymbol{P}_{\mathrm{b}}$ 为 m 维支承反力列向量。

为了求解式(4－1)，可以将结构的绝对位移 $\boldsymbol{X}_{\mathrm{s}}$ 分解为拟静力位移 $\boldsymbol{X}_{\mathrm{s}}^{s}$ 和动态相对位移 $\boldsymbol{X}_{\mathrm{s}}^{d}$ 之和，即

$$\begin{Bmatrix}\boldsymbol{X}_{\mathrm{s}}\\ \boldsymbol{X}_{\mathrm{b}}\end{Bmatrix}=\begin{Bmatrix}\boldsymbol{X}_{\mathrm{s}}^{s}\\ \boldsymbol{X}_{\mathrm{b}}\end{Bmatrix}+\begin{Bmatrix}\boldsymbol{X}_{\mathrm{s}}^{d}\\ \boldsymbol{0}\end{Bmatrix} \tag{4-2}$$

其中，拟静力位移 $\boldsymbol{X}_{\mathrm{s}}^{s}$ 满足

$$\boldsymbol{X}_{\mathrm{s}}^{s}=-\boldsymbol{K}_{\mathrm{ss}}^{-1}\boldsymbol{K}_{\mathrm{sb}}\boldsymbol{X}_{\mathrm{b}}=\boldsymbol{R}\boldsymbol{X}_{\mathrm{b}} \tag{4-3}$$

式(4-3)中，$\boldsymbol{R}=-\boldsymbol{K}_{\mathrm{ss}}^{-1}\boldsymbol{K}_{\mathrm{sb}}$ 称为影响矩阵，其力学意义为由结构支承结点的单位静位移所引起的结构非支承结点的拟静力位移。

将式(4-2)、式(4-3)带入式(4-1)，得到：

$$\begin{aligned}\boldsymbol{M}_{\mathrm{ss}}\ddot{\boldsymbol{X}}_{\mathrm{s}}^{d}+\boldsymbol{C}_{\mathrm{ss}}\dot{\boldsymbol{X}}_{\mathrm{s}}^{d}+\boldsymbol{K}_{\mathrm{ss}}\boldsymbol{X}_{\mathrm{s}}^{d}&=-(\boldsymbol{M}_{\mathrm{ss}}\boldsymbol{R}+\boldsymbol{M}_{\mathrm{sb}})\ddot{\boldsymbol{X}}_{\mathrm{b}}-(\boldsymbol{C}_{\mathrm{ss}}\boldsymbol{R}+\boldsymbol{C}_{\mathrm{sb}})\dot{\boldsymbol{X}}_{\mathrm{b}}\\&\approx-(\boldsymbol{M}_{\mathrm{ss}}\boldsymbol{R}+\boldsymbol{M}_{\mathrm{sb}})\ddot{\boldsymbol{X}}_{\mathrm{b}}\end{aligned} \tag{4-4}$$

忽略式(4-4)第一个等号右边的阻尼力项，是因为其在数值上远小于同侧的惯性力项。通常采用集中质量矩阵，即 $\boldsymbol{M}_{\mathrm{sb}}=0$，则式(4-4)可以进一步简化为：

$$\boldsymbol{M}_{\mathrm{ss}}\ddot{\boldsymbol{X}}_{\mathrm{s}}^{d}+\boldsymbol{C}_{\mathrm{ss}}\dot{\boldsymbol{X}}_{\mathrm{s}}^{d}+\boldsymbol{K}_{\mathrm{ss}}\boldsymbol{X}_{\mathrm{s}}^{d}=-\boldsymbol{M}_{\mathrm{ss}}\boldsymbol{R}\ddot{\boldsymbol{X}}_{\mathrm{b}} \tag{4-5}$$

采用振型分解法对式(4-5)进行解耦，则动力位移 $\boldsymbol{X}_{\mathrm{s}}^{d}$ 可以表示为各振型叠加的形式：

$$\boldsymbol{X}_{\mathrm{s}}^{d}=\sum_{i=1}^{n}\boldsymbol{\varphi}_{i}u_{i}=\boldsymbol{\Phi}\boldsymbol{u} \tag{4-6}$$

式(4-6)中，$\boldsymbol{u}=[u_1,u_2,\cdots,u_n]^{\mathrm{T}}$；$u_i$ 为结构第 i 振型的正规坐标；$\boldsymbol{\Phi}=[\boldsymbol{\varphi}_1,\boldsymbol{\varphi}_2,\cdots,\boldsymbol{\varphi}_n]$ 称为振型矩阵；$\boldsymbol{\varphi}_i$ 为结构第 i 振型的振型向量。

假定结构阻尼为比例阻尼，将式(4-6)带入式(4-5)，并利用振型的正交条件可得到

$$\ddot{u}_i+2\xi_i\omega_i\dot{u}_i+\omega_i^2u_i=\sum_{k=1}^{m}\beta_{ki}\ddot{X}_{bk}(t)\quad(i=1,2,\cdots,n) \tag{4-7}$$

式(4-7)中，ω_i 和 ξ_i 分别表示结构第 i 振型的自振频率和阻尼比；$\ddot{X}_{bk}(t)$ 表示第 k 个支承点处地面运动加速度时程；β_{ki} 表示在第 k 个地面运动加速度作用下第 i 振型的振型参与系数，用式(4-8)进行计算：

$$\beta_{ki}=-\frac{\boldsymbol{\varphi}_i^{\mathrm{T}}\boldsymbol{M}_{\mathrm{ss}}\boldsymbol{r}_k}{\boldsymbol{\varphi}_i^{\mathrm{T}}\boldsymbol{M}_{\mathrm{ss}}\boldsymbol{\varphi}_i} \tag{4-8}$$

式(4-8)中，$\boldsymbol{r}_k$ 为影响矩阵 $\boldsymbol{R}$ 的第 k 列。

为了能直接应用反应谱进行计算，需将式(4-7)转换成标准单自由度体系的运动方程，引入如下变换：

$$\ddot{u}_i(t)=\sum_{k=1}^{m}\beta_{ki}\ddot{\delta}_{ki}(t) \tag{4-9}$$

则有：

$$\ddot{\delta}_{ki}+2\xi_i\omega_i\dot{\delta}_{ki}+\omega_i^2\delta_{ki}=\ddot{X}_{bk}(t) \tag{4-10}$$

令 $Z(t)$ 代表结构某一点的地震反应(如结点位移、杆件内力等)，则可将其用结点位移反应 $\boldsymbol{X}(t)$ 表示为：

$$Z(t)=\boldsymbol{q}^{\mathrm{T}}\boldsymbol{X}_{\mathrm{s}}(t)=\boldsymbol{q}^{\mathrm{T}}\boldsymbol{X}_{\mathrm{s}}^{s}(t)+\boldsymbol{X}_{\mathrm{s}}^{d}(t) \tag{4-11}$$

式(4－11)中 $\boldsymbol{q}$ 为转换向量，是结构的几何和物理特性的函数。将式(4－3)、式(4－6)、式(4－9)带入式(4－11)有：

$$Z(t)=\sum_{k=1}^{m}a_{k}X_{bk}(t)+\sum_{k=1}^{m}\sum_{i=1}^{n}b_{ki}\delta_{ki}(t) \tag{4-12}$$

式(4－12)中，

$$a_{k}=\boldsymbol{q}^{\mathrm{T}}\boldsymbol{r}_{k},k=1,2,\cdots,m \tag{4-13}$$

$$b_{ki}=\beta_{ki}\boldsymbol{q}^{\mathrm{T}}\boldsymbol{\varphi}_{i},k=1,2,\cdots,m \tag{4-14}$$

a_{k}、b_{ki} 分别称为有效影响系数和有效振型参与系数，它们仅与结构体系的质量和刚度特性有关。

由随机振动理论以及式(4－12)可得 $Z(t)$ 的自功率谱密度函数，即

$$S_{ZZ}(\omega)=\sum_{k=1}^{m}\sum_{l=1}^{m}a_{k}a_{l}S_{X_{bk}X_{bl}}(\mathrm{i}\omega)+2\sum_{k=1}^{m}\sum_{l=1}^{m}\sum_{j=1}^{n}a_{k}b_{lj}H_{j}(-\mathrm{i}\omega)S_{X_{bk}\ddot{X}_{bl}}(\mathrm{i}\omega)$$
$$+\sum_{k=1}^{m}\sum_{l=1}^{m}\sum_{i=1}^{n}\sum_{j=1}^{n}b_{ki}b_{lj}H_{i}(\mathrm{i}\omega)H_{j}(-\mathrm{i}\omega)S_{\ddot{X}_{bk}\ddot{X}_{bl}}(\mathrm{i}\omega) \tag{4-15}$$

式(4－15)中，$H_{i}(\mathrm{i}\omega)=[\omega_{i}^{2}-\omega^{2}+2\mathrm{i}\xi_{\mathrm{i}}\omega_{\mathrm{i}}\omega]^{-1}$ 表示第 i 振型的频率响应函数。$S_{\ddot{X}_{bk}\ddot{X}_{bl}}$、$S_{X_{bk}\ddot{X}_{bl}}$、$S_{X_{bk}X_{bl}}$ 为互功率谱密度函数，可分别由第 k 支承和第 l 支承的地面运动加速度的自谱密度函数表示为：

$$S_{\ddot{X}_{bk}\ddot{X}_{bl}}(\mathrm{i}\omega)=\gamma_{kl}(\mathrm{i}\omega)\left[S_{\ddot{X}_{bk}\ddot{X}_{bk}}(\mathrm{i}\omega)S_{\ddot{X}_{bl}\ddot{X}_{bl}}(\mathrm{i}\omega)\right]^{1/2} \tag{4-16}$$

$$S_{X_{bk}\ddot{X}_{bl}}(\mathrm{i}\omega)=-\omega^{-2}\gamma_{kl}(\mathrm{i}\omega)\left[S_{\ddot{X}_{bk}\ddot{X}_{bk}}(\mathrm{i}\omega)S_{\ddot{X}_{bl}\ddot{X}_{bl}}(\mathrm{i}\omega)\right]^{1/2} \tag{4-17}$$

$$S_{X_{bk}X_{bl}}(\mathrm{i}\omega)=\omega^{-4}\gamma_{kl}(\mathrm{i}\omega)\left[S_{\ddot{X}_{bk}\ddot{X}_{bk}}(\mathrm{i}\omega)S_{\ddot{X}_{bl}\ddot{X}_{bl}}(\mathrm{i}\omega)\right]^{1/2} \tag{4-18}$$

式中，$\gamma_{kl}(\mathrm{i}\omega)$ 为地震动相干函数。

4.3　既有的反应谱分析方法

1. Y－T 法(Yamamura、Tanaka，1990)

将结构各支承点根据其空间分布和场地情况划分为若干组，相距较近且位于同一场地的支承划为一组。每组内各支承点的地面运动假定为完全相关，振型反应用 CQC 法加以组合；而各组之间的地面运动假设为互不相关，振型反应通过 SRSS 法组合。其缺点是只能粗略地反映局部场地土效应的影响，而无法考虑行波效应和部分相干效应，具有较大的局限性。该方法具体表达式为：

$$\mu_{Z\max}=\left[\sum_{k=1}^{m}\sum_{i=1}^{n}\sum_{j=1}^{n}\rho_{ij}\psi_{ki}\psi_{kj}D_{k}(\omega_{i},\xi_{i})D_{k}(\omega_{j},\xi_{j})\right]^{1/2} \tag{4-19}$$

式(4-19)中，ρ_{ij} 为振型影响系数；$D_k(\omega_i,\xi_i)$ 为第 k 支承处场地条件的均值反应谱；ψ_{ki} 为等价振型向量，其位移表达式、加速度表达式、单元内力表达式依次为：

位移：

$$\psi_{ki}=\beta_{ki}\varphi_{ij} \tag{4-20}$$

加速度：

$$\psi_{ki}=\beta_{ki}\varphi_{ij}\omega_i^2 \tag{4-21}$$

单元内力：

$$\psi_{ki}=\beta_{ki}\boldsymbol{kA}\varphi_{il} \tag{4-22}$$

式(4-22)中，$\boldsymbol{k}$ 为单元刚度矩阵，$\boldsymbol{A}$ 为整体坐标向局部坐标的转化矩阵，$\varphi_{il}=\{\varphi_{ia},\varphi_{ib}\}$ 是第 l 个单元的 a，b 两端的振型向量的值。

2. MSRS 法(Kiureghian，Neuenhofer，1992)

MSRS(Multiple-Support Response Spectrum)法是基于严格的随机振动理论推导出来的，因此理论依据充分，可看作是 CQC 法在多点非一致激励情况下的推广。该法能够同时考虑行波效应、部分相干效应和局部场地土效应对结构的影响。MSRS 法的具体表达式为：

$$\mu_{Z\max}=\Big[\sum_{k=1}^{m}\sum_{l=1}^{m}a_k a_l\rho_{X_{bk}X_{bl}}X_{bk,\max}X_{bl,\max}+2\sum_{k=1}^{m}\sum_{l=1}^{m}\sum_{j=1}^{n}a_k b_{lj}\rho_{X_{bk}\delta_{lj}}X_{bk,\max}D_{bl}(\omega_j,\xi_j)$$
$$+\sum_{k=1}^{m}\sum_{l=1}^{m}\sum_{i=1}^{n}\sum_{j=1}^{n}b_{ki}b_{lj}\rho_{\delta_{ki}\delta_{lj}}D_{bk}(\omega_i,\xi_i)D_{bl}(\omega_j,\xi_j)\Big]^{1/2} \tag{4-23}$$

式(4-23)中，a_k，b_{ki} 如式(4-13)和式(4-14)所示；$X_{bk,\max}$ 为第 k 支承处地震动最大位移的均值；$D_{bk}(\omega_i,\xi_i)$ 对应于第 k 支承处场地条件的均值反应谱；$\rho_{X_{bk}X_{bl}}$ 为第 k 支承地面运动位移 $X_{bk}(t)$ 与第 l 支承地面运动位移 $X_{bl}(t)$ 的互相关系数；$\rho_{X_{bk}\delta_{lj}}$ 为第 k 支承地面运动位移 $X_{bk}(t)$ 与第 l 支承地面运动加速度 $\ddot{X}_{bl}(t)$ 作用下第 j 振型反应 δ_{lj} 之间的相关系数；$\rho_{\delta_{ki}\delta_{lj}}$ 为第 k 支承地面运动加速度 $\ddot{X}_{bk}(t)$ 作用下第 i 振型反应 $\delta_{ki}(t)$ 与第 l 支承地面运动加速度 $\ddot{X}_{bl}(t)$ 作用下第 j 振型反应 $\delta_{lj}(t)$ 间的相关系数。$\rho_{X_{bk}X_{bl}}$、$\rho_{X_{bk}\delta_{lj}}$、$\rho_{\delta_{ki}\delta_{lj}}$ 可以分别表示为：

$$\rho_{X_{bk}X_{bl}}=\frac{1}{\sigma_{X_{bk}}\sigma_{X_{bl}}}\int_{-\infty}^{+\infty}S_{X_{bk}X_{bl}}(\mathrm{i}\omega)\,\mathrm{d}\omega \tag{4-24}$$

$$\rho_{X_{bk}\delta_{lj}}=\frac{1}{\sigma_{X_{bk}}\sigma_{\delta_{lj}}}\int_{-\infty}^{+\infty}H_j(-\mathrm{i}\omega)S_{X_{bk}\ddot{X}_{bl}}(\mathrm{i}\omega)\,\mathrm{d}\omega \tag{4-25}$$

$$\rho_{\delta_{ki}\delta_{lj}}=\frac{1}{\sigma_{\delta_{ki}}\sigma_{\delta_{lj}}}\int_{-\infty}^{+\infty}H_i(\mathrm{i}\omega)H_j(-\mathrm{i}\omega)S_{\ddot{X}_{bk}\ddot{X}_{bl}}(\mathrm{i}\omega)\,\mathrm{d}\omega \tag{4-26}$$

式中，$\sigma_{X_{bk}}$ 为第 k 支承地面运动位移 $X_{bk}(t)$ 的均方根反应；$\sigma_{\delta_{ki}}$ 为第 k 支承地面运动加速度 $\ddot{X}_{bk}(t)$ 作用下第 i 振型反应 $\delta_{ki}(t)$ 的均方根反应。分别用以下两式计算：

$$\sigma_{X_{bk}}^2=\int_{-\infty}^{+\infty}S_{X_{bk}X_{bk}}(\omega)\,d\omega \tag{4-27}$$

$$\sigma_{\delta_{ki}}^2=\int_{-\infty}^{+\infty}|H_i(i\omega)|^2S_{\ddot{X}_{bk}\ddot{X}_{bk}}(\omega)\,d\omega \tag{4-28}$$

3. B－K 法(Berrah、Kausel,1992、1993)

该法是对一致激励反应谱振型组合方法的推广,可方便地用二次组合法(如 CQC 法)来考虑多点非一致激励效应。该法认为地面运动的空间变化和多点激励效应可通过对一致激励情况下的反应谱值和振型相关系数进行调整。据此,在原二次组合法的基础上引入了两个修正系数,其中一个系数用来修正各个支承点的反应谱值,另一个用来修正振型相关系数。这两个修正系数都反映了地面运动的时空变化特性和结构动力特性的影响。该法没有考虑拟静力效应,也没有考虑局部场地土效应的影响,即它假定各个支承处地震动具有相同的自功率谱密度函数 $S_{\ddot{X}_g}(\omega)$。其振型组合方法如下:

$$\mu_{z\max}=\left[\sum_{i=1}^{n}\sum_{j=1}^{n}\beta_i\beta_j\rho_{ij}^{p}D^{p}(\omega_i,\xi_i)D^{p}(\omega_j,\xi_j)\right]^{1/2} \tag{4-29}$$

式(4-29)中,β_i 为有效振型参与系数;ρ_{ij}^p 为考虑多点激励效应的修正后的第 i 与第 j 振型的互相关系数;$D^p(\omega_i,\xi_i)$ 为考虑多点激励效应的修正反应谱,分别用以下两式计算:

$$\rho_{ij}^{p}=\alpha_{ij}\rho_{ij} \tag{4-30}$$

$$D^{p}(\omega_i,\xi_i)=\varepsilon_iD(\omega_i,\xi_i) \tag{4-31}$$

式中,ρ_{ij} 和 $D(\omega_i,\xi_i)$ 分别为一致激励振型组合方法的相关系数和反应谱,且各支承对应的反应谱形式相同;α_{ij} 和 ε_i 分别为第 i 与第 j 振型的互相关系数的修正系数和第 i 振型反应谱的修正系数,分别由以下两式计算:

$$\alpha_{ij}=\frac{\sum_{k=1}^{m}\sum_{l=1}^{m}A_{ik}A_{jl}r_{klij}}{\left[\left(\sum_{k=1}^{m}\sum_{l=1}^{m}A_{ik}A_{il}r_{klii}\right)\left(\sum_{k=1}^{m}\sum_{l=1}^{m}A_{jk}A_{jl}r_{kljj}\right)\right]^{1/2}} \tag{4-32}$$

$$\varepsilon_i=\left(\sum_{k=1}^{m}\sum_{l=1}^{m}A_{ik}A_{il}r_{klii}\right)^{1/2} \tag{4-33}$$

式中,

$$A_{jk}=-\frac{\boldsymbol{\varphi}_j^{\mathrm{T}}\boldsymbol{M}_{ss}\boldsymbol{r}_k}{\boldsymbol{\varphi}_j^{\mathrm{T}}\boldsymbol{M}_{ss}\boldsymbol{E}} \tag{4-34}$$

$$r_{klij}=\frac{\mathrm{Re}\left[\int_{-\infty}^{+\infty}H_i(i\omega)H_j(-i\omega)S_{\ddot{X}_{bk}\ddot{X}_{bl}}(i\omega)\,d\omega\right]}{\lambda_{0,ij}} \tag{4-35}$$

$$\lambda_{0,ij}=\mathrm{Re}\left[\int_{-\infty}^{+\infty}H_i(i\omega)H_j(-i\omega)S_{\ddot{X}_g}(i\omega)\,d\omega\right] \tag{4-36}$$

B－K 法的表达形式简单，但就计算量而言，它不但没有显示出任何优越性，反而更复杂了。这是因为，如果将式(4－30)～式(4－33)带入式(4－29)，则：

$$\mu_{z\max}^2 = \sum_{i=1}^{n}\sum_{j=1}^{n}\beta_i\beta_j\rho_{ij} \times$$

$$\frac{\left(\sum_{k=1}^{m}\sum_{l=1}^{m}A_{ik}A_{jl}r_{klij}\right)\left[\left(\sum_{k=1}^{m}\sum_{l=1}^{m}A_{ik}A_{il}r_{klii}\right)^{1/2}D(\omega_i,\xi_i)\right]\left[\left(\sum_{k=1}^{m}\sum_{l=1}^{m}A_{jk}A_{jl}r_{kljj}\right)^{1/2}D(\omega_j,\xi_j)\right]}{\left[\left(\sum_{k=1}^{m}\sum_{l=1}^{m}A_{ik}A_{il}r_{klii}\right)\left(\sum_{k=1}^{m}\sum_{l=1}^{m}A_{jk}A_{jl}r_{kljj}\right)\right]^{1/2}} \tag{4-37}$$

约去式(4－37)中的分子和分母的相同项，并由式(4－34)和式(4－35)，以及式(4－38)、式(4－39)

$$\rho_{ij} = \frac{\lambda_{0,ij}}{\sigma_{\delta_{ki}}\sigma_{\delta_{lj}}} \tag{4-38}$$

$$\beta_{kj} = \beta_j A_{jk} \tag{4-39}$$

得：

$$\mu_{z\max} = \left[\sum_{k=1}^{m}\sum_{l=1}^{m}\sum_{i=1}^{n}\sum_{j=1}^{n}b_{ki}b_{lj}\rho_{\delta_{ki}\delta_{lj}}D_{bk}(\omega_i,\xi_i)D_{bl}(\omega_j,\xi_j)\right]^{1/2} \tag{4-40}$$

式(4－40)中的表达式与式(4－23)中第三项完全相同。由此可见，B－K 法仅为 MSRS 法的一种变形而已。

4. H－V 法(Heredia－Zavoni、Vanmarcke，1993)

将整个多支承结构的动力响应分析转化为受一系列单点激励的单自由度模态振子集合，并借此来考虑多点输入和地面运动的时空相关性，因此结构的动力响应方差可以表示成一系列模态贡献和的形式，从而避开原结构体系的一些复杂计算。

该方法的计算公式如下：

$$\mu_{Z\max} = \Bigg\{\sum_{k=1}^{m}\sum_{l=1}^{m}a_k a_l \rho_{X_{bk}X_{bl}} X_{bk,\max}X_{bl,\max} + 2\sum_{k=1}^{m}\sum_{l=1}^{m}\sum_{j=1}^{n}a_k b_{lj}\rho_{X_{bk}\delta_{lj}}X_{bk,\max}D_{bl}(\omega_j,\xi_j) +$$

$$\sum_{k=1}^{m}\sum_{l=1}^{m}\sum_{i=1}^{n}\left[\alpha_{kli}\Gamma_{0,kli} - \theta_{kli}\left(\frac{\Lambda_{1,kli}}{\omega_i^3}\right) - \varphi_{kli}\left(\frac{\Lambda_{3,kli}}{\omega_i^3}\right)\right]D_{bk}(\omega_i,\xi_i)D_{bl}(\omega_i,\xi_i)\Bigg\}^{1/2} \tag{4-41}$$

式(4－41)中，a_k、b_{kj}、$X_{bk,\max}$、$D_{bk}(\omega_i,\xi_i)$、$\rho_{X_{bk}X_{bl}}$、$\rho_{X_{bk}\delta_{lj}}$ 意义如 MSRS 法中相应参数；$\Gamma_{0,kli}$、$\Lambda_{1,kli}$、$\Lambda_{3,kli}$ 称为谱参数，定义为：

$$\Gamma_{0,kli} = \frac{1}{\sigma_{\delta_{ki}}\sigma_{\delta_{li}}}\int_{-\infty}^{+\infty}\left|H_i(\omega)\right|^2 R_{\ddot{X}_{bk}\ddot{X}_{bl}}(\omega)\,\mathrm{d}\omega \tag{4-42}$$

$$\Lambda_{N,kli}=\frac{1}{\sigma_{\delta_{ki}}\sigma_{\delta_{li}}}\int_{-\infty}^{+\infty}\left|H_i(\omega)\right|^2 Q_{\ddot{X}_{bk}\ddot{X}_{bl}}(\omega)\,\mathrm{d}\omega,N=1,3,5 \tag{4-43}$$

式中，$R_{\ddot{X}_{bk}\ddot{X}_{bl}}(\omega)$、$Q_{\ddot{X}_{bk}\ddot{X}_{bl}}(\omega)$ 为 $S_{\ddot{X}_{bk}\ddot{X}_{bl}}(\mathrm{i}\omega)$ 的实部和虚部，即

$$S_{\ddot{X}_{bk}\ddot{X}_{bl}}(\mathrm{i}\omega)=R_{\ddot{X}_{bk}\ddot{X}_{bl}}(\omega)+\mathrm{i}Q_{\ddot{X}_{bk}\ddot{X}_{bl}}(\omega) \tag{4-44}$$

比较 H－V 法与 MSRS 法可以看出，在拟静力反应、拟静力和动力项的耦合反应中，他们的方法与 MSRS 法相同，而在动力反应的计算上，该方法通过简化推导，将 MSRS 法的四重求和运算简化为三重求和，减少了一定的计算量。

除了以上的几种方法外，王君杰、李杰、刘先明、刘洪兵以及 Allam 等的研究绝大部分基于以上四种方法或者类似于以上四种方法进行的，故此处不再详细阐述。

4.4　基于 MATLAB 的多维多点反应谱法程序

目前在基于随机振动理论提出的多点反应谱法中，理论最严密，且经过大量验证的方法是 Kiureghian 和 Neuenhofer 于 1992 年提出的 MSRS 法，本书后续的研究以该方法为基础进行。基于我国的公路工程抗震设计规范，本书编制了大跨度桥梁结构多维多点反应谱法计算的程序，可应用于大跨桥梁结构的抗震分析中。本书同时针对 MSRS 法中存在的问题以及相应的改进方法进行了探讨，并就提高计算效率的方法进行了总结和改进。

4.4.1　近支承单元地震反应计算结果不准确的问题

在传统多点反应谱法的推导过程中，结构某一点的地震反应可用其结点位移表示为式(4－11)的形式，即

$$Z(t)=\boldsymbol{q}^{\mathrm{T}}\boldsymbol{X}_s(t)=\boldsymbol{q}^{\mathrm{T}}\left[\boldsymbol{X}_s^s(t)+\boldsymbol{X}_s^d(t)\right]$$

式中参数意义如 4.2 节所示。然而 $\boldsymbol{X}_s(t)$ 为结构非支承自由度处的位移，与支承处相连的单元的内力并不能完全由 $\boldsymbol{X}_s(t)$ 完整地表述出来，其必然与支承处位移有关。因此在利用式(4－11) 求解时，必然会造成与支承处相连的单元内力计算结果不准确。Ohsaki、于德广在研究中指出了上述问题，故本书在后续的研究中，在对 MSRS 法编程时，修正了上述问题。

具体方法如下，令：

$$Z(t)=\boldsymbol{q}^{\mathrm{T}}\boldsymbol{X}_s(t)+\boldsymbol{q}_g{}^{\mathrm{T}}\boldsymbol{X}_b(t) \tag{4-45}$$

式(4－45) 比式(4－11) 增加了一项，即 $\boldsymbol{q}_g{}^{\mathrm{T}}\boldsymbol{X}_b(t)$，该项即为考虑支承自由度处位移所引起的内力项，$\boldsymbol{q}_g{}^{\mathrm{T}}$ 为对应于支承自由度处位移 $\boldsymbol{X}_b(t)$ 的转换向量。于是，式(4－12) 重新定义为：

$$Z(t)=\sum_{k=1}^{m}a_kX_{bk}(t)+\sum_{k=1}^{m}\sum_{i=1}^{n}b_{ki}\delta_{ki}(t) \tag{4-46}$$

式中，

$$a_k=\boldsymbol{q}^{\mathrm{T}}\boldsymbol{r}_k+\boldsymbol{q}_g{}^{\mathrm{T}}\boldsymbol{i}_k,k=1,2,\cdots,m \tag{4-47}$$

$$b_{ki}=\beta_{ki}\,\boldsymbol{q}^{\mathrm{T}}\boldsymbol{\varphi}_i,k=1,2,\cdots,m,i=1,2,\cdots,n \tag{4-48}$$

式(4-47)和式(4-48)分别为修正后的有效影响系数和有效振型参与系数，它们仅与结构体系的质量和刚度特性有关。式(4-47)中$\boldsymbol{i}_k$为列向量，向量的第k个元素为1，其余元素为零。注意到，式(4-46)的形式并未发生变化，只是a_k的值加了一项。因此修正后的MSRS法的最大值均值的表达式[即式(4-23)]的形式同样也没有发生变化，只是a_k的值改变了，即

$$\mu_{Z\max}=\Big[\sum_{k=1}^{m}\sum_{l=1}^{m}a_ka_l\rho_{X_{bk}X_{bl}}X_{bk,\max}X_{bl,\max}+2\sum_{k=1}^{m}\sum_{l=1}^{m}\sum_{j=1}^{n}a_kb_{lj}\rho_{X_{bk}\delta_{lj}}X_{bk,\max}D_{bl}(\omega_j,\xi_j)$$
$$+\sum_{k=1}^{m}\sum_{l=1}^{m}\sum_{i=1}^{n}\sum_{j=1}^{n}b_{ki}b_{lj}\rho_{\delta_{ki}\delta_{lj}}D_{bk}(\omega_i,\xi_i)D_{bl}(\omega_j,\xi_j)\Big]^{1/2}$$

式中，a_k与b_{ki}如式(4-47)和式(4-48)所示。

4.4.2 矩阵 $\boldsymbol{R}$ 以及 a_k、b_{kj} 的性质

Nakamura推导给出了影响矩阵$\boldsymbol{R}$以及a_k、b_{ki}的性质，可用于对MSRS法计算结果正确性的验证，总结如下。

1. 影响矩阵 $\boldsymbol{R}$

(1)$\boldsymbol{R}=-\boldsymbol{K}_{ss}^{-1}\boldsymbol{K}_{sb}=[\boldsymbol{r}_1,\boldsymbol{r}_2,\cdots,\boldsymbol{r}_m]$，影响矩阵的每一行的元素之和为1。

(2)可以不通过公式$\boldsymbol{R}=-\boldsymbol{K}_{ss}^{-1}\boldsymbol{K}_{sb}$求解影响矩阵，该公式涉及矩阵求逆，在矩阵维数较大时，可能造成数值计算上的困难。影响矩阵的第k列元素$\boldsymbol{r}_k$可根据其物理意义进行求解，假定第k支承发生单位位移，而其他支承固定，求结构非支承自由度处的位移，即为$\boldsymbol{r}_k$。

2. 修正后的有效影响系数 a_k

有效影响系数的和等于当结构承受均匀施加在其每一个支承自由度处的单位位移时，结构的地震反应。当支承位移为平动时，该条件相应于结构整体的刚体运动。因此有：

当$Z(t)$为结点位移时，

$$\sum_{k=1}^{m}a_k=1$$

当$Z(t)$为结构单元的内力时，

$$\sum_{k=1}^{m} a_k = 0 \tag{4-49}$$

3. 有效振型参与系数 b_{ki}

系数 b_{ki} 在结构所有振型上的和等于第 k 个支承自由度处有效影响系数的负数。该性质可以写成：

$$\sum_{i=1}^{n} b_{ki} = -a_k \tag{4-50}$$

以上性质可用于检验对所感兴趣的地震反应量的计算系数的正确性。对于有效影响系数 a_k，式(4－49)总是成立的。然而，在运用式(4－50)检验 b_{ki} 的正确性时，应该注意到 n 为结构的全部振型数。当计算时所取的参振振型数小于 n 时，公式不再成立。

4.4.3　位移反应谱

我国现行的公路工程抗震设计规范分四类场地给出了标准化地震加速度反应谱曲线，下限值为 0.3，适用的周期范围为 0～5s。由于标准反应谱存在 0.3 的下平台，通过拟反应谱转换关系：

$$SD = SA\left[\frac{T}{2\pi}\right]^2 \tag{4-51}$$

从加速度反应谱(SA)得到的位移反应谱将随着周期的增加而不断增大，这显然不符合实际的物理特性。因为，理论上当周期为无限大时，地震动位移反应谱值应该等于地面运动位移的最大值，所以在对大跨度结构进行分析时，应该对规范给定的标准反应谱进行一定的修正。

王君杰等在项海帆提出的长周期校正方案的基础上，建议了标准化加速度反应谱形式为：

$$\frac{SA(T)}{K_h} = \begin{cases} 1 + (\beta_{\max} - 1)\dfrac{T}{T_1} & 0 \leqslant T < T_1 \\ \beta_{\max} & T_1 \leqslant T < T_2 \\ \beta_{\max}\left(\dfrac{T_2}{T}\right)^K & T_2 \leqslant T < T_3 \\ \beta_{\max}\left(\dfrac{T_2}{T_3}\right)^K\left(\dfrac{T_3}{T}\right)^2 & T_3 \leqslant T < T_4 \\ \dfrac{4\pi^2}{T^2}\beta_{\max}\left[1 + \dfrac{T_4}{T}(\rho_d - 1)\right]\rho_s & T_4 \leqslant T < \infty \end{cases} \tag{4-52}$$

相应的位移反应谱为：

$$\frac{SD(T)}{K_h}=\begin{cases}\dfrac{T^2}{4\pi^2}\left[1+(\beta_{\max}-1)\dfrac{T}{T_1}\right] & 0\leqslant T<T_1\\ \dfrac{T^2}{4\pi^2}\beta_{\max} & T_1\leqslant T<T_2\\ \dfrac{T^2}{4\pi^2}\beta_{\max}\left(\dfrac{T_2}{T}\right)^K & T_2\leqslant T<T_3\\ \dfrac{1}{4\pi^2}\beta_{\max}\left(\dfrac{T_2}{T_3}\right)^K T_3^2 & T_3\leqslant T<T_4\\ \beta_{\max}\left[1+\dfrac{T_4}{T}(\rho_d-1)\right]\rho_s & T_4\leqslant T<\infty\end{cases}\tag{4-53}$$

式中，

$$\rho_d=\frac{SD_{\max}}{SD_{\infty}},\rho_s=\frac{SD_{\infty}}{SA_{\max}}\tag{4-54}$$

式(4－54)中，$SD_{\infty}=SD(T\rightarrow\infty)$，$SD_{\max}=[SD(T)]_{\max}$，$SA_{\max}=[SA(T)]_{\max}$，且 SD_{∞}、$SD_{\max}$ 和 $SA_{\max}$ 分别代表地面运动最大位移、位移反应谱和加速度反应谱最大值；$\beta_{\max}$、T_1、T_2 和 K 为规范给定的加速度反应谱参数，如表 4－1 所示；T_3、T_4、ρ_d 和 ρ_s 为修正时所引入的参数，如表4－1 所示；K_h 为规范给定的水平地震系数，如表 4－2 所示。T_3 的确定方法如下：地震动位移反应谱在 T_3 处达到最大值，则有 $SD(T_3)=\rho_d u_{g,\max}=\rho_d SD_{\infty}$，由此可得

$$T_3=T_2\left(\frac{4\pi^2\rho_d\rho_s}{T_2^2}\right)^{1/(2-K)}\tag{4-55}$$

另外，T_4、ρ_d 和 ρ_s 由强震统计确定；通过 SMART－Ⅰ 台阵记录到的三次地震进行分析，取 $T_4=T_3+2.0$，$\rho_d=2.0$，$\rho_s=15.0\times10^{-3}$，然后利用式(4-55)得到对应于Ⅰ、Ⅱ、Ⅲ、Ⅳ 类场地的 T_3 值分别为 5.90、3.75、2.42 和 1.56。

李建华研究了上述取值，并认为其是不恰当的。由工程经验，在震级、土层厚度等外部条件相似的情况下，软弱场地通常比坚硬场地具有更大的地面运动最大位移 $u_{g,\max}$，随着场地类别的增大，统计平均的 $SD_{\max}$ 也在增大。根据规范，四类场地的 $SA_{\max}$ 相同，由式(4-54)可知四类场地的 ρ_s 将依次增大，而不是为同一值。根据 Bommer 等和 Tolis 等的研究成果，李建华建议了更加合理的取值，本书采用了该取值。

表 4－1　规范加速度反应谱参数

场地类型	$\beta_{\max}$	T_1	T_2	K	T_3	T_4	ρ_d	$\rho_s\times10^{-3}$
Ⅰ	2.25	0.10	0.20	1.00	1.5	3.5	2.0	3.8
Ⅱ	2.25	0.10	0.30	0.98	2.5	4.5	2.0	9.9
Ⅲ	2.25	0.10	0.45	0.95	3.5	5.5	2.0	22.1
Ⅳ	2.25	0.10	0.70	0.90	4.5	6.5	2.0	48.1

表 4-2　水平地震系数 K_h

基本烈度	7	8	9
水平地震系数 K_h	0.1	0.2	0.4

规范反应谱是以阻尼比为 0.05 为基准的，对于大跨度桥梁等柔性结构，振型阻尼比通常取 0.02 或者 0.03，此时需要对设计反应谱进行修正。反应谱修正公式可表示为：

$$D(\omega_i,\xi_i)=H(\xi_i)D(\omega_i,0.05) \tag{4-56}$$

式(4-56)中，$H(\xi)$ 是 ξ 的递减函数，且当 $\xi=0.05$ 时，$H(\xi)=1$。本书取 Kavashima 等建议的形式，即

$$H(\xi)=\frac{1.5}{40\xi+1}+0.5 \tag{4-57}$$

图 4-1(a) 和(b) 分别给出了相应于规范中四类场地的标准加速度和位移反应谱。

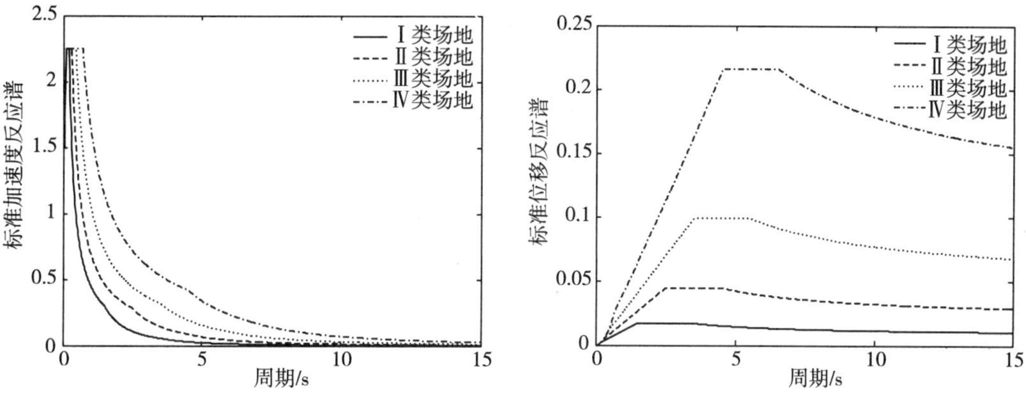

(a) 标准加速度反应谱　　(b) 标准位移反应谱

图 4-1　修正后的四类场地的标准反应谱

4.4.4　反应谱和功率谱的转换

由式(4-24)～式(4-26)可以看出在相干系数的计算中需要知道各点的加速度功率谱 $S_{\ddot{X}_{bk}\ddot{X}_{bk}}(\mathrm{i}\omega)$，本书采用 Kaul 提出的简单的转换关系进行计算：

$$S_{\ddot{X}_{bk}\ddot{X}_{bk}}(\mathrm{i}\omega)=\frac{\xi}{\pi\omega}S_a^2(\omega)/\ln\left[-\frac{\pi}{T\omega}\ln(1-p)\right] \tag{4-58}$$

式(4-58)中，$S_a(\omega)$ 为加速度反应谱；ξ 为阻尼比；T 为人工地震波持续时间长度，本书取 $T=20$；p 为计算反应谱的平均幅值超过期望反应谱幅值的概率系数(一般取 $p=0.15$)。

图 4-2 给出了地震基本烈度为 8 度时四类场地土的加速度功率谱曲线。

将式(4-58)带入式(4-18)中，将导致地面位移功率谱在 $\omega=0$ 处无界，为此在式(4-

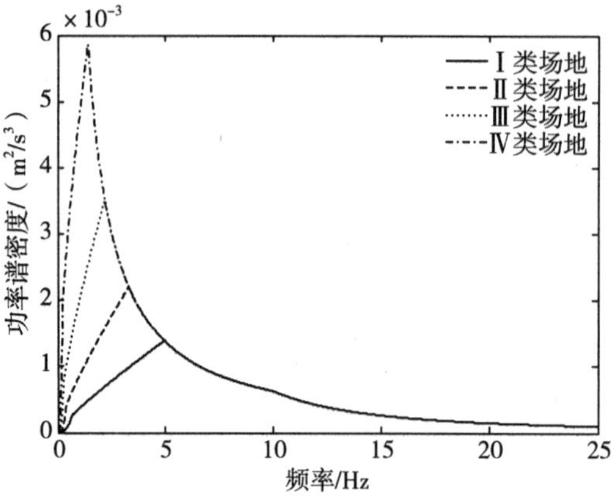

图 4-2　四类场地的加速度功率谱

58) 中引入修正因子 $\omega^2/(\omega^2+\omega_f^2)$，该因子将使得位移功率谱在 $\omega=0$ 处有界，而在 ω_f 取较小值时，因子将随着 ω 增大而迅速趋近单位值，即对高频区位移谱值影响很小。ω_f 称为低频减量，可由式(4-59) 确定：

$$2\int_0^{\infty}\frac{\dfrac{\omega\xi}{\pi(\omega^2+\omega_f^2)}S_D^2(\omega)}{\ln\left[-\dfrac{\pi}{T\omega}\ln(1-p)\right]}\mathrm{d}\omega=\left(\frac{X_{bk,\max}}{p_{X_{bk}}}\right)^2 \tag{4-59}$$

式(4-59) 中，$S_D(\omega)$ 为位移反应谱，$p_{X_{bk}}$ 为相应的峰值因子，本书取 $p_{X_{bk}}=2$ 进行计算。式(4-59) 是由位移功率谱的面积等于均方值来确定 ω_f 的，通过迭代计算，可给出对应于四类场地位移反应谱的 ω_f，如表 4-3 所示。图 4-3 给出了转换得到的四类场地对应的位移自谱密度函数。

表 4-3　低频减量 ω_f 取值

场地条件	Ⅰ	Ⅱ	Ⅲ	Ⅳ
ω_f/(rad/s)	3.360	2.166	1.616	1.290

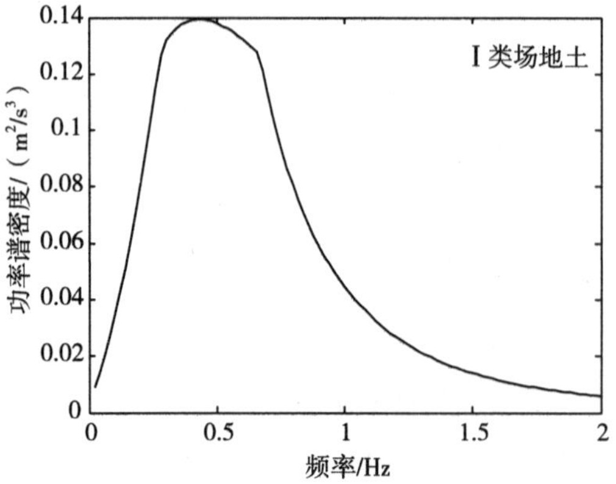

(a) Ⅰ类场地土

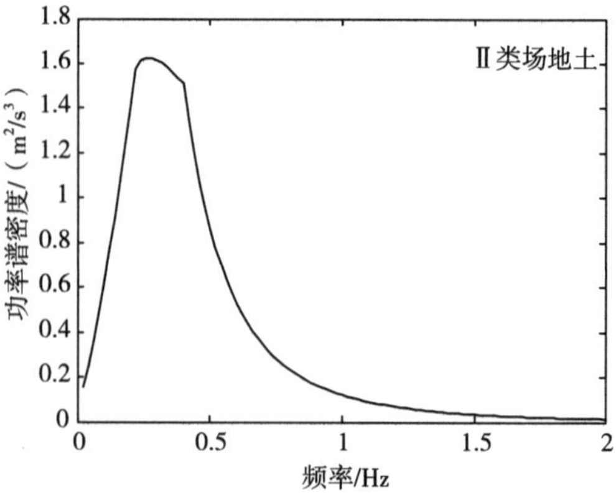

(b) Ⅱ类场地土

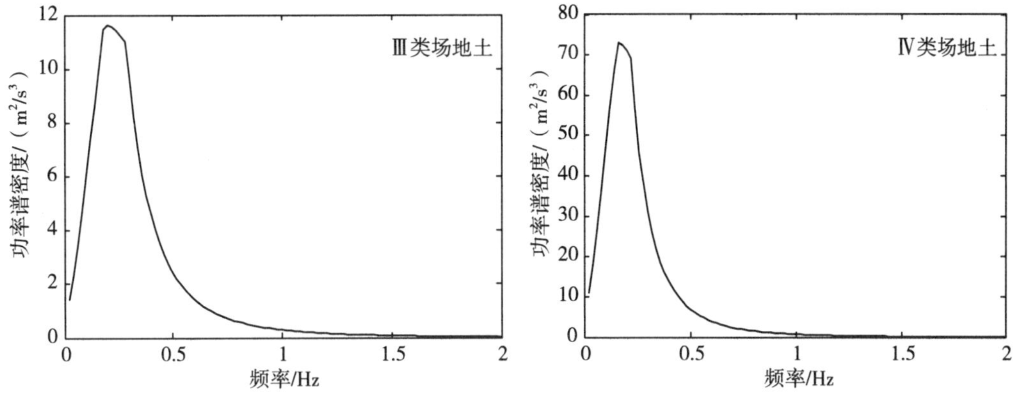

(c) Ⅲ类场地土　　　　(d) Ⅳ类场地土

图 4-3　四类场地的位移自谱密度函数

利用数值积分求得各个相关系数，利用式(4-23)就可以求得 $\mu_{Z\max}$，即求得结构响应。

4.4.5　相干函数的选取

目前各国研究者基于各个台阵记录提出的相干函数模型很多，详细情况见第 1 章绪论。本书研究时采用 Luco 和 Wong 提出的相干函数考虑地震动的空间变化效应：

$$\gamma_{kl}(\omega,d_{kl})=\exp\left\{-\left(\frac{\alpha\omega d_{kl}}{v_{\mathrm{s}}}\right)^2\right\}\exp\left\{\mathrm{i}\omega\frac{d_{kl}^{\mathrm{L}}}{v_{\mathrm{app}}}\right\} \tag{4-60}$$

式(4-60)中，α 为相干系数；v_{s} 为土层剪切波速；v_{app} 为地震地面运动的视波速；d_{kl} 为地面 k 点和 l 点之间的距离；d_{kl}^{L} 为两点距离沿着结构主轴的投影长度。相干系数 α 是地面运动的相干损失随着距离和频率的变化的一种度量。α 和 v_{s} 的比值由式(4-61)确定：

$$\frac{\alpha}{v_{\mathrm{s}}}=q\times10^{-4} \tag{4-61}$$

Luco 和 Wong 根据几次台阵的观察结果认为，对于中等的相干性，q 的取值范围为 2～3。当 α/v_{s} 的值趋近于零时，式(4-61)中的第一项趋近于1，相干函数仅仅反映行波效应的影响。当 v_{app} 趋近于无穷大时，式(4-61)中的第二项趋近于1，相干函数仅仅反映部分相干效应的影响。

本书采用该相干函数模型的原因是该相干函数形式简单，参数可调，α/v_{s} 和 v_{app} 分别反映了部分相干效应和行波效应的程度。通过这两个参数在一定区间内变化就可以涵盖结构可能遭受的多点激励的参数范围，同样也可以包络住选用不同相干函数模型可能造成的结果差异，进而保证结构的安全。

4.4.6　互相关系数的计算

由式(4-23)可以知道，修正的 MSRS 法同样包括三项：第一项为对支承自由度的双重求和项，代表结构地震反应分析中的拟静力部分；最后一项为对支承自由度和结构振型数目的四重求和项，代表结构地震反应中的动态响应部分；第二项即为三重求和项，代表拟静力反应和动态反应的耦合项，研究结果表明这一项的值通常较小，而且该项的值常常为负值，在计算时可以忽略。$\rho_{X_{bk}X_{bl}}$、$\rho_{X_{bk}\delta_{lj}}$、$\rho_{\delta_{ki}\delta_{lj}}$ 可以分别表示为：

$$\rho_{X_{bk}X_{bl}}=\frac{1}{\sigma_{X_{bk}}\sigma_{X_{bl}}}\int_{-\infty}^{+\infty}S_{X_{bk}X_{bl}}(\mathrm{i}\omega)\,\mathrm{d}\omega$$

$$\rho_{X_{bk}\delta_{lj}}=\frac{1}{\sigma_{X_{bk}}\sigma_{\delta_{lj}}}\int_{-\infty}^{+\infty}H_j(-\mathrm{i}\omega)S_{X_{bk}\ddot{X}_{bl}}(\mathrm{i}\omega)\,\mathrm{d}\omega$$

$$\rho_{\delta_{ki}\delta_{lj}}=\frac{1}{\sigma_{\delta_{ki}}\sigma_{\delta_{lj}}}\int_{-\infty}^{+\infty}H_i(\mathrm{i}\omega)H_j(-\mathrm{i}\omega)S_{\ddot{X}_{bk}\ddot{X}_{bl}}(\mathrm{i}\omega)\,\mathrm{d}\omega$$

为了分析上述互相关系数的性质，先给出如下两个结论：

① 频率响应函数 $H_i(\omega)$ 的实部为 ω 的偶函数、虚部为 ω 的奇函数。

$$H_i(\omega)=\frac{1}{(\omega_i^2-\omega^2)+2\mathrm{i}\xi_i\omega_i\omega}=\frac{(\omega_i^2-\omega^2)-2\mathrm{i}\xi_i\omega_i\omega}{(\omega_i^2-\omega^2)^2+4\xi_i^2\omega_i^2\omega^2}=A(\omega)+iB(\omega) \tag{4-62}$$

显然结论成立，且对 $H_i(\mathrm{i}\omega)H_j(-\mathrm{i}\omega)$ 也可以得到同样的结论。

② 互功率谱密度函数 $S_{xy}(\omega)$ 的实部为 ω 的偶函数、虚部为 ω 的奇函数。

由以上两个结论，可知式(4-24)～式(4-26)中，每一个积分函数的实部均为 ω 的偶函数，虚部均为 ω 的奇函数，故其积分值均为实数。

显然，互相关系数的计算为MSRS法的主要工作。假定结构有 m 个支承自由度、n 个振型，考虑计算过程中的对称性，以及 $\rho_{X_{bk}X_{bk}}=1$、$\rho_{\delta_{ki}\delta_{ki}}=1$。需要计算的互相关系数的项数为：$m(m+2mn+mn^2-n-1)/2$。对于 $m=10$、$n=100$ 的结构，计算次数达509545次。很明显必须寻求高效的计算方法。

(1) $\rho_{X_{bk}X_{bl}}$ 系数的计算

假设地震动各点的功率谱密度函数相同，则式(4-24)可以写成：

$$\rho_{X_{bk}X_{bl}}=\frac{1}{\sigma_{X_{bk}}\sigma_{X_{bl}}}\int_{-\infty}^{+\infty}S_{X_{bk}X_{bl}}(\mathrm{i}\omega)\,\mathrm{d}\omega=\frac{\int_{-\infty}^{+\infty}\gamma_{kl}(\mathrm{i}\omega)S_{X_{bk}X_{bk}}(\mathrm{i}\omega)\,\mathrm{d}\omega}{\int_{-\infty}^{+\infty}S_{X_{bk}X_{bk}}(\mathrm{i}\omega)\,\mathrm{d}\omega} \tag{4-63}$$

第 k 点地震动位移的均方值由式(4-59)可以计算得到：

$$\int_{-\infty}^{+\infty}S_{X_{bk}X_{bk}}(\omega)\mathrm{d}\omega=\left(\frac{X_{bk,\max}}{p_{X_{bk}}}\right)^2=\begin{cases}7.31\times10^{-5} & \text{Ⅰ 类场地土}\\ 4.97\times10^{-4} & \text{Ⅱ 类场地土}\\ 2.47\times10^{-3} & \text{Ⅲ 类场地土}\\ 1.17\times10^{-2} & \text{Ⅳ 类场地土}\end{cases} \tag{4-64}$$

参考文献[48]在计算中建议将地震动加速度假设为理想白噪声来计算 $\rho_{X_{bk}X_{bl}}$，由于计算该系数所需的积分次数并不多，故不必引入任何假定，直接带入 $S_{X_{bk}X_{bk}}(\mathrm{i}\omega)$ 的表达式进行计算即可，图 4－4 给出了四类场地土条件下，拟静力相关系数随两点距离的关系曲线（其中 $\alpha/v_s=2.5\times10^{-4}$）。

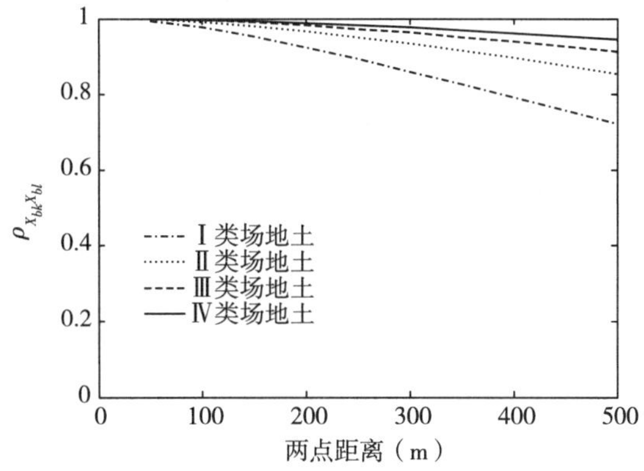

图 4－4　四类场地土的拟静力相关系数随两点距离的关系曲线

从图 4－4 中可以看出，随着距离的增大，拟静力位移相关系数 $\rho_{X_{bk}X_{bl}}$ 逐渐减小；另外，软土场地的拟静力相关系数要高于硬土场地，这主要是由于地震动加速度的相关函数随着频率的增加而减小，因此低频成分对 $\rho_{X_{bk}X_{bl}}$ 的影响较大。如果各类场地土条件下的地震波均用白噪声来代替，势必不能反映不同场地土不同造成的拟静力相干系数的差异。

（2）$\rho_{\delta_{ki}\delta_{lj}}$ 系数的简化计算

Loh 等提出了 MSRS 法系数简化计算的方法，可利用该方法计算 $\rho_{\delta_{ki}\delta_{lj}}$。首先将地震加速度功率谱密度函数写成实部和虚部的形式：

$$S_{X_{bk}X_{bl}}(\mathrm{i}\omega)=S^R_{X_{bk}X_{bl}}(\omega)+iS^I_{X_{bk}X_{bl}}(\omega) \tag{4-65}$$

Burdisso 等提出将 $H_i(\mathrm{i}\omega)H_j(-\mathrm{i}\omega)$ 写成关于 $|H_i|^2$ 和 $|H_j|^2$ 的部分分式的形式，则经过简化，式（4－26）中分子 $I=\int_{-\infty}^{+\infty}H_i(\mathrm{i}\omega)H_j(-\mathrm{i}\omega)S_{X_{bk}X_{bl}}(\mathrm{i}\omega)\,\mathrm{d}\omega$ 可以写成：

$$\begin{aligned}I=&A\int_{-\infty}^{+\infty}S^R_{\ddot{X}_{bk}\ddot{X}_{bl}}(\omega)\,|H_i|^2\mathrm{d}\omega+B\int_{-\infty}^{+\infty}\omega^2S^R_{\ddot{X}_{bk}\ddot{X}_{bl}}(\omega)\,|H_i|^2\mathrm{d}\omega+\\&C\int_{-\infty}^{+\infty}S^R_{\ddot{X}_{bk}\ddot{X}_{bl}}(\omega)\,|H_j|^2\mathrm{d}\omega+D\int_{-\infty}^{+\infty}\omega^2S^R_{\ddot{X}_{bk}\ddot{X}_{bl}}(\omega)\,|H_j|^2\mathrm{d}\omega-\\&\Big\{E\int_{-\infty}^{+\infty}\omega S^I_{\ddot{X}_{bk}\ddot{X}_{bl}}(\omega)\,|H_i|^2\mathrm{d}\omega+F\int_{-\infty}^{+\infty}\omega^3S^I_{\ddot{X}_{bk}\ddot{X}_{bl}}(\omega)\,|H_i|^2\mathrm{d}\omega+\\&G\int_{-\infty}^{+\infty}\omega S^I_{\ddot{X}_{bk}\ddot{X}_{bl}}(\omega)\,|H_j|^2\mathrm{d}\omega+H\int_{-\infty}^{+\infty}\omega^3S^I_{\ddot{X}_{bk}\ddot{X}_{bl}}(\omega)\,|H_j|^2\mathrm{d}\omega\Big\}\\=&\{AI_1+BI_2+CI_3+DI_4\}-\{EJ_1+FJ_2+GJ_3+HJ_4\}\end{aligned} \tag{4-66}$$

当结构各阶阻尼比相同时，即假设 $\zeta_i=\zeta_j=\zeta$ 时，则可以得到：

$$A=(4\omega_i^2\zeta^2+\omega_j-\omega_i)\omega_i^2/Z, E=2\zeta\omega_i(4\omega_i\zeta^2+\omega_j-\omega_i)/Z$$

$$B=(\omega_i-\omega_j)/Z, F=2\zeta/Z$$

$$C=(4\omega_j^2\zeta^2+\omega_i-\omega_j)\omega_j^2/Z, G=-2\zeta\omega_j(4\omega_j\zeta^2+\omega_i-\omega_j)/Z$$

$$D=(\omega_j-\omega_i)/Z, H=-2\zeta/Z$$

上述表达式中，$Z=4\omega_i^2\omega_j\zeta^2+4\omega_i\omega_j^2\zeta^2+\omega_i^3-\omega_i^2\omega_j-\omega_j^2\omega_i+\omega_j^3$。

计算 $\rho_{\delta_{ki}\delta_{lj}}$ 时，考虑计算过程中的对称性以及 $\rho_{\delta_{ki}\delta_{ki}}=1$，假定支承数为 m，需要考虑的振型数为 n，需要积分的次数为 $(m^2n^2-mn)/2$。而采用简化式(4-66)后，需要计算的次数为 $4m^2n$。当 $m=10$，$n=100$ 时，$(m^2n^2-mn)/2=499500$，而 $4m^2n=40000$，减少幅度达 92%。可见采用简化方法大大减少了计算量，而精度没有损失。

假设地震基本烈度为8度，图4-5给出了 $\omega_i/2\pi=1$ 和 $\omega_i/2\pi=4$ 时，$\rho_{\delta_{ki}\delta_{lj}}$ 随 $\omega_j/2\pi$ 的变化规律，同样相干函数表达式中，$\alpha/v_s=2.5\times10^{-4}$，$d_{kl}/v_{app}=0.1$。

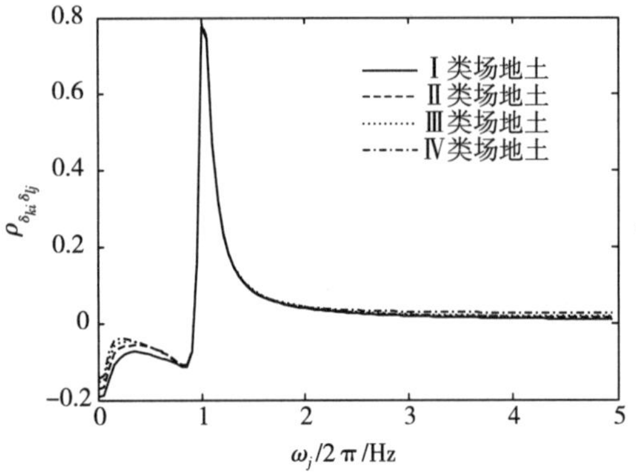

(a) $\omega_i/2\pi=1$

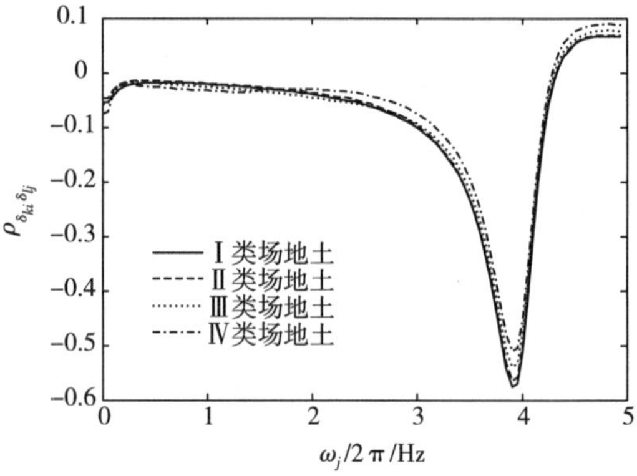

(b) $\omega_i/2\pi=4$

图4-5　四类场地土的互相关系数 $\rho_{\delta_{bk}\delta_{lj}}$

从图4-5可以看出各类场地土的 $\rho_{\delta_{ki}\delta_{lj}}$ 无论振子为低频还是高频，变化曲线非常接近，验证了参考文献[63]中认为的在计算互相关系数时，可将各类场地土条件下的功率谱密度用白噪声替代以简化计算的结论。

4.4.7　推广应用于多维多点情况

目前 MSRS 法一般用于单向地震动多点地震反应分析中，本书将其推广应用到考虑多维多点的情况中。我们可以将式(4-23)中的下标 k 和 l 看成是支撑自由度(可以是三个平动分量和三个转动分量)，而不是支承点本身。这样，式(4-23)本质上就可以适用于结构多维多点的地震反应谱分析，但要实现这一操作的关键是能给出合理的地震动多维多点的相干模型。就目前工程抗震的研究现状来说，要全面、准确地考虑地震动各个支点以及各个分量之间的相干性不太现实。在一致激励时，为了考虑多维地震动分量之间的相干性，常常采用主轴理论，但是主轴理论是基于一致激励的假设，多点地震时是否适用还缺乏深入的研究，而且，目前给定的规范反应谱曲线并不是基于各个主轴的地震动分量的反应谱曲线统计来的，因此，采用主轴理论有其固有的局限性。本书利用第 2 章的研究结果，通过给定地震动的多维多点相干模型研究了多维多点的相干性对桥梁结构的影响。

4.5　本章小结

本章系统地对多点反应谱法的计算原理进行了介绍，建立了多维多点地震动输入模型，进一步将已有的反应谱法推广应用到多维多点领域，编写了基于 MATLAB 的大跨桥梁多维多点反应谱法的程序。本章结论可用于后续章节对大跨桥梁开展多维多点地震分析，取得具有统计意义的分析成果。

第5章 大跨斜拉桥多维多点地震反应分析

5.1 引言

大跨斜拉桥是目前大跨径桥梁中采用最多的一种桥型，深入了解其在多维、多点地震激励下的响应特征对于桥梁的抗震设计具有重要的指导意义。

项海帆对天津永和桥的研究表明，行波效应对漂浮体系斜拉桥是有利的，陈幼平等同样对该桥进行了行波效应的影响分析，研究结果则与项海帆的研究结果不同。在三向正交分量作用下，行波效应可能使斜拉桥的地震响应显著增加，塔根弯矩和主梁轴力都可能有较大程度的增长。范立础等以南京长江大桥为例，利用虚拟激励法研究了非一致激励对斜拉桥地震响应的影响，结果表明：与一致激励相比，地震动的空间变化可以使斜拉桥的地震响应改变达40%；此外，局部场地土条件对斜拉桥地震响应影响很大。史志利等对香港昂船洲大桥进行了多点激励下的地震响应分析，认为多点激励下斜拉桥地震响应分析与具体的跨径布置、质量和刚度分布以及节点连接方式等多种因素有关。在国外，Namzy等利用实际台阵记录，用时程分析法研究了多点激励对斜拉桥地震响应的影响；Allam等利用反应谱法研究了多分量地震激励下斜拉桥的地震响应，证明了多点反应谱法的有效性，研究时没有考虑行波效应且斜拉桥模型过于简单，具有较大的局限性；Soyluk等对不同斜拉桥进行研究并指出，多点输入会导致反应位移和构件内力增大，而增大的程度与具体的结构形式(如跨径布置)及结构刚度等因素有关。

笔者注意到，现有的研究一般仅仅考虑多点激励，缺乏对各个影响因素的参数分析。此外，同时考虑多维、多点的研究较少。即使考虑多维、多点，一般也未考虑多维、多点地震激励中同一点不同地震动分量和不同点不同地震动分量之间的相干性的影响，这种影响对斜拉桥的地震响应影响有多大，还有待进一步研究。另外，研究多点激励时，对拟静力响应和动力响应项各占的比例等均缺乏深入的研究。

5.2 工程实例

以参考文献[216]、[217]中给出的斜拉桥为例，该桥为位于美国伊利诺亚州的Quincy Bay - View大桥。跨径布置为134m＋274m＋134m，为双塔双索面连续主梁漂浮体系斜拉桥，主塔为“H”形，主索为半竖琴形，主梁为钢-混结合梁。本书采用简化的集中质量有限元模型，如图 5－1 和图 5－2 所示。主塔桥面板以上高 53.7m，桥面板以下高 17m。为了分析方便，将桥面板划分为 30 个单元，两塔各划分为 11 个单元，根据桥塔的几何形状，将主塔划分为 4 部分。全桥共有 28 个索单元，14 个支撑主跨，两边跨各有 7 个。索单元在桥塔上部均匀布置，间距为 2.75m。在主梁边跨和中跨均匀布置，间距分别为 19.20m 和 18.29m。表 5－1 和表 5－2 分别给出了桥塔、桥面板以及斜拉索的几何和材料特性。桥梁边界条件为：桥梁在两主塔塔底固结；两桥台顶部竖向和横桥向约束，纵向自由；主梁和塔交接处两结点竖向、横桥向以及绕纵桥向的扭转主从，其余约束自由。

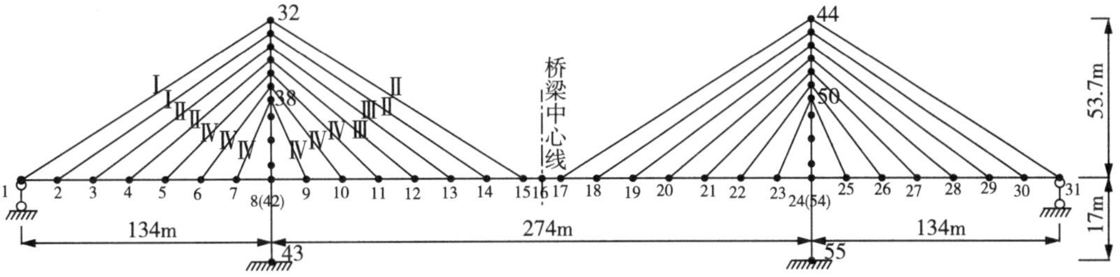

图 5－1　斜拉桥有限元结点编号

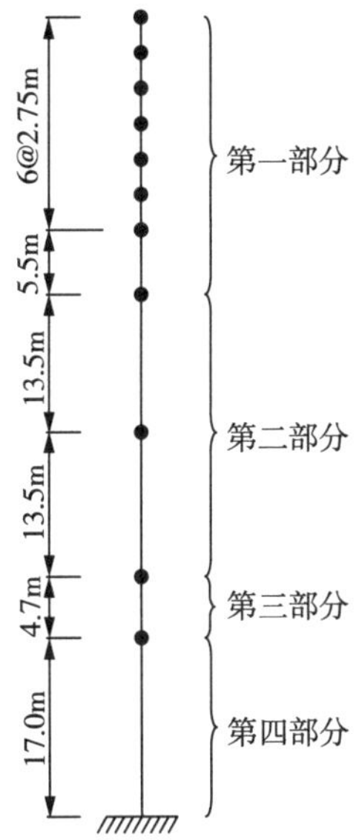

图 5－2　桥塔有限元模型

表 5－1　桥塔和桥面板几何及材料特性

结构部位	截面积 (m^2)	绕 $z-z$ 轴惯性矩 (m^4)	绕 $y-y$ 轴惯性矩 (m^4)	绕 $x-x$ 轴惯性矩 (m^4)	弹性模量 (MPa)	密度 (kg/m^3)
桥面板	0.827	0.341	19.760	0.027	205000	7850
塔第一部分	14.120	28.050	531.580	15.390	30787	2400

（续表）

结构部位	截面积（m^2）	绕 $z-z$ 轴惯性矩（m^4）	绕 $y-y$ 轴惯性矩（m^4）	绕 $x-x$ 轴惯性矩（m^4）	弹性模量（MPa）	密度（kg/m^3）
塔第二部分	14.120	28.050	670.970	15.390	30787	2400
塔第三部分	17.540	30.620	1239.400	19.760	30787	2400
塔第四部分	35.390	32.750	1422.420	27.640	30787	2400

表 5－2　斜拉索几何和材料特性

索编号	截面积（m^2）	弹性模量（MPa）	索重（N/m）
Ⅰ	0.0180	205000	1765.80
Ⅱ	0.0135	205000	1324.35
Ⅲ	0.0107	205000	1049.67
Ⅳ	0.0070	205000	686.70

斜拉桥在荷载作用下的响应一般是非线性的。非线性的程度取决于各个构件的刚度和索内的预拉力。Wilson 等对本桥进行了模态实验，认为完全线性的模型就能够反映该桥的动力特性，故本书在对该斜拉桥进行多维、多点地震响应的研究中未考虑在模型中引入非线性对桥的动力特性的影响。对于缆索自重引起的垂度效应可以采用等效弹性模量来研究。对于本书考虑的桥梁，经计算不管是否考虑垂度效应，得到的弹性模量差别很小，可忽略。有限元离散后，该桥有 55 个结点、80 个单元，其中包括 28 个索单元（用空间杆单元模拟）和 52 个空间梁单元，由于每个结点有 6 个自由度（3 个平动和 3 个转动），全桥共有 330 个自由度。对于质量矩阵采用集中质量矩阵，相应转动自由度处的质量为零。对于阻尼采用瑞雷阻尼，全桥阻尼比取为 3%。编程时，将索杆单元的单位刚度矩阵扩充为 12×12，便于进行刚度矩阵的组装。由于采用的质量矩阵是集中质量矩阵，对应转动自由度处的质量为零，造成矩阵奇异，因此在求解结构的频率和振型之前必须先对刚度矩阵和质量矩阵进行静力缩聚，消除掉转动自由度，使矩阵保持非奇异。利用子空间迭代法计算该斜拉桥的动力特性，其第一阶振型为纵飘，第一阶周期为 3.66s。斜拉桥的前六阶振型如图 5－3 所示。

假定该桥位于Ⅱ类场地土，抗震设防烈度为 8 度，假定该桥 3 个方向的地震动强度和反应谱形状相同，以简化分析，同样假定 3 个方向的相干函数相同，均采用 Luco－Wong 模型。首先进行单个方向的多点地震反应分析。

（a）第一振型（0.273 Hz）

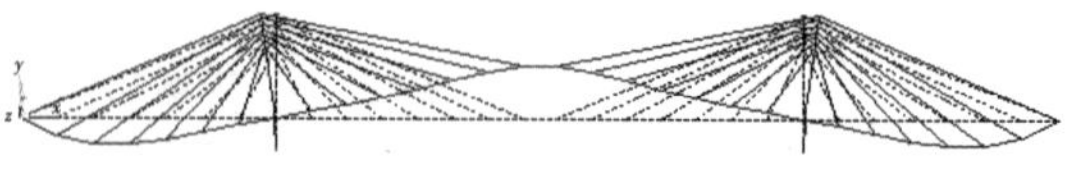

（b）第二振型（0.496 Hz）

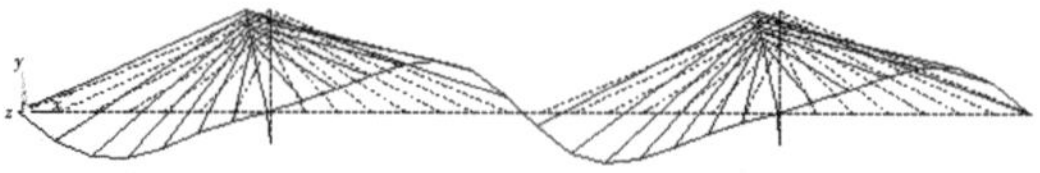

（c）第三振型（0.675 Hz）

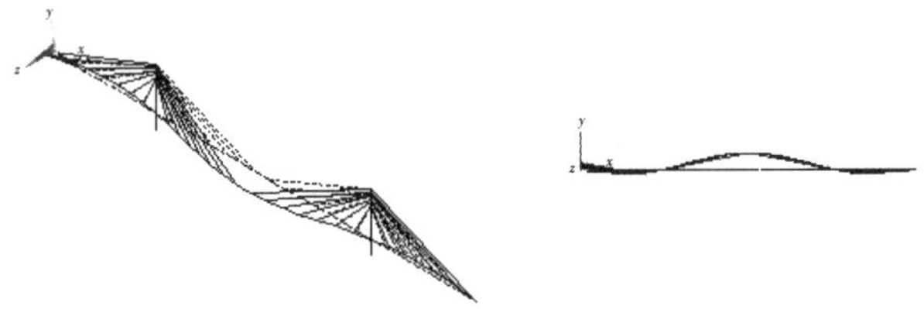

（d）第四振型（0.798 Hz）

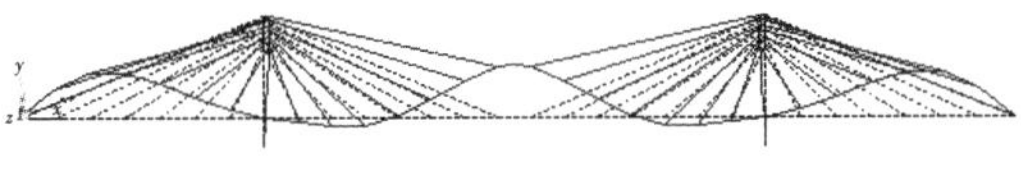

（e）第五振型（1.06 Hz）

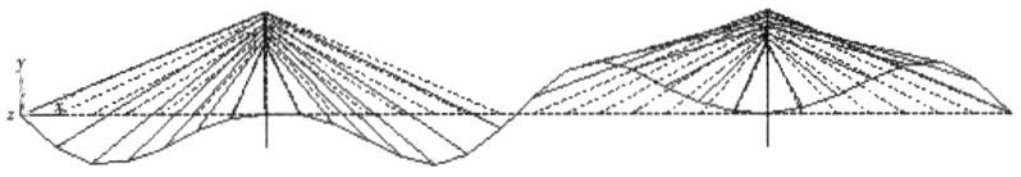

（f）第六振型（1.20 Hz）

图 5－3　斜拉桥前六阶振型示意

5.3　竖向多点地震反应分析

目前关于竖向地震动分量多点地震激励效应的研究较少。而由本书 1.2.1 节可知，在某些情况下，竖向地震动分量的强度甚至可能超过水平地震动分量，所以很有必要研究竖向地震动多点激励下斜拉桥的地震响应，本书采用多点激励的反应谱法进行研究。研究时，竖向地震动相干函数采用 Luco－Wong 相干函数。在竖向多点地震动作用下，斜拉桥的受力主要为塔的纵向振动以及主梁的竖向和纵向振动。

1. 行波效应对斜拉桥地震响应的影响

同时考虑部分相干效应和行波效应，其中对于部分相干效应取中等程度的相干值（$\alpha/v_s=2.5\times10^{-4}$），行波波速分别取 250m/s、500m/s、1000m/s、1500m/s、2500m/s 以及无穷大（相当于仅仅考虑部分相干效应），研究在同时考虑部分相干效应和行波效应的情况下，大跨度斜拉桥的地震响应随着行波波速的变化规律。

由多点激励的反应谱法可以知道，在多点地震激励下的响应结构由三部分组成，分别为拟静力部分、动力部分以及拟静力与动力部分的耦合项。通常情况下，耦合项造成的影响不大，常常予以忽略。本书首先研究了拟静力和动力部分对斜拉桥地震响应的影响，图 5－4(a)～(f)给出了各个行波波速下，桥面板各结点竖向位移各部分的组成情况。为了方便比较，图中给出的是位移均方值的归一化结果。归一化是利用各部分的反应除以总反应的最值得到的。从图上我们可以看出：比较斜拉桥的拟静力响应和动力响应部分可以知道，拟静力部分对桥梁刚性区域（也就是距离支承处较近的区域）影响较大，而动力响应部分对柔性区域（也就是远离支承的区域，如桥梁跨中等处）影响较大；随着行波波速的减小，可以看出拟静力响应部分影响增大，而动力响应部分相应减小；在拟静力响应部分和动力响应部分中均不能忽略位移响应。

图 5－5(a)和(b)分别给出了桥面板各结点竖向位移和纵向位移在各个行波波速以及一致激励工况下的变化曲线。从图中可以看出，对于桥面板竖向位移，随着行波波速的减小，竖向位移大幅度增加，一直到 500m/s 时达到最大值；而当波速降低到 250m/s

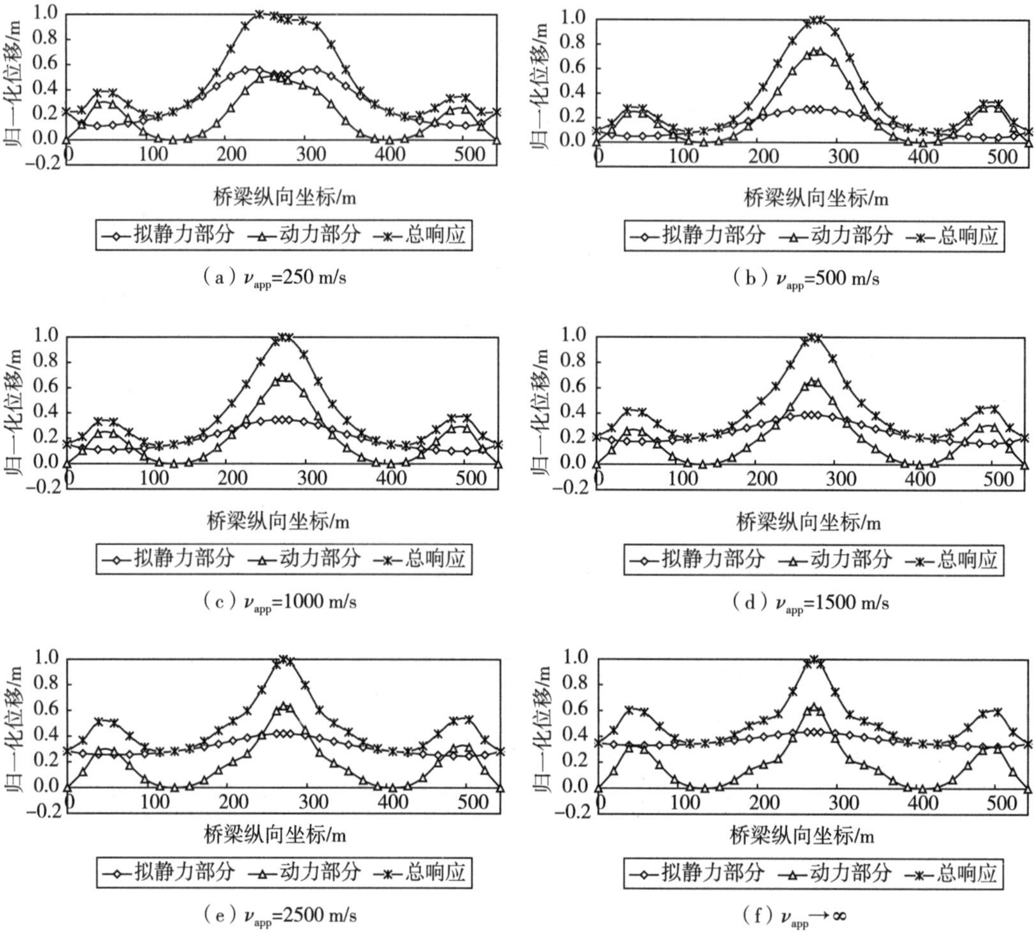

（a）v_{app}=250 m/s　（b）v_{app}=500 m/s

（c）v_{app}=1000 m/s　（d）v_{app}=1500 m/s

（e）v_{app}=2500 m/s　（f）$v_{app}\to\infty$

图 5-4　不同行波波速下正则化桥面板竖向位移均方值各部分组成

时，竖向位移的值不再继续增大，开始减小。对于桥面板纵向位移，随着行波波速的降低，纵向位移的值逐渐增大，到 250m/s 时，达到最大值。

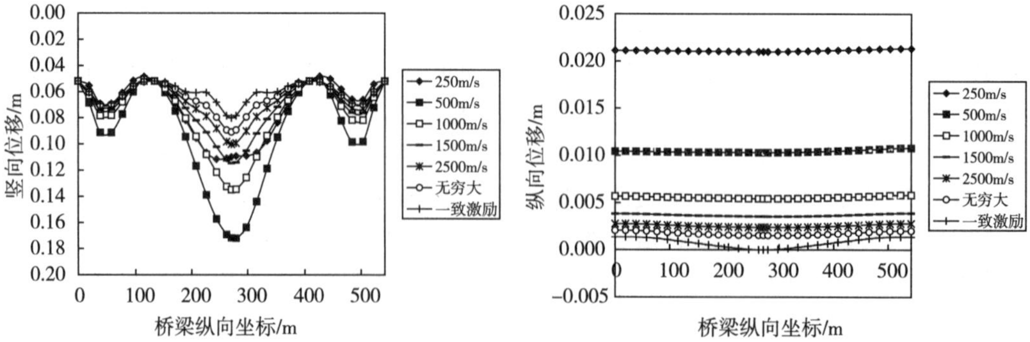

（a）竖向位移　（b）纵向位移

图 5-5　不同行波波速下桥面板位移

表 5－3 给出了桥面板跨中处竖向和纵向位移在各个工况下的计算结果。竖向位移在波速为 500m/s 时可以达到波速为无穷大时的 1.89 倍，而纵向位移在波速为 250m/s 时达到最大值。可见行波效应可以极大地放大主梁的位移响应，而且不同的响应量对应着不同的最不利行波波速。

表 5－3　不同行波波速下桥梁位移响应　　(单位：m)

响应量	一致激励	无穷大	2500m/s	1500m/s	1000m/s	500m/s	250m/s
跨中竖向位移	0.080	0.091 (1.13/1.00)	0.100 (1.10)	0.115 (1.26)	0.135 (1.48)	0.172 (1.89)	0.110 (1.21)
跨中纵向位移	0	0.0015 (∞/1.00)	0.0024 (1.57)	0.0036 (2.32)	0.0054 (3.54)	0.0103 (6.72)	0.0210 (13.69)
塔顶纵向位移	0.011	0.018 (1.61/1.00)	0.023 (1.28)	0.029 (1.63)	0.036 (2.04)	0.049 (2.75)	0.033 (1.88)

注：无穷大工况下括号内左侧数字为无穷大相应于一致激励时的倍数，右侧均为 1.00，表示其余工况均以该列值为参考；其余工况括号内数字为不同行波波速下的值相应于无穷大时的倍数。

图 5－6(a)～(f)给出了各个行波波速下，左侧桥塔各结点纵向位移拟静力和动力部分的组成情况。本书中桥塔位移和内力均指左侧桥塔的响应，下文不再说明。为了方便比较，图中给出的同样是位移均方值的归一化结果。归一化是利用各部分的反应除以总反应的最值得到的。比较斜拉桥的拟静力响应和动力响应部分，可以知道，拟静力响应部分和动力响应部分均不能忽略。拟静力响应部分在行波波速为 250m/s 时所占的比重最大，桥塔顶部纵向位移拟静力位移占总响应的 37%。而其余波速情况下拟静力部分所占比例相当，均占总响应的 20%左右。

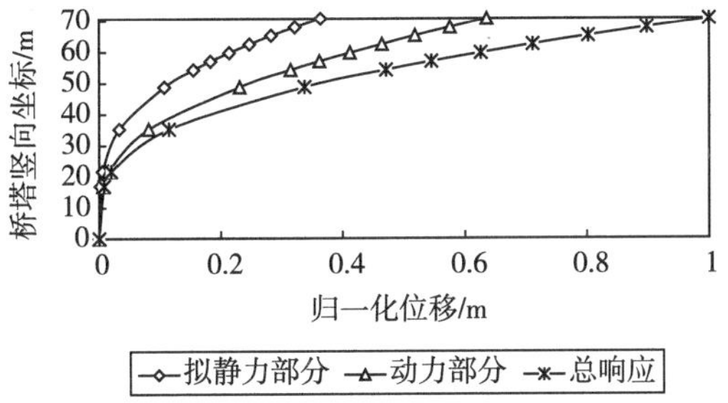

(a) ν_{app}=250 m/s

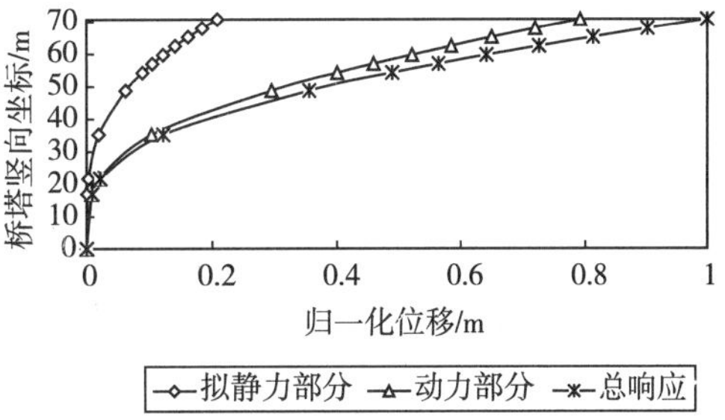

(b) ν_{app}=500 m/s

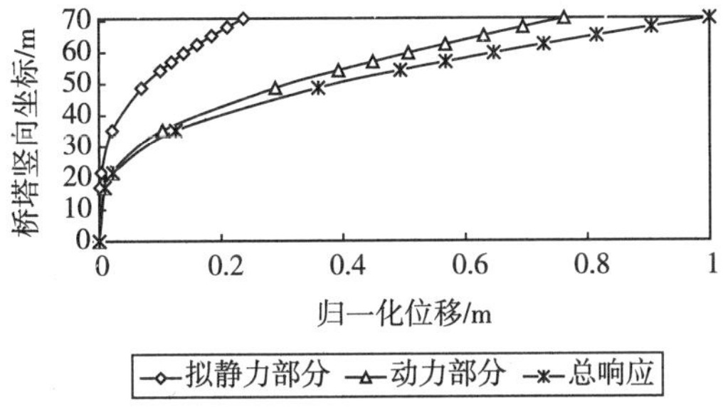

(c) ν_{app}=1000 m/s

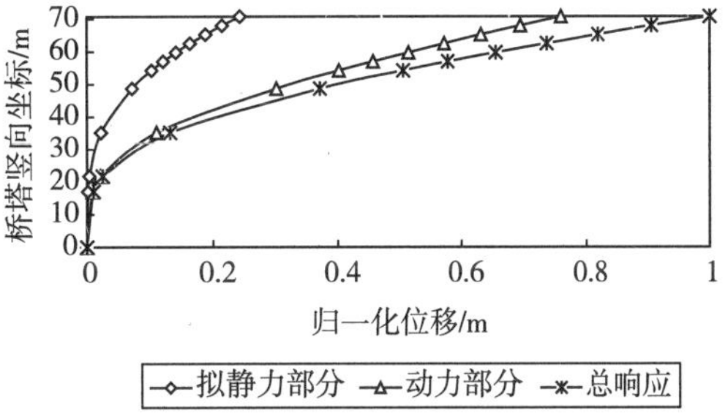

(d) ν_{app}=1500 m/s

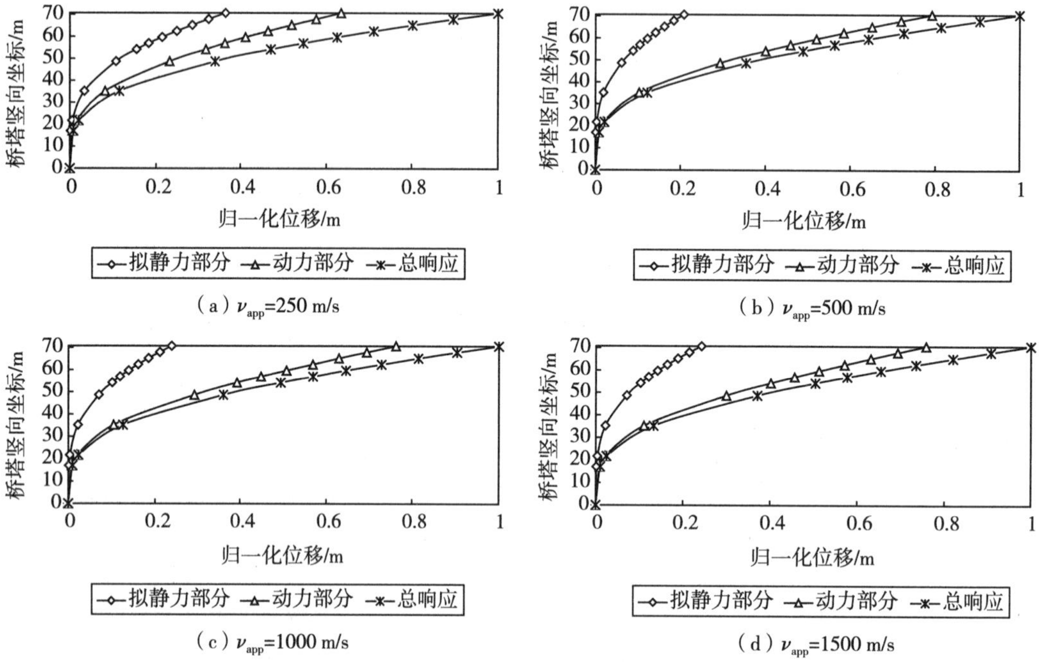

图 5-6　不同行波波速下正则化桥塔纵向位移均方值各部分组成

图 5-7 给出了桥塔上各结点纵向位移的值在各个行波波速以及一致激励工况下的变化曲线，表 5-3 给出了塔顶纵向位移在各个工况下的值。从图中可以看出，随着行波波速的降低，桥塔纵向位移大幅度增加，一直到 500m/s 时达到最大值，此时塔顶纵向位移可达到波速为无穷大时的 2.75 倍。而当波速进一步降低为 250m/s 时，纵向位移的值不再继续增大，开始减小。当行波波速为 250m/s 时，塔顶纵向位移为波速为无穷大时的 1.88 倍。桥塔纵向位移随行波波速的变化规律与桥面板竖向位移类似。

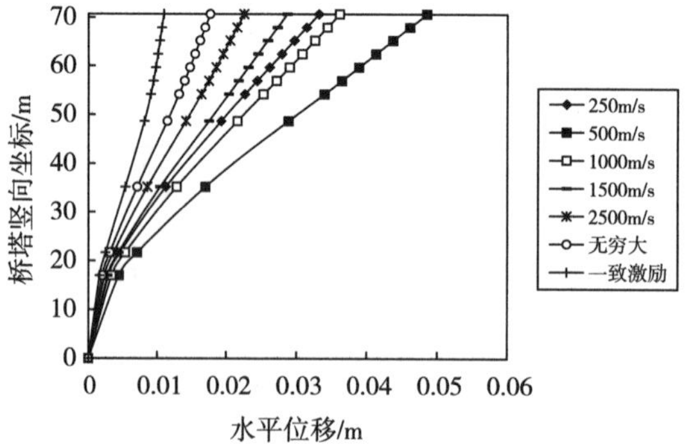

图 5-7　不同行波波速下桥塔纵桥向位移

图 5-8(a)～(c)给出了桥面板各单元绕横桥向弯矩、竖向剪力和轴力在各个行波波速以及一致激励工况下的变化曲线。表 5-4 给出了跨中部位内力的具体值。可以看出：

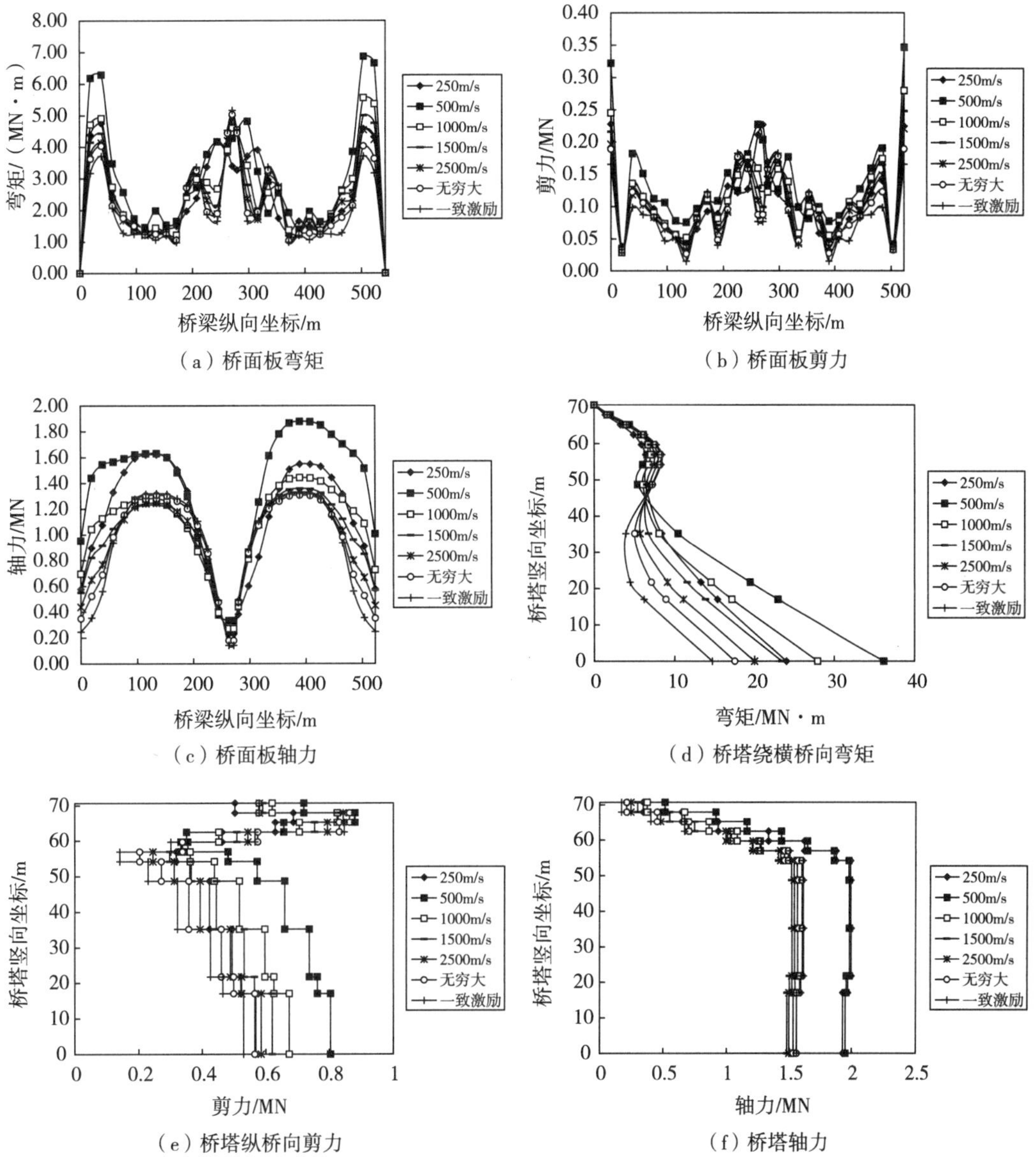

（a）桥面板弯矩　（b）桥面板剪力

（c）桥面板轴力　（d）桥塔绕横桥向弯矩

（e）桥塔纵桥向剪力　（f）桥塔轴力

图 5-8　不同行波波速下桥面板及左桥塔内力

表 5-4　不同行波波速下桥梁内力响应

响应量	一致激励	无穷大	2500m/s	1500m/s	1000m/s	500m/s	250m/s
主梁弯矩（MN·m）	5.166	5.036（0.98/1.00）	4.898（0.97）	4.742（0.94）	4.596（0.91）	4.273（0.85）	3.397（0.67）
主梁剪力（MN）	0.077	0.087（1.14/1.00）	0.086（0.99）	0.099（1.14）	0.128（1.47）	0.203（2.33）	0.227（2.61）
主梁轴力（MN）	0.142	0.180（1.27/1.00）	0.205（1.14）	0.236（1.31）	0.272（1.51）	0.334（1.86）	0.244（1.36）

（续表）

响应量	一致激励	无穷大	2500m/s	1500m/s	1000m/s	500m/s	250m/s
桥塔弯矩（MN・m）	14.627	17.499 (1.20/1.00)	19.997 (1.14)	23.376 (1.34)	27.856 (1.59)	36.151 (2.07)	23.950 (1.37)
桥塔剪力（MN）	0.530	0.565 (1.07/1.00)	0.585 (1.04)	0.620 (1.10)	0.673 (1.19)	0.804 (1.42)	0.568 (1.01)
桥塔轴力（MN）	1.557	1.555 (1.00/1.00)	1.496 (0.96)	1.480 (0.95)	1.530 (0.98)	1.950 (1.25)	1.929 (1.24)

注：表中括号内数字意义同表 5－3。

(1)对于桥面板弯矩，一致激励时，跨中部位值最大，两边跨中部值稍小，且桥梁受力左右对称；波速为无穷大时(相当于仅考虑中等程度的相干性)，对主梁弯矩影响不大，随着波速降低，主梁跨中弯矩呈减少趋势，波速为 250m/s 时降低为波速为无穷大时的 67%；而边跨弯矩值逐渐增大，到 500m/s 时达到最大值，其中结点部位弯矩达到一致激励的 1.95 倍。

(2)对于桥面板剪力，无论是中跨跨中，还是边跨端部，主梁剪力增加幅度均较大。其中主梁跨中部位剪力在波速为 250m/s 时达到波速为无穷大时的 2.61 倍。左侧边跨端部剪力在行波波速为 500m/s 时达到最大，为一致激励的 1.95 倍。

(3)对于桥面板轴力，主梁跨中轴力最小，塔根处轴力最大。当波速为 500m/s 时，跨中部位轴力和右侧塔根处轴力可分别达到波速为无穷大时的 1.86 倍和 1.5 倍，波速为 250m/s 时，轴力开始下降。

图 5－8(d)～(f)给出了左桥塔各单元绕横桥向弯矩、纵向剪力和轴力在各个行波波速以及一致激励工况下沿桥塔高度的变化曲线。表 5－4 给出了左侧塔底内力的具体值。可以看出：

(1)考虑多点激励后，桥塔底部的弯矩大大增加，当行波波速为 500m/s 时，达到最大值，为波速为无穷大时的 2.07 倍；行波波速再下降，主塔底部弯矩不再增加，当波速为 250m/s 时主塔底部弯矩降低，其值为波速为无穷大时的 1.37 倍。可以看到弯矩随行波波速的变化曲线与桥面板竖向位移和主塔水平纵向位移类似，都是先增大后减小。

(2)桥塔纵桥向剪力变化趋势与弯矩相同。当行波波速为 500m/s 时，塔底剪力达到最大值，为波速为无穷大时的 1.42 倍；当波速为 250m/s 时，其值仅为 1.01 倍。

(3)当波速为 1000m/s 以上时，桥塔轴力变化趋势不明显；波速继续下降，到波速为 500m/s 和 250m/s 时，桥塔轴力分别增大为波速为无穷大时的 1.25 倍和 1.24 倍，行波效应对于桥塔轴力可能同样是不利的。

为了研究拟静力效应对桥梁内力的影响，图 5－9 给出了各个行波波速以及一致激励工况下，在考虑和不考虑拟静力效应时 3 号结点处(图 5－1)桥面板弯矩以及左塔底绕横桥向弯矩各个响应量的值，图上标示出了两者相差的百分比。

从图 5－9 可以看出，不考虑拟静力响应，即仅考虑动力部分，波速为 250m/s 时，桥面板弯矩比考虑时仅小 3.0%，其他波速时相差不超过 1%。波速为 250m/s 时，主塔塔底弯矩比考虑时小 12.5%，其他波速时相差不超过 7%。观察其他内力响应，可看到类

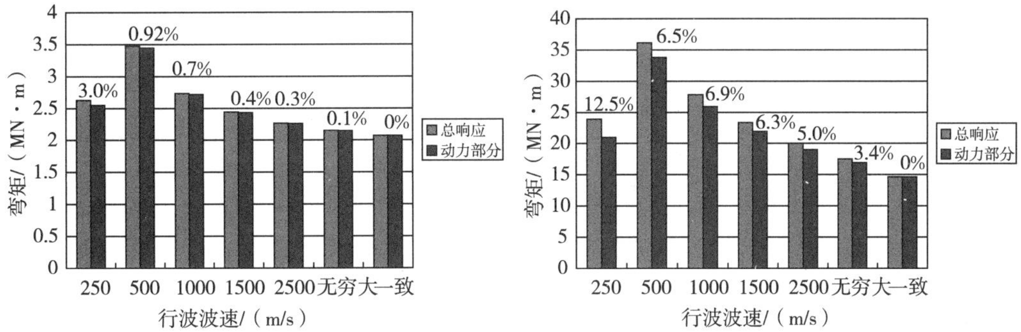

（a）3号结点处桥面板弯矩　　（b）左塔底绕横桥弯矩

图 5 - 9　考虑和不考虑拟静力效应情况下的桥梁内力对比

似的现象。可见，对竖向多点地震反应分析时，拟静力响应对于桥面板内力和桥塔内力影响不大，初步设计时可忽略拟静力效应以简化计算。

从以上斜拉桥桥面板和主塔的位移和内力响应随行波波速的变化规律可以看到：内力和位移影响规律类似，随着行波波速的减小，地震响应量一般先增大后减小。竖向地震动分量行波波速的变化对桥梁的地震响应影响很大，能够极大地放大结构的响应，应引起足够重视；不同的响应量存在不同的最不利行波波速，在该行波波速下，桥梁的地震响应量达到最大值。

2. 部分相干效应对斜拉桥地震响应的影响

同时考虑部分相干效应和行波效应，其中将行波波速取为中等波速 1000 m/s，α/v_s 的值参照文献[93]中的取法分别取为 0（完全相干，相当于仅仅考虑行波效应的情况）、2.5×10^{-5}（强相干）、2.5×10^{-4}（中等相干）、2.5×10^{-3}（弱相干）、2.5×10^{-2}（不相干）等五种情况，研究斜拉桥的地震响应随着部分相干程度的变化而变化的规律。其中，$\alpha/v_s=2.5\times10^{-2}$ 在各点距离不大时一般很少出现，除非各个支承点之间的局部场地土条件有非常大的变化。

图 5 - 10(a)给出了各种不同相干程度以及一致激励下，桥面板各结点竖向位移的变化曲线。从图中可以看出，随着相干程度的变化竖向位移变化不大，当相干程度为本书定义的弱相干到完全相干时，竖向位移的曲线基本重合；当相干程度为本书定义的不相干时，竖向位移有一定程度的下降，下降为完全相干时竖向位移的 82%。图 5 - 10(b)给出了桥面板

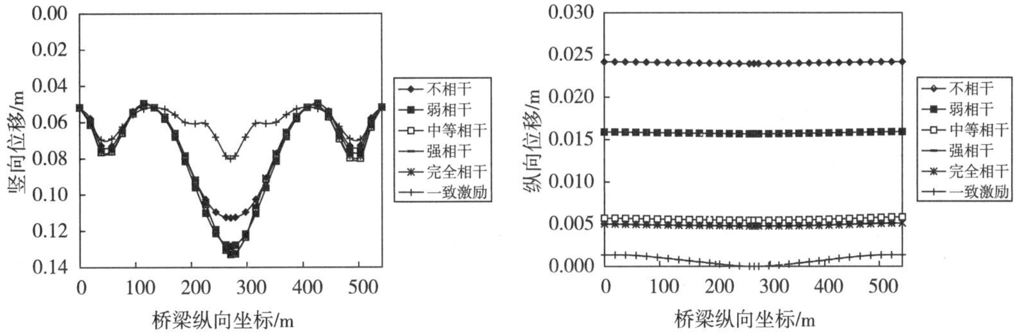

（a）竖向位移　　（b）纵向位移

图 5 - 10　各种相干程度下桥面板位移

各结点纵向位移随相干程度的变化而变化的规律，可以看出随着相干程度的减弱，纵向位移呈增大的趋势。表5-5给出了跨中竖向位移和纵向位移在各工况下的计算结果。

表5-5　各种相干程度下桥梁位移响应　　　　(单位：m)

响应量	一致激励	完全相干	强相干	中等相干	弱相干	不相干
跨中 竖向位移	0.080	0.133 (1.66/1.00)	0.133 (1.00)	0.133 (1.00)	0.128 (0.96)	0.113 (0.85)
跨中 纵向位移	0	0.0048 (∞/1.00)	0.0048 (1.00)	0.0054 (1.13)	0.0157 (3.27)	0.0239 (4.98)
塔顶 纵向位移	0.011	0.036 (3.31/1.00)	0.036 (1.00)	0.036 (1.00)	0.038 (1.06)	0.038 (1.06)

注：完全相干工况下括号内左侧数字为该工况相应于一致激励时的倍数，右侧均为1.00，表示其余工况值以该列为参考；其余工况括号内数字为该工况相应于完全相干时的倍数。

图5-11给出了各种不同相干程度以及一致激励下，桥塔各结点纵向位移的变化曲线。从图中可以看出，桥塔纵向位移随着相干程度的变化而变化不大，当相干程度为不相干和弱相干时，纵向位移的值稍大，比完全相干时大6%左右，总体上影响很小。表5-5给出了塔顶纵向位移在各个工况下的计算结果。

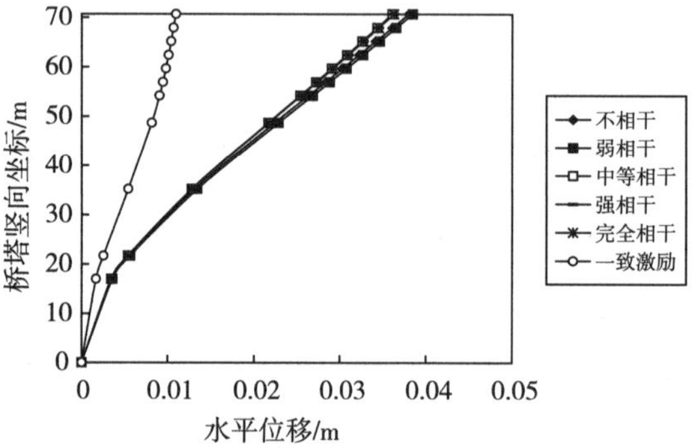

图5-11　各种相干程度下桥塔纵向位移

图5-12(a)～(f)分别给出了各种不同相干程度以及一致激励下，桥塔和桥面板各单元内力的变化曲线，表5-6给出了跨中处主梁内力和左塔塔底内力在各个工况下的值。从总体上看，部分相干程度变化时，桥梁内力响应变化幅值均不是很大，与行波波速变化时相比变化较小。在初步设计时，可先不考虑部分相干效应的影响而进行抗震计算，以简化计算。

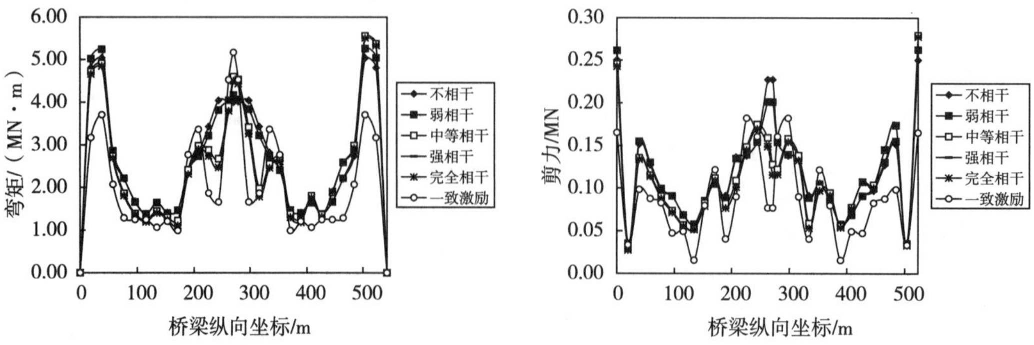

(a) 桥面板弯矩　　(b) 桥面板剪力

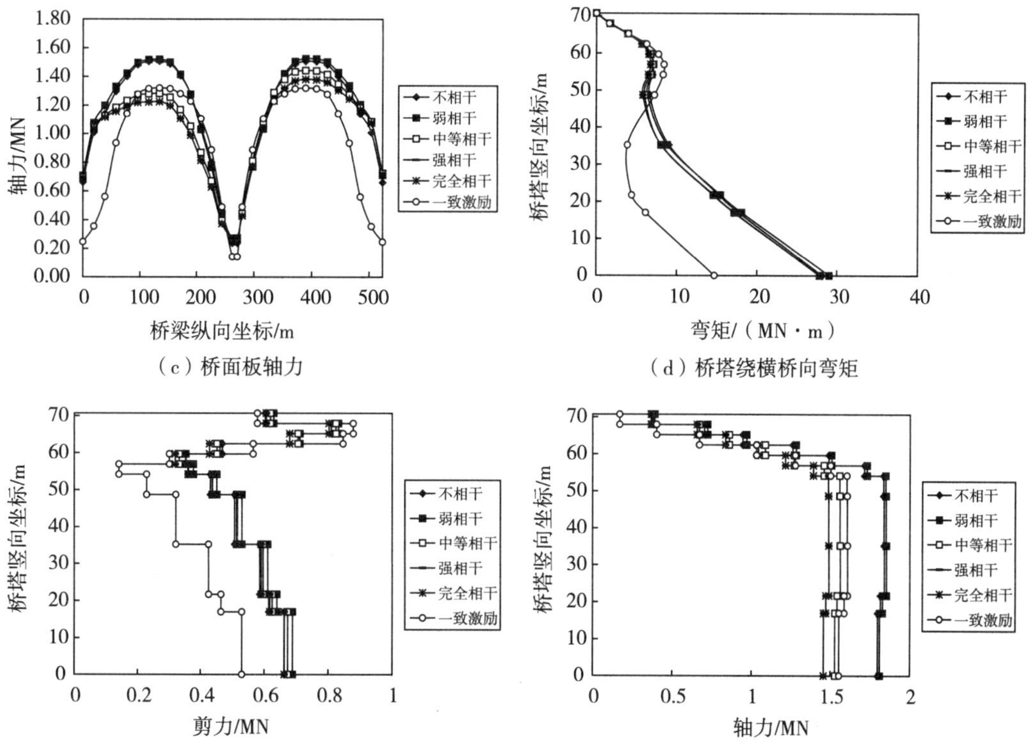

(c) 桥面板轴力　(d) 桥塔绕横桥向弯矩

(e) 桥塔纵桥向剪力　(f) 桥塔轴力

图 5-12　各种相干程度下桥面板及左桥塔内力

表 5-6　各种相干程度下桥梁内力响应

响应量	一致激励	完全相干	强相干	中等相干	弱相干	不相干
主梁弯矩 (MN·m)	5.166	4.501 (0.87/1.00)	4.503 (1.00)	4.596 (1.02)	4.167 (0.93)	4.000 (0.89)
主梁剪力 (MN)	0.077	0.149 (1.94/1.00)	0.149 (1.00)	0.159 (1.07)	0.201 (1.35)	0.227 (1.52)
主梁轴力 (MN)	0.142	0.272 (1.92/1.00)	0.272 (1.00)	0.272 (1.00)	0.265 (0.97)	0.238 (0.88)
桥塔弯矩 (MN·m)	14.627	27.794 (1.90/1.00)	27.797 (1.00)	27.856 (1.00)	29.021 (1.04)	28.138 (1.01)
桥塔剪力 (MN)	0.530	0.663 (1.25/1.00)	0.663 (1.00)	0.673 (1.02)	0.689 (1.04)	0.662 (1.00)
桥塔轴力 (MN)	1.557	1.456 (0.94/1.00)	1.457 (1.00)	1.530 (1.05)	1.809 (1.24)	1.796 (1.23)

注:表中括号内数字含义同表 5-5。

5.4 纵向多点地震反应分析

由于两桥台处纵向自由，因此纵向地震动只作用于两个桥塔处。在纵向地震动作用下，斜拉桥的受力主要表现在塔的纵向振动以及主梁的纵向和竖向振动。

1. 行波效应对斜拉桥地震响应的影响

在考虑行波效应和部分相干效应的基础上研究行波波速对斜拉桥地震响应的影响。其中，对部分相干效应取中等程度的相干值（$\alpha/v_s=2.5\times10^{-4}$），对行波波速分别取250m/s、500m/s、1000m/s、1500m/s、2500m/s以及无穷大（相当于仅仅考虑部分相干效应的情况）。图5-13(a)和(b)分别给出了纵向多点地震激励下桥梁主梁上各结点竖向和纵向位移在各个行波波速以及一致激励工况下的变化曲线。表5-7给出了跨中处位移在各个工况下的具体值。

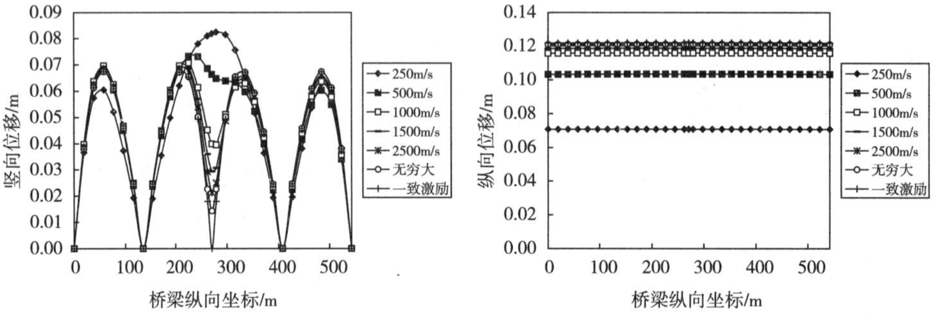

(a) 竖向位移　　(b) 纵向位移

图5-13　不同行波波速下桥面板位移

从图5-13(a)可以看出，一致激励时，由于桥梁结构的对称性和激励的反对称性，桥面板中跨中的竖向位移为零，而非一致激励时，在跨中产生竖向位移，随着行波波速的降低，竖向位移逐渐增大，波速为250m/s时，竖向位移达到最大。从图5-13(b)可以看出，随着行波波速的下降，桥面板纵向位移呈下降的趋势，比较行波波速为无穷大和一致激励工况时纵向位移的结果可以知道，仅考虑中等程度相干性时，纵向位移为一致激励工况时的99%，影响很小，随着波速的下降，纵向位移逐渐减小，到波速为250m/s时，降低为一致激励工况时的58%。可见行波效应对桥面板纵向位移是有利的。

表5-7　不同行波波速下桥梁位移响应　　　　(单位：m)

响应量	一致激励	无穷大	2500m/s	1500m/s	1000m/s	500m/s	250m/s
跨中竖向位移	0	0.014 (∞/1.00)	0.021 (1.50)	0.029 (2.07)	0.040 (2.86)	0.066 (4.71)	0.082 (5.86)
跨中纵向位移	0.122	0.121 (0.99/1.00)	0.120 (0.99)	0.119 (0.98)	0.116 (0.96)	0.103 (0.85)	0.071 (0.59)
塔顶纵向位移	0.110	0.110 (0.99/1.00)	0.109 (0.99)	0.108 (0.98)	0.105 (0.95)	0.094 (0.85)	0.070 (0.64)

注：表中括号内数字含义同表5-3。

图 5－14 给出了左侧桥塔各结点纵向位移在各个行波波速以及一致激励工况下的变化曲线。表 5－7 给出了塔顶位移的具体值。可以看出，随着行波波速的降低，桥塔纵向位移逐渐减小，当行波波速为 250m/s 时，纵向位移最小，其中塔顶位移降低为一致激励时的 63%，可见行波效应对桥塔纵向位移响应是有利的。

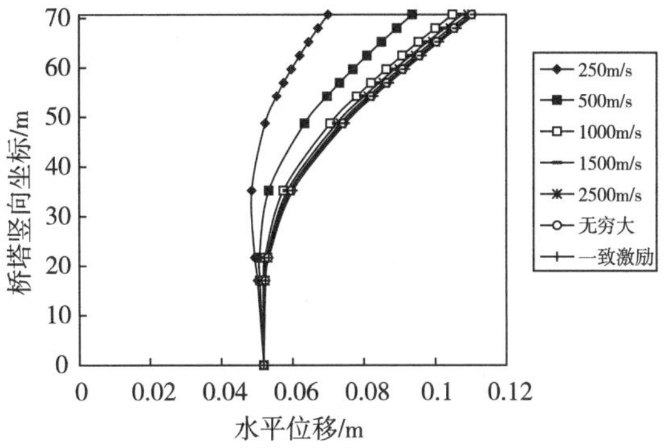

图 5－14　不同行波波速下桥塔纵向位移

图 5－15(a)～(f)分别给出了各种不同行波波速以及一致激励工况下，桥塔和桥面板各单元内力的变化曲线。

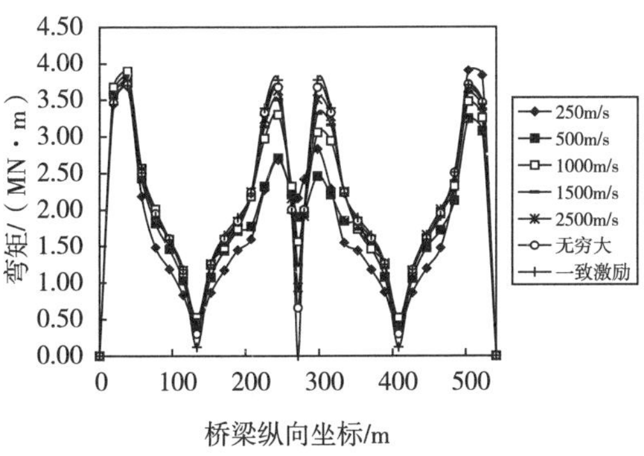

（a）桥面板弯矩

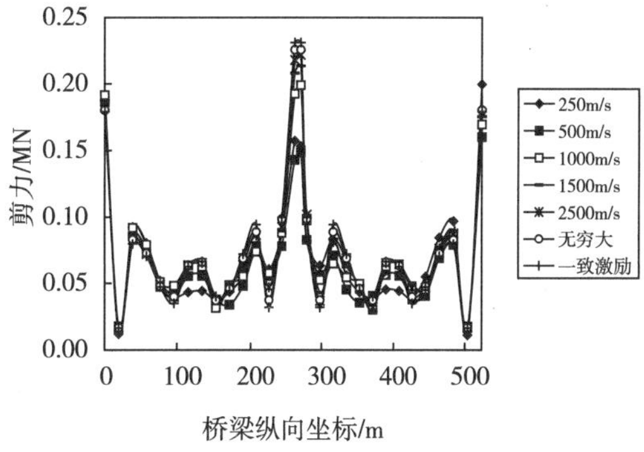

（b）桥面板剪力

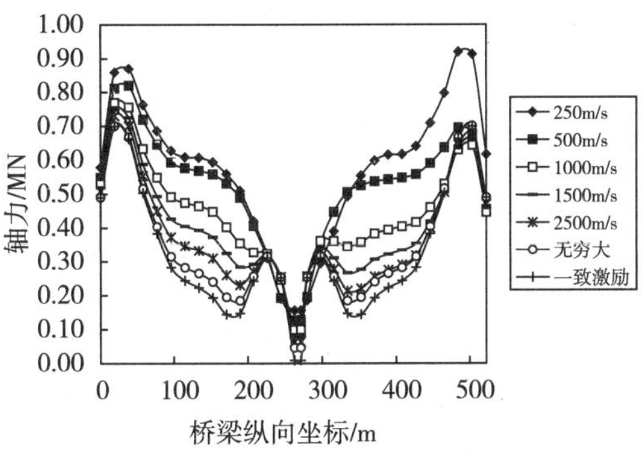

（c）桥面板轴力

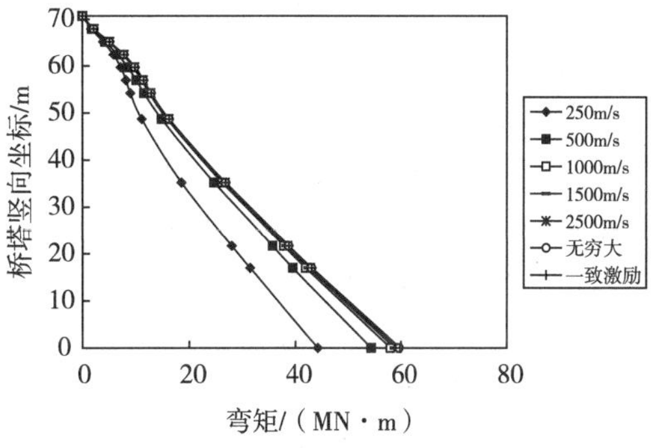

（d）桥塔绕横桥向弯矩

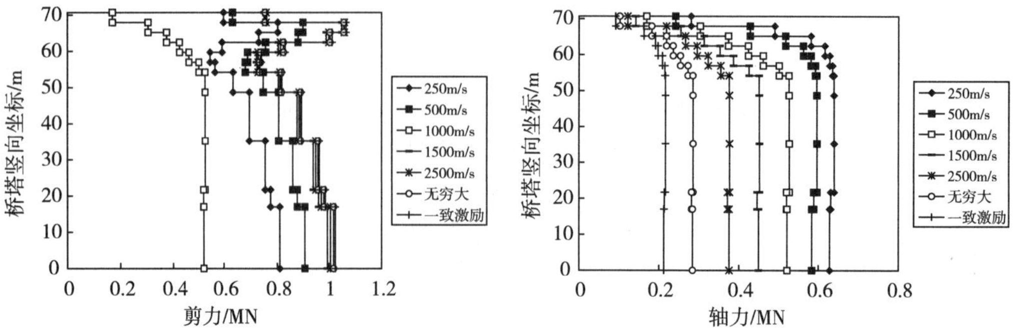

(e) 桥塔纵桥向剪力　　(f) 桥塔轴力

图 5-15　不同行波波速下桥面板及左桥塔内力

表 5-8 给出了跨中处主梁内力和左桥塔塔底内力在各个工况下的值。

表 5-8　不同行波波速下桥梁内力响应

响应量	一致激励	无穷大	2500m/s	1500m/s	1000m/s	500m/s	250m/s
主梁弯矩(MN·m)	0.000	0.656 (∞/1.00)	0.935 (1.43)	1.238 (1.89)	1.563 (2.38)	1.906 (2.91)	2.160 (3.29)
主梁剪力(MN)	0.231	0.226 (0.98/1.00)	0.218 (0.96)	0.208 (0.92)	0.192 (0.85)	0.143 (0.63)	0.157 (0.69)
主梁轴力(MN)	0.009	0.046 (5.10/1.00)	0.063 (1.37)	0.081 (1.76)	0.099 (2.15)	0.126 (2.74)	0.156 (3.39)
桥塔弯矩(MN·m)	59.805	59.621 (0.99/1.00)	59.212 (0.99)	58.736 (0.99)	57.950 (0.97)	54.324 (0.91)	44.245 (0.74)
桥塔剪力(MN)	1.025	1.018 (0.99/1.00)	1.006 (0.99)	0.994 (0.98)	0.521 (0.51)	0.907 (0.89)	0.809 (0.79)
桥塔轴力(MN)	0.212	0.284 (1.34/1.00)	0.375 (1.32)	0.449 (1.58)	0.521 (1.83)	0.584 (2.06)	0.628 (2.21)

注:表中括号内数字含义同表 5-3。

由图 5-15 和表 5-8 可以看出:

(1)对于桥面板弯矩,一致激励时,跨中处弯矩为零,多点激励一方面增加了中跨跨中部位的弯矩值,另一方面,使其他部位的弯矩值有所下降。随着行波波速的降低,跨中部位弯矩逐渐增大,到波速为 250m/s 时达到最大;对于桥面板跨中部位的剪力,随着行波波速的降低,剪力逐渐减小,波速为 500m/s 时减少到波速为无穷大时的 63%;对于主梁轴力,随着行波波速的降低,轴力在主梁大部分地方均逐渐增加,行波效应对桥梁主梁轴力是不利的。跨中部位轴力在一致激励时值很小,考虑多点激励后,其值增加较大。

(2)对于塔底弯矩,随着行波波速的减小,弯矩呈减少趋势,波速为 250m/s 时,降低到波速为无穷大时的 74%。塔底剪力同样是减小的趋势,在波速为 1000m/s 时,减小幅度最大,是波速为无穷大时的 51%。而对于桥塔轴力,随着行波波速的减小,轴力逐渐增大,行波效应对桥塔轴力是不利的。

为了研究拟静力效应对桥梁内力的影响，图 5－16 给出了在考虑和不考虑拟静力效应时，各个行波波速以及一致激励工况下 3 号结点处桥面板弯矩以及左塔底绕横桥向弯矩各个响应量的值，图上标示出了两者相差的百分比。从图中可以看出，对于桥面板弯矩，不考虑拟静力响应，即仅考虑动力部分，波速为 250m/s 时，弯矩比考虑时仅小 3.3％，与其他波速时的弯矩相差不超过 3％。对于主塔塔底弯矩，波速为 250m/s 时，弯矩比考虑时小 10.1％，与其他波速时的弯矩相差不超过 5％。观察其他关键部位内力响应，可看到类似的现象。可见，拟静力响应对纵向多点地震反应影响不大，初步设计时可忽略以简化计算。

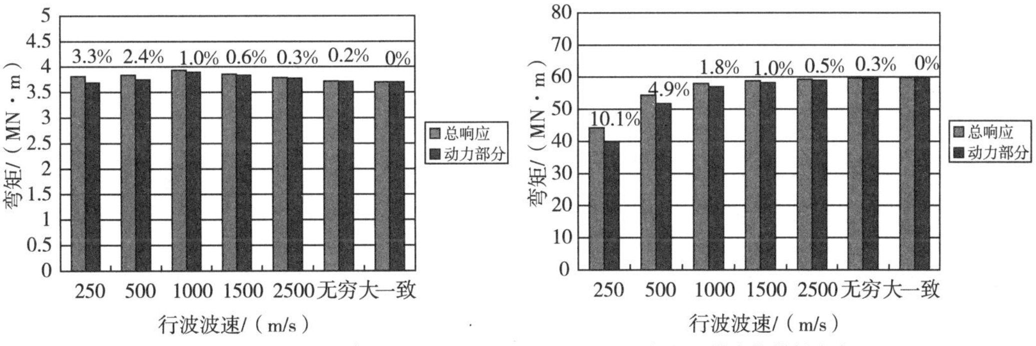

（a）3号结点处桥面板弯矩　（b）左塔底绕横桥向弯矩

图 5－16　考虑和不考虑拟静力效应情况下的桥梁内力对比

2. 部分相干效应对斜拉桥地震响应的影响

同时考虑部分相干效应和行波效应，其中将行波波速取中等波速 1000m/s，α/v_s 的值分别取 0（完全相干，相当于仅仅考虑行波效应的情况）、2.5×10^{-5}（强相干）、2.5×10^{-4}（中等相干）、2.5×10^{-3}（弱相干）、2.5×10^{-2}（不相干）等五种情况，研究斜拉桥在纵向地震多点激励下的响应随着部分相干程度的变化而变化的规律。

图 5－17(a)和(b)分别给出了桥面板上各结点竖向和纵向位移随着各种相干程度的变化而变化的曲线，表 5－9 给出了跨中处位移的具体值。同样，一致激励时，跨中竖向位移为零，而非一致激励时，跨中及其附近区域竖向位移大大增加，其他区域的竖向位移则

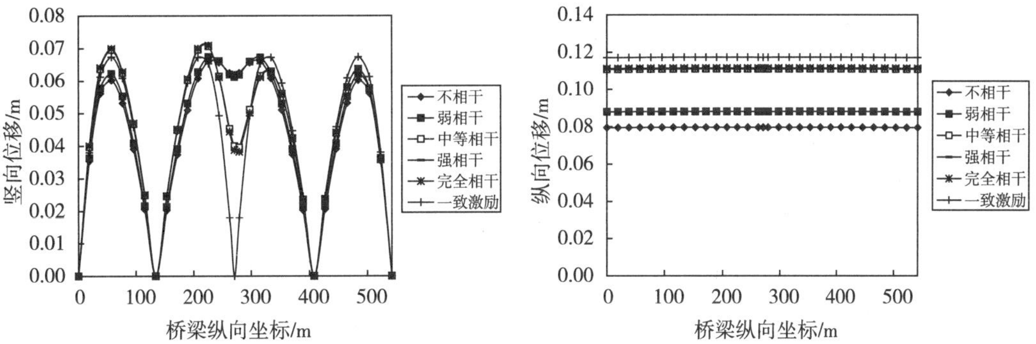

（a）竖向位移　（b）纵桥向位移

图 5－17　各种相干程度下桥面板位移

变化不大。相干程度为中等以上时，变化不大，而相干程度为不相干和弱相干时，竖向位移大大增加了，其中不相干时位移值为完全相干时的 1.59 倍。中等以上相干程度对纵向位移，影响很小；当相干程度为不相干和弱相干时，桥面板纵向位移有一定程度的减小，其中，不相干时为完全相干时的 72%。部分相干效应对桥面板的纵桥向位移是有利的。

图 5-18 给出了桥塔上各结点纵桥向位移在各种相干程度以及一致激励工况下的变化曲线，表 5-9 给出了塔顶位移在各个工况下的具体值。相干程度为中等程度以上时，对桥塔纵向位移影响很小。当为不相干和弱相干时，桥塔纵向位移大大减小了，其中，不相干时桥塔纵向位移为完全相干时位移的 73%。可见部分相干效应对桥塔纵桥向位移同样是有利的。

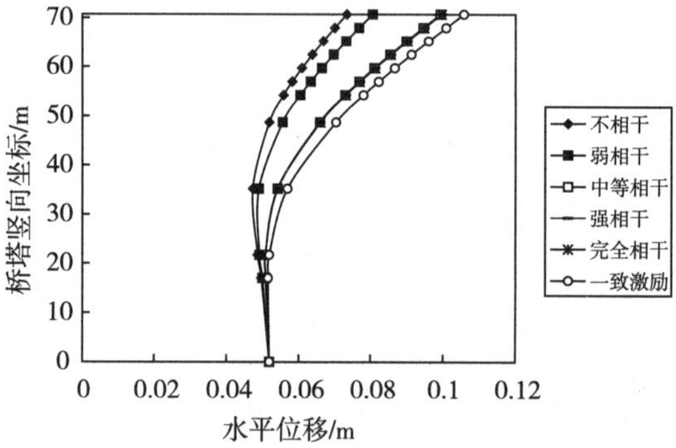

图 5-18 各种相干程度下桥塔纵向位移

表 5-9 各种相干程度下桥梁位移响应 （单位：m）

响应量	一致激励	完全相干	强相干	中等相干	弱相干	不相干
跨中 竖向位移	0.000	0.039 (∞/1.00)	0.039 (1.00)	0.040 (1.03)	0.061 (1.56)	0.062 (1.59)
跨中 纵向位移	0.117	0.111 (0.95/1.00)	0.111 (1.00)	0.111 (1.00)	0.088 (0.79)	0.080 (0.72)
塔顶 纵向位移	0.106	0.100 (0.94/1.00)	0.100 (1.00)	0.099 (0.99)	0.081 (0.81)	0.073 (0.73)

注：表中括号内数字含义同表 5-5。

图 5-19(a)～(f)分别给出了各种不同相干程度以及一致激励工况下，桥塔和桥面板各单元内力的变化曲线。

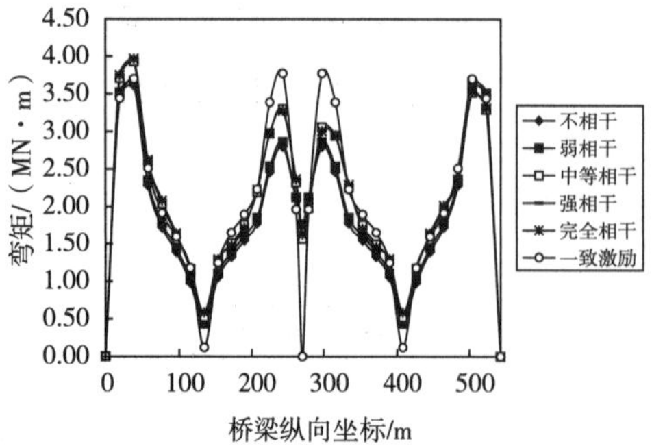

(a) 桥面板弯矩

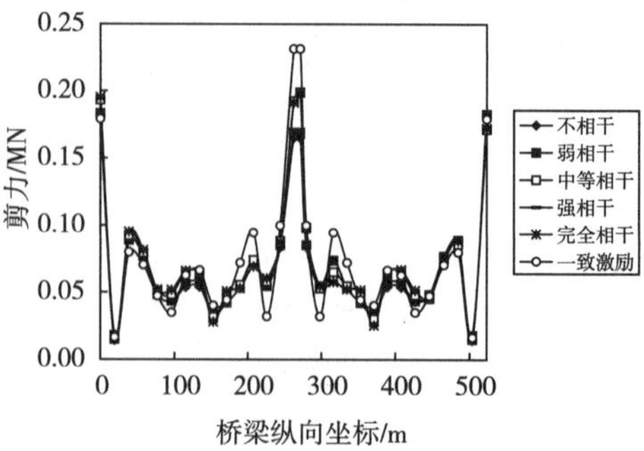

(b) 桥面板剪力

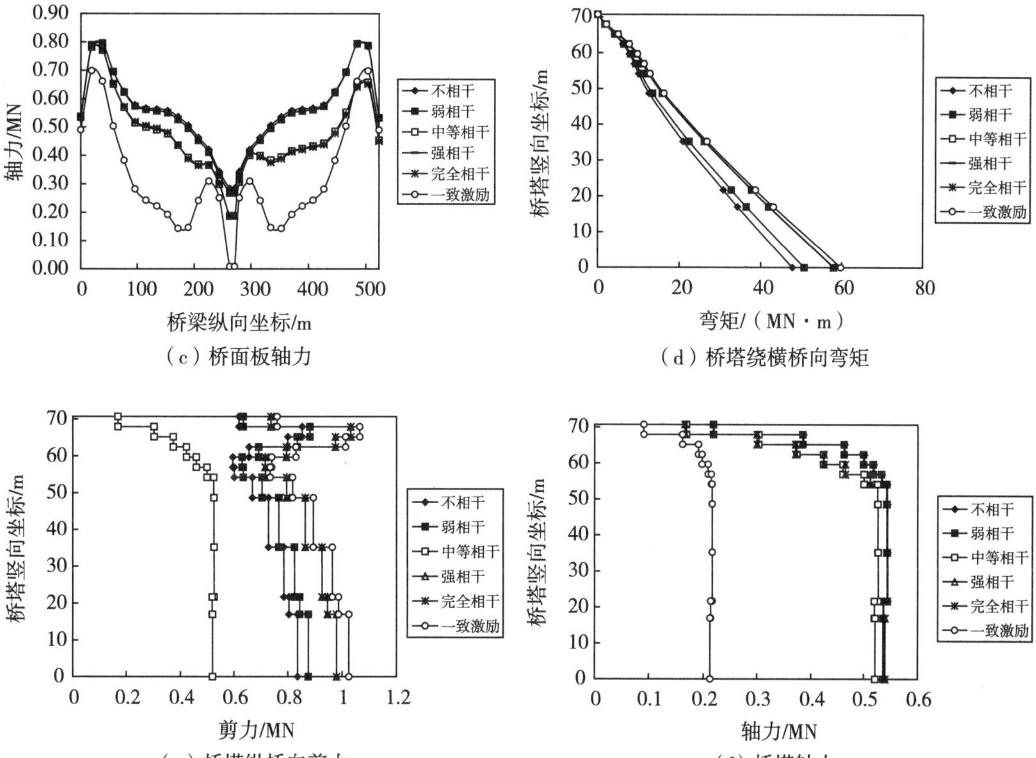

（c）桥面板轴力　（d）桥塔绕横桥向弯矩
（e）桥塔纵桥向剪力　（f）桥塔轴力

图 5-19　各种相干程度下桥面板及左桥塔内力

表 5-10 给出了跨中处主梁内力和左桥塔塔底内力在各个工况下的值。

表 5-10　各种相干程度下桥梁内力响应

响应量	一致激励	完全相干	强相干	中等相干	弱相干	不相干
主梁弯矩（MN·m）	0	1.619 （∞/1.00）	1.619 （1.00）	1.565 （0.97）	1.762 （1.09）	1.767 （1.09）
主梁剪力（MN）	0.231	0.191 （0.83/1.00）	0.191 （1.00）	0.192 （1.01）	0.169 （0.88）	0.165 （0.86）
主梁轴力（MN）	0.009	0.189 （20.91/1.00）	0.189 （1.00）	0.188 （0.99）	0.268 （1.42）	0.284 （1.50）
桥塔弯矩（MN·m）	59.805	58.059 （0.97/1.00）	58.058 （1.00）	57.950 （1.00）	50.662 （0.87）	47.768 （0.82）
桥塔剪力（MN）	1.025	0.979 （0.96/1.00）	0.979 （1.00）	0.521 （0.53）	0.876 （0.89）	0.836 （0.85）
桥塔轴力（MN）	0.212	0.540 （2.54/1.00）	0.539 （1.00）	0.521 （0.96）	0.536 （0.99）	0.537 （0.99）

注：表中括号内数字含义同表 5-5。

由图5-19和表5-10可以看出：

(1)对于桥面板弯矩，随着相干程度的变化，跨中弯矩最大增幅仅为9%；当相干程度位于中等以上时，相干程度对桥面板剪力，基本没有影响，当相干程度为弱相干和不相干时，桥面板剪力峰值有所下降；对于桥面板轴力，当相干程度位于中等以上时，相干程度对桥面板轴力基本没有影响，当相干程度为弱相干和不相干时，桥面板轴力峰值增加较明显。

(2)对于桥塔受力，可以看到无论是弯矩、轴力还是剪力，均是完全相干工况时的值最大，考虑不同程度的相干效应后，内力值都有不同程度下降，其中桥塔轴力受到的影响较小；剪力在部分相干程度为中等相干时，有较大程度的下降，其中塔底部剪力为完全相干时的53%；而弯矩在部分相干程度为中等及以上时，受到的影响很小，弱相干和不相干时有所下降，其中不相干时塔底弯矩为完全相干时的82%。

5.5 横向多点地震反应分析

由于两桥台横向约束，因此横向地震动作用于两桥台以及两桥塔处。在横向地震动作用下，斜拉桥的受力主要表现在塔和梁的横向振动上，主梁和主塔的纵向和竖向振动位移基本为零。

1. 行波效应对斜拉桥地震响应的影响

同样分别在同时考虑行波效应和部分相干效应的基础上研究行波波速对斜拉桥地震响应的影响。其中对部分相干效应取中等程度的相干值($\alpha/v_s=2.5\times10^{-4}$)，行波波速分别取250m/s、500m/s、1000m/s、1500m/s、2500m/s以及无穷大(相当于仅仅考虑部分相干效应的情况)。

图5-20给出了横向地震激励下桥面板各结点横向位移在各个行波波速以及一致激励下的变化曲线，表5-11给出了主梁跨中处横向位移的具体值。可以看出，中跨跨中处横向位移最大，随着行波波速的减少，横向位移逐渐增大，当波速为1000m/s时，横向位移达到最大时为10.48cm。当波速超过1000m/s后，横向位移开始下降，到波速为250m/s时，位移值比一致激励时更低，此时对结构有利。

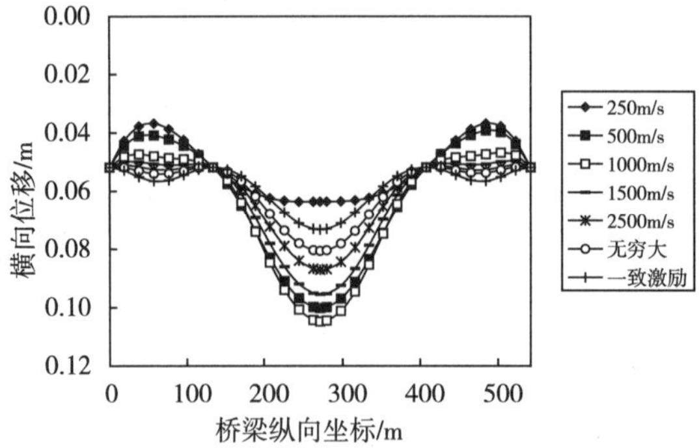

图5-20　不同行波波速下桥面板横向位移

表 5-11　不同行波波速下桥梁位移响应　　　　（单位：m）

响应量	一致激励	无穷大	2500m/s	1500m/s	1000m/s	500m/s	250m/s
跨中 横向位移	0.073	0.081 (1.10/1.00)	0.087 (1.07)	0.095 (1.17)	0.105 (1.30)	0.100 (1.23)	0.064 (0.79)
塔顶 横向位移	0.018	0.018 (0.99/1.00)	0.019 (1.06)	0.018 (1.00)	0.017 (0.94)	0.018 (1.00)	0.017 (0.94)

注：表中括号内数字含义同表 4-6。

图 5-21 给出了横向地震激励下桥梁主塔上各个结点横向位移在各个行波波速以及一致激励下的变化曲线，表 5-11 给出了塔顶横向位移的具体值。从图 5-21 中可以看出，行波波速对桥梁主塔的横向位移影响很小，最大不超过 6%。主要是因为两桥塔的振动在多点激励下基本是独立的，相互影响很小。

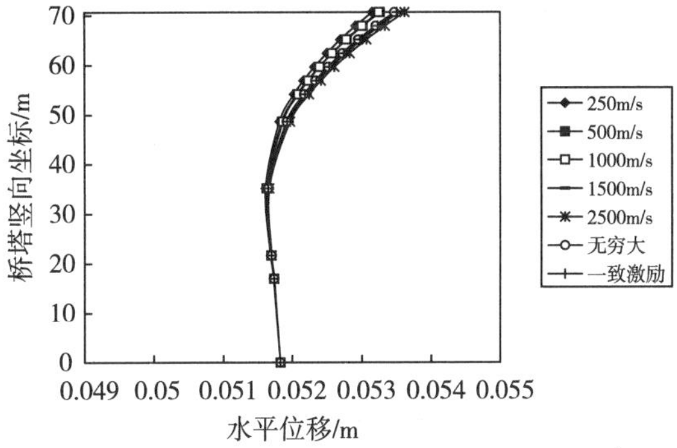

图 5-21　不同行波波速下桥塔横向位移

图 5-22 和图 5-23 分别给出了桥面板内力和桥塔内力在各个工况下的变化曲线，表 5-12 给出了跨中处内力的具体值。

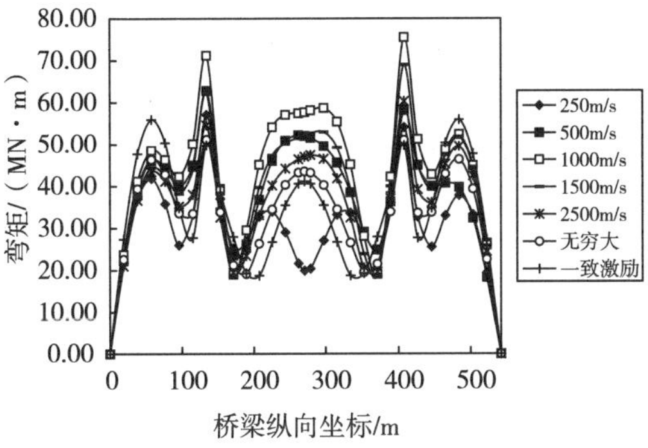

（a）桥面板弯矩

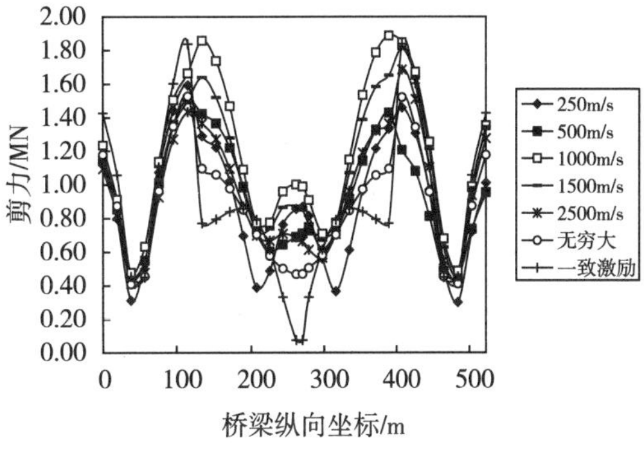

（b）桥面板剪力

图 5-22　不同行波波速下桥面板内力

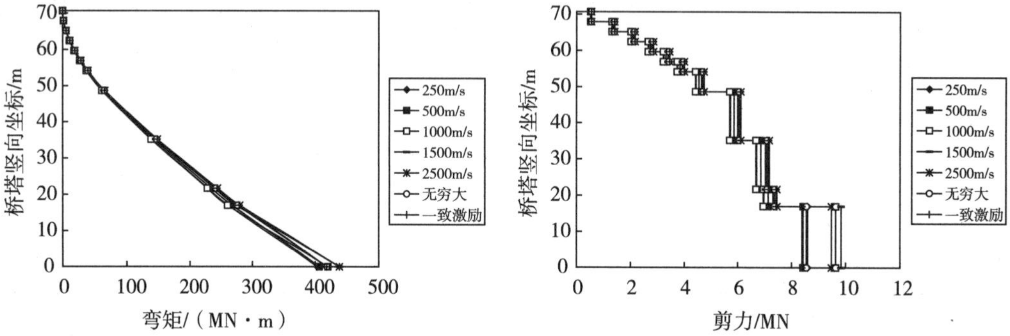

(a)桥塔绕纵桥向弯矩　　(b)桥塔横桥向剪力

图 5-23　不同行波波速下左桥塔内力

表 5-12　不同行波波速下桥梁内力响应

响应量	一致激励	无穷大	2500m/s	1500m/s	1000m/s	500m/s	250m/s
主梁弯矩(MN·m)	40.631	43.208 (1.06/1.00)	47.423 (1.10)	52.725 (1.22)	58.159 (1.35)	51.617 (1.19)	20.414 (0.47)
主梁剪力(MN)	0.075	0.471 (6.25/1.00)	0.665 (1.41)	0.850 (1.80)	0.989 (2.10)	0.711 (1.51)	0.869 (1.85)
桥塔弯矩(MN·m)	418.340	418.860 (1.00/1.00)	438.490 (1.05)	438.670 (1.05)	420.360 (1.00)	406.720 (0.97)	403.400 (0.96)
桥塔剪力(MN)	8.390	8.556 (1.02/1.00)	9.480 (1.11)	9.833 (1.15)	9.636 (1.13)	8.433 (0.99)	8.603 (1.01)

注:表中括号内数字含义同表 4-6。

由图 5-22、图 5-23 和表 5-12 可以看出:

(1)主梁弯矩在两桥塔塔根处以及中跨跨中部位值较大,波速为 1000m/s 时,中跨跨中处弯矩值最大,为无穷大工况的 1.35 倍;剪力在桥梁两端以及两桥塔塔根处值较大,考虑多点激励后,剪力发生最大值的区域发生了偏离,行波波速下降,剪力最值有所增加,其中中跨跨中剪力增加幅值较大,波速为 250m/s 时剪力最大值是波速为无穷大工况的 1.85 倍。

(2)对于桥塔弯矩和剪力,可以看出行波效应对塔的受力影响不大,其中塔底部弯矩变化幅值最大不超过 5%,塔底剪力变化幅值最大不超过 15%。主要是因为两桥塔的振动在多点地震激励下基本是独立的,互相影响很小,本书为横向约束体系,如果桥梁为横向漂浮体系,约束更弱,可以知道多点横向激励对两主塔的受力影响将更小。

2. 部分相干效应对斜拉桥地震响应的影响

同时考虑部分相干效应和行波效应,其中行波波速取中等波速 1000m/s,α/v_s 的值分别为 0(完全相干,相当于仅仅考虑行波效应的情况)、2.5×10^{-5}(强相干)、2.5×10^{-4}(中等相干)、2.5×10^{-3}(弱相干)、2.5×10^{-2}(不相干)等五种情况,研究斜拉桥在横向多点激励下的地震响应随着部分相干程度的变化而变化的规律。

图 5－24 给出了桥面板上各结点横向位移随各种相干程度的变化而变化的曲线，表 5－13 给出了中跨跨中结点横向位移在各个工况下的具体值。可以看出，随着相干程度的减弱，桥面板各结点横向位移呈减少的趋势；部分相干程度位于中等相干程度以上时，横向位移变化不大；部分相干效应对各结点横向位移是有利的。

图 5－25 给出了桥塔上各结点横向位移随着各种相干程度的变化而变化的曲线，表 5－13 给出了塔顶横向位移的具体值。从图 5－25 中可以看出，桥塔横向位移随着部分相干程度变化而变化的幅度很小，几乎可以忽略。

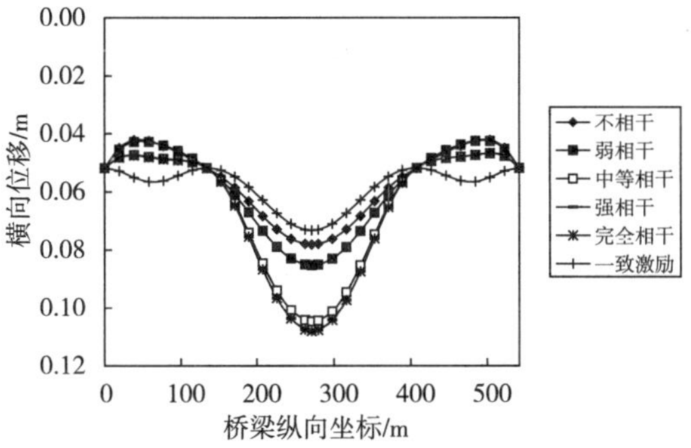

图 5－24　各种相干程度下桥面板横向位移

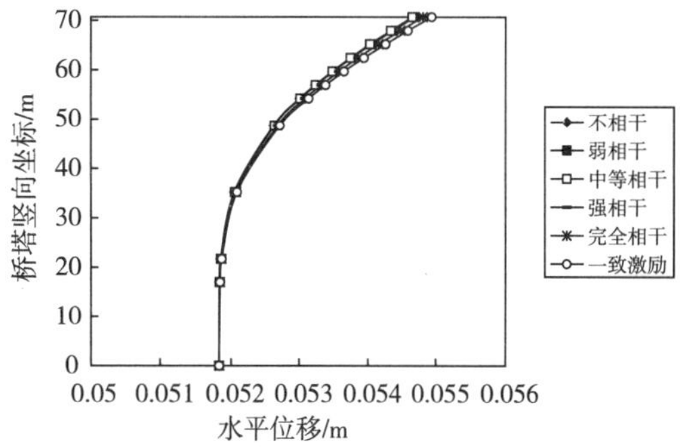

图 5－25　各种相干程度下桥塔横向位移

表 5－13　各种相干程度下桥梁位移响应　（单位：m）

响应量	一致激励	完全相干	强相干	中等相干	弱相干	不相干
跨中位移	0.073	0.108 (1.47/1.00)	0.108 (1.00)	0.105 (0.97)	0.085 (0.79)	0.078 (0.72)
塔顶位移	0.055	0.055 (1.00/1.00)	0.055 (1.00)	0.055 (1.00)	0.055 (0.99)	0.055 (1.00)

注：表中括号内数字含义同表 5－5。

图 5－26 和图 5－27 分别给出了桥面板内力和桥塔内力在各个工况下的变化曲线，表 5－14 给出了中跨跨中和桥塔底部内力的具体值。

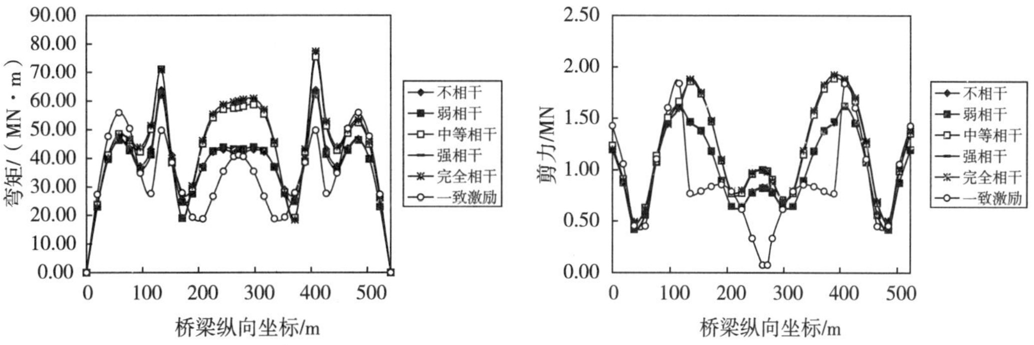

（a）桥面板弯矩　（b）桥面板剪力

图 5－26　各种相干程度下桥面板内力

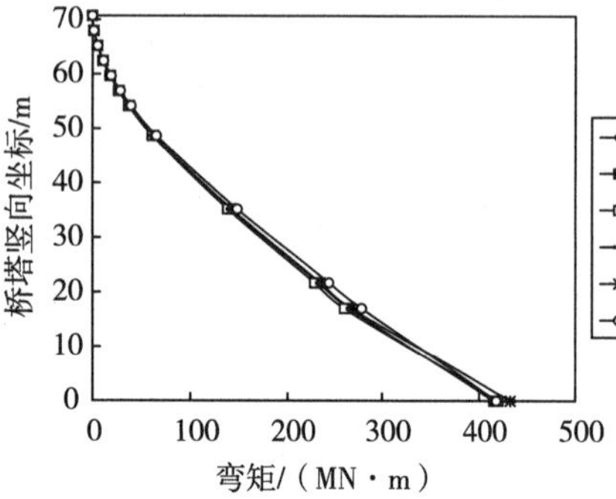

（a）桥塔纵桥向弯矩

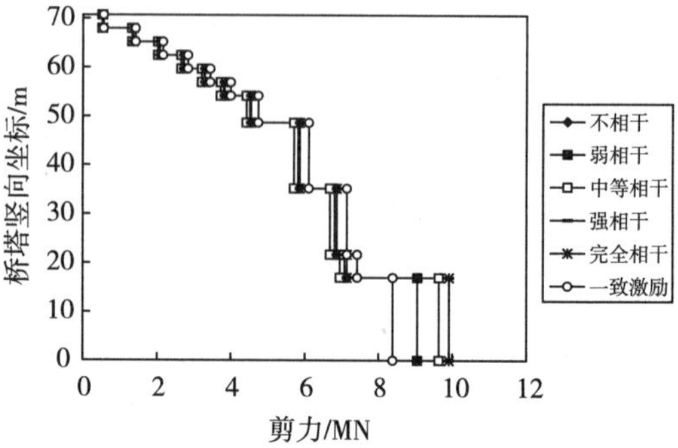

（b）桥塔横桥向剪力

图 5－27　各种相干程度下左桥塔内力

表 5－14　各种相干程度下桥梁内力响应

响应量	一致激励	完全相干	强相干	中等相干	弱相干	不相干
主梁弯矩（MN·m）	41.18	60.02（1.46/1.00）	60.00（1.00）	57.70（0.96）	43.08（0.72）	41.85（0.70）
主梁剪力（MN）	0.08	0.98（13.04/1.00）	0.99（1.01）	0.99（1.01）	0.82（0.84）	0.83（0.85）
桥塔弯矩（MN·m）	418.34	432.95（1.03/1.00）	432.95（1.00）	420.36（0.97）	415.66（0.96）	415.65（0.96）
桥塔剪力（MN）	8.39	9.91（1.18/1.00）	9.91（1.00）	9.64（0.97）	9.06（0.91）	9.06（0.91）

注：表中括号内数字含义同表 5－5。

由图 5－26、图 5－27 和表 5－14 可以看出，主梁弯矩在相干程度为中等及以上时变化幅度很小，相干程度为弱相干和不相干时，弯矩值有所下降；对于主梁剪力可以观察到相似的规律；对于桥塔弯矩和剪力，可以看到相干程度对桥塔受力同样影响很小，可以忽略。

5.6　多维多点地震动响应分析

通过对斜拉桥分别进行竖向、纵向和横向多点地震激励反应分析，我们可以看到：分析竖向多点地震激励时，斜拉桥的受力主要表现在主塔的纵向、主梁的竖向和纵向振动上，其他方向的振动可以忽略；分析纵向多点地震激励时，斜拉桥的受力主要表现在主塔的纵向、主梁的纵向和竖向振动上，其他方向的振动可以忽略；分析横向多点地震激励时，斜拉桥的受力主要表现在主塔的横向和主梁的横向振动上，其他方向的振动可以忽略。综合以上分析结果可以知道，斜拉桥竖向地震动反应和纵向地震动反应是相互耦合的，而横向地震动反应与竖向和纵向地震动反应一般不耦合，其振动基本上是独立的。因此本节在进行多维多点地震激励反应谱分析时，仅同时考虑纵向地震动和竖向地震动，研究同一点地震动各个分量之间的相干性以及不同点地震动分量相干性对桥梁地震响应的影响。

1. 同一点不同分量相干性对桥梁地震响应的影响

研究时，假设各点为同一分量，即各点水平纵向地震动分量和各点竖向地震动分量的相干函数相同，均采用 Luco - Wong 模型，其中将部分相干效应均取为中等程度的相干值（$\alpha/v_s=2.5\times10^{-4}$），行波波速均取为 250m/s，利用多维多点反应谱法研究同一点水平地震动和竖向地震动分量相干性的影响。水平地震动和竖向地震动分量的相干系数假定与频率无关，取 0、0.2、0.6、1 四种等级，没有考虑各点不同分量之间的相干性。

图 5 - 28(a)给出了单维多点（包括竖向和纵向）和多维多点地震动作用下（同时考虑竖向和纵向）桥面板竖向位移的计算结果。相干系数为零时，双向多点的计算结果为两单向多点计算结果，可利用 SRSS 组合法计算得到。随着相干系数的增加，可以看出竖向位移逐步增加。表 5 - 15 给出了跨中竖向位移在各种工况下的计算结果。从表 5 - 15 中可以看出，相比于相干系数为零时的工况，相干系数为 0.2 时，竖向位移增加 4.4%；相干系数为 0.6 时，竖向位移增加 12.8%；相干系数为 1.0 时，即完全相干时，竖向位移的值增加 20.5%。可见不考虑同一点水平地震动和竖向地震动之间的相干性可能低估桥梁的响应。

图 5 - 28(b)给出了相应的桥面板各结点纵向位移的计算结果，其变化规律与桥面板竖向位移类似，表 5 - 15 给出了具体的值，随着相干程度的增加，纵向位移增加，相干系数为 1.0 时，增加幅值达 22.7%。

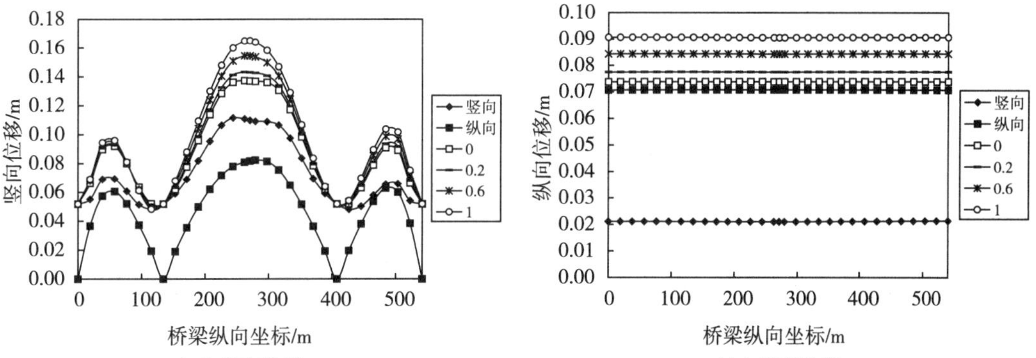

（a）竖向位移　　（b）纵向位移

图 5 - 28　单向多点以及双向多点地震激励下桥面板位移

表 5 - 15　同一点不同分量不同相干程度下桥梁位移响应　　（单位：m）

响应量	竖向	纵向	0	0.2	0.6	1
跨中竖向位移	0.110	0.082	0.137	0.143(4.4%)	0.154(12.8%)	0.165(20.5%)
跨中纵向位移	0.021	0.071	0.074	0.077(4.9%)	0.084(14.1%)	0.091(22.7%)
塔顶纵向位移	0.033	0.070	0.077	0.080(3.9%)	0.086(11.3%)	0.092(18.3%)

注：表中括号内数字为各种相干程度相比于相干程度为零时增加的百分比。

图 5 - 29 给出了单维多点（包括竖向和纵向）和多维多点地震动作用下（同时考虑竖

向和纵向）桥塔纵向位移沿塔高的变化曲线。

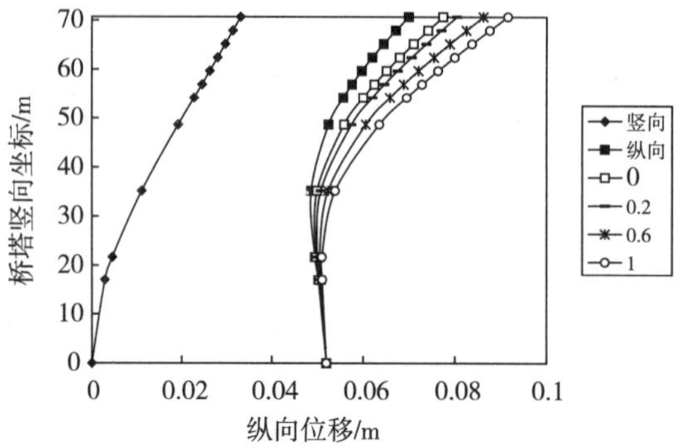

图 5－29　单向多点以及双向多点地震激励下桥塔纵向位移

同样，相干系数为零时，双向多点的计算结果与两单向多点的计算结果利用 SRSS 组合法计算得到的值完全相同。随着相干系数的增加，可以看出桥塔纵向位移也呈增加的趋势。表 5－15 给出了塔顶纵向位移在各种工况下的计算结果。相干系数为 0.2 时，相应于相干系数为零的工况，竖向位移增加 3.9％；相干系数为 0.6 时，竖向位移增加 11.3％；相干系数为 1.0 时，即完全相干时，竖向位移的值增加达到 18.3％。同样，对于塔顶纵向位移来说，也应该考虑同一点水平地震动和竖向地震动之间的相干性，否则可能低估结构的响应。

图 5－30(a)～(f)给出了各个工况下桥面板内力和桥塔内力的变化曲线。

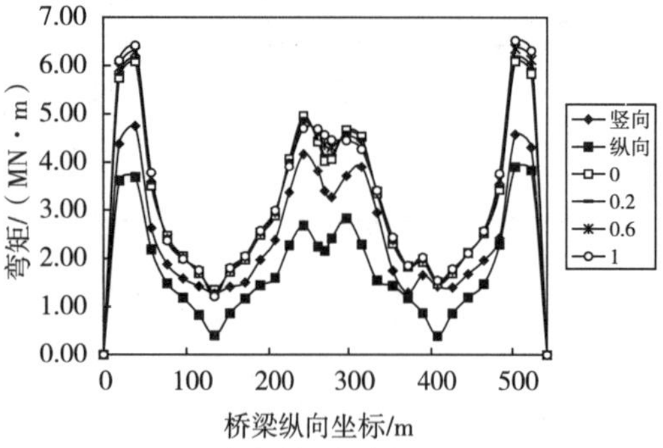

（a）桥面板弯矩

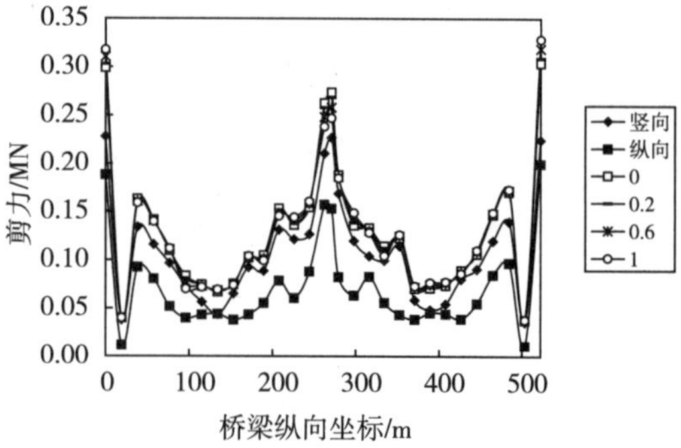

（b）桥面板剪力

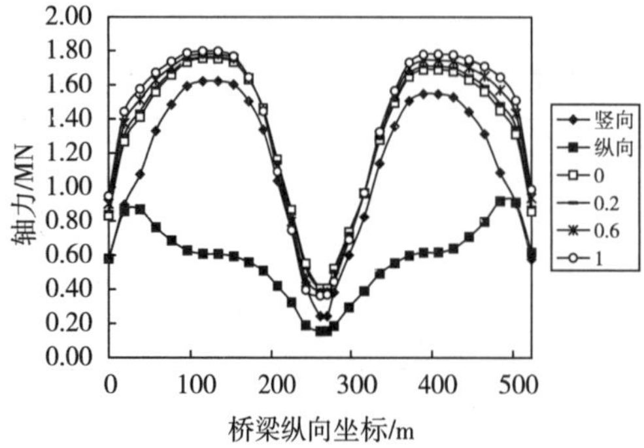

（c）桥面板轴力

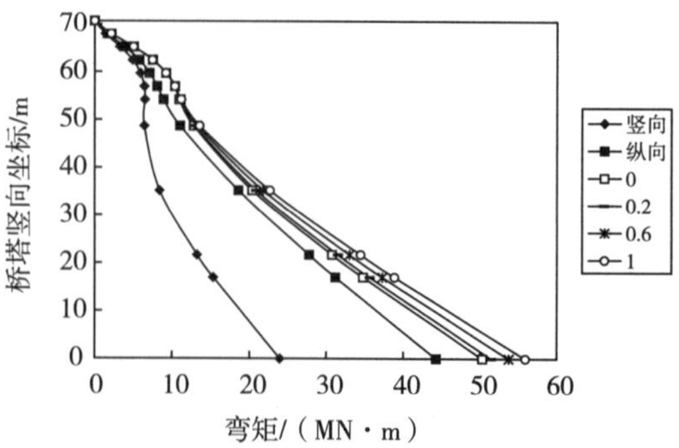

（d）桥塔横桥向弯矩

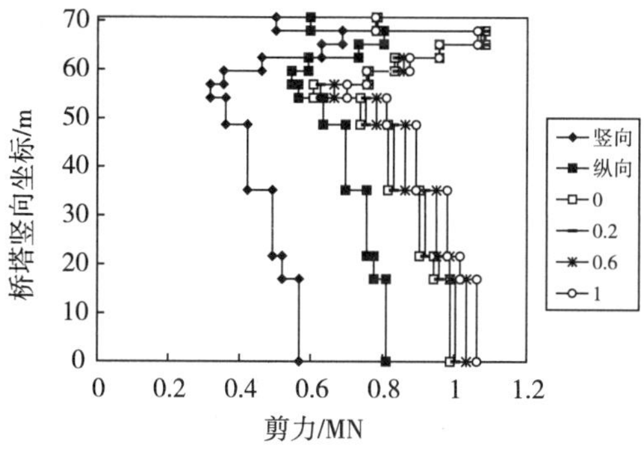

（e）桥塔纵桥向剪力

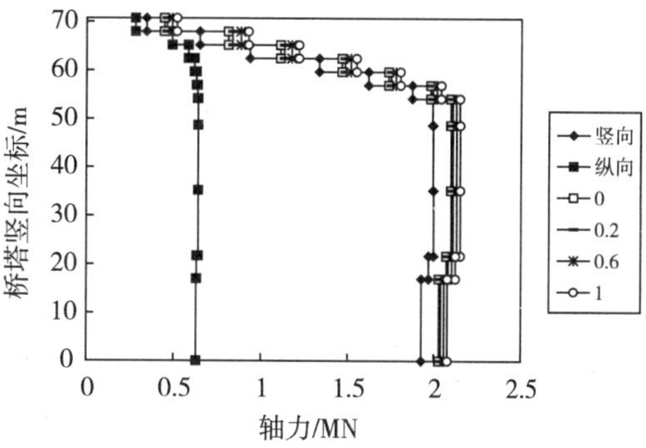

（f）桥塔轴力

图 5-30　考虑同一点不同分量相干性桥面板及左桥塔内力

表 5-16　同一点不同分量、不同相干程度下桥梁内力响应

响应量	竖向	纵向	0	0.2	0.6	1
桥面板弯矩（MN·m）	3.40	2.16	4.03	4.14（1.03）	4.36（1.08）	4.57（1.13）
桥面板剪力（MN）	0.21	0.16	0.26	0.26（0.98）	0.25（0.95）	0.24（0.91）
桥面板轴力（MN）	0.24	0.16	0.41	0.40（0.98）	0.38（0.94）	0.36（0.90）
桥塔弯矩（MN·m）	23.95	44.25	50.31	51.47（1.02）	53.72（1.07）	55.87（1.11）
桥塔剪力（MN）	0.57	0.81	0.99	1.00（1.02）	1.03（1.05）	1.06（1.08）
桥塔轴力（MN）	1.93	0.63	2.03	2.04（1.00）	2.06（1.01）	2.08（1.02）

注：表中括号内数字为各种相干程度相比于相干程度为零时的倍数。

表 5-16 给出了中跨跨中和塔底部内力的具体值，可以看出：

（1）对于桥面板弯矩，随着相干系数的增加，弯矩值逐步增加，其中，中跨跨中处桥面板弯矩在相干系数为 0.2、0.6 和 1 时分别增加 3%、8%和 13%。桥面板剪力和轴力在中跨跨中的值考虑相干性后有所下降，但是在其他幅值较大的区域，如桥梁两端部的剪力或塔根处的轴力，考虑相干性后值均有所增加。

（2）对于桥塔受力，无论是弯矩、轴力还是剪力，随着相干系数的增加，内力值一般逐渐增加，其中，相比于相干系数为 0 时的情况，塔底部弯矩值在相干系数为 1 时，增加 11%，剪力和轴力增加 8%和 2%。

2. 不同点不同分量相干性对桥梁地震响应的影响

在考虑同一点不同分量相干性的基础上，利用多维多点反应谱法研究不同点不同分量（如第一点纵向地震动分量和第二点竖向地震动分量）之间的相干性对结构地震响应的影响。根据第二章的研究结论，在本章同样假定不同点水平地震动分量和竖向地震动分量的相干系数同样假定与频率无关，取 0、0.2、0.6、1 四种等级，不同点不同地震动分量之间的行波效应因子同不同点相同分量的考虑方法。另外，在考虑不同点不同分量相干性时，同时考虑了同一点不同分量之间的相干性，同样假设其值为 0，0.2，0.6，1 四种等级。

图 5－31(a)给出了各种不同相干程度下桥面板竖向位移的变化曲线，图中“0.2＋0.2”指的是同时考虑同一点不同分量之间的相干性(相干系数为 0.2)，以及不同点不同分量之间的相干性(相干系数为 0.2，行波效应因子同不同点相同分量)。其余图例的含义可类推。从图中可以看出，随着不同点不同地震动分量相干系数增加，竖向位移呈增加的趋势，表 5－17 给出了跨中竖向位移在各种相干程度下的计算结果。只考虑同一点不同分量之间的相干性，相干系数为 0.2，0.6 和 1.0 时比相干系数为零时分别高 4.4％，12.8％和 20.5％，而同时考虑同一点和不同点不同分量之间的相干性，两者相干系数为 0.2、0.6 和 1.0 时比相干系数为零时则分别高出 6.6％，18.7％和 29.6％。可见，不考虑不同点不同分量之间的相干性同样可能低估桥梁结构的响应。

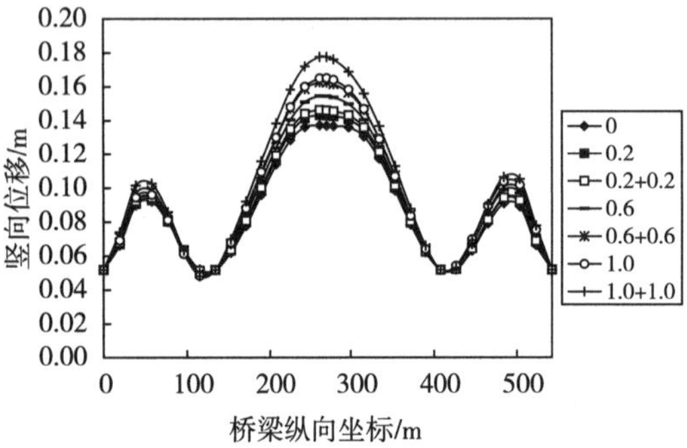

(a) 竖向位移

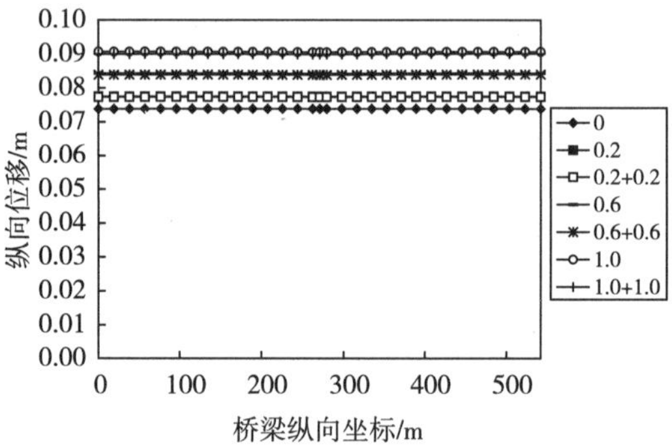

(b) 纵向位移

图 5－31　各种相干程度下双向多点地震激励下桥面板位移

图 5－31(b)给出了各种相干程度下桥面板各结点纵向位移的变化曲线，表5－17给出了跨中处纵向位移的具体值。可以看出，同时考虑不同点和相同点不同地震动分量之间的相干性(如表 5－17 中“1.0＋1.0”)，与只考虑相同点不同地震动分量相干性(如表 5－17 中“1.0”的情况)，对于纵向位移，两者幅值相差很小，可忽略。

表 5－17　不同相干程度下桥梁位移响应　　（单位：m）

响应量	0	0.2	0.2＋0.2	0.6	0.6＋0.6	1.0	1.0＋1.0
跨中 竖向位移	0.137	0.143 (4.4％)	0.146 (6.6％)	0.154 (12.8％)	0.163 (18.7％)	0.165 (20.5％)	0.178 (29.6％)
跨中 纵向位移	0.074	0.077 (4.9％)	0.077 (4.7％)	0.084 (14.1％)	0.084 (13.6％)	0.091 (22.7％)	0.090 (21.8％)
塔顶 纵向位移	0.077	0.080 (3.9％)	0.081 (4.0％)	0.086 (11.3％)	0.086 (11.5％)	0.092 (18.3％)	0.092 (18.5％)

注：表中括号内数字为各种相干程度相比于相干程度为零时增加的百分比。

图 5 - 32 给出了各种相干程度下桥塔上各结点纵向位移的变化曲线，表 5 - 17 给出了塔顶纵向位移在各种相干程度下的计算结果。从表 5 - 17 可以看出，同时考虑同一点和不同点不同分量之间的相干性与只考虑同一点不同分量之间的相干性时，塔顶的纵向位移值基本相同。可见，是否考虑不同点不同分量之间的相干性对桥塔纵向位移的值影响很小，可以忽略。

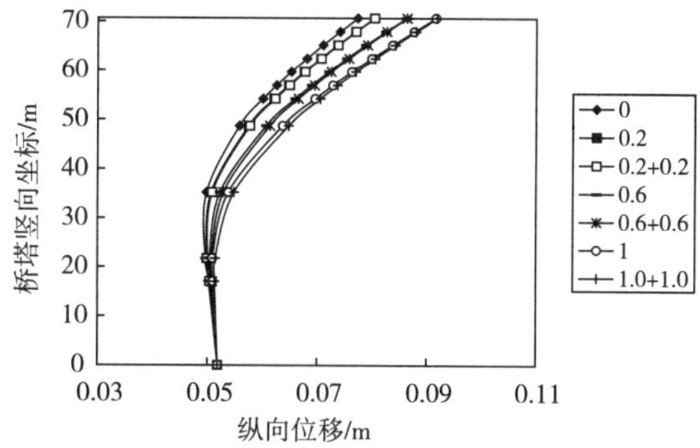

图 5 - 32　不同相干程度下双向多点地震激励下桥塔纵向位移

综合桥面板和桥塔的位移结果，地震动不同点不同分量之间的相干性对主梁竖向位移影响较大，而对主梁纵向位移和主塔纵向位移影响很小，基本可以忽略。

图 5 - 33(a)～(f)分别给出了不同相干程度下，桥面板内力和桥塔内力的变化曲线，表 5 - 18 给出了中跨跨中和桥塔塔底内力的具体值。

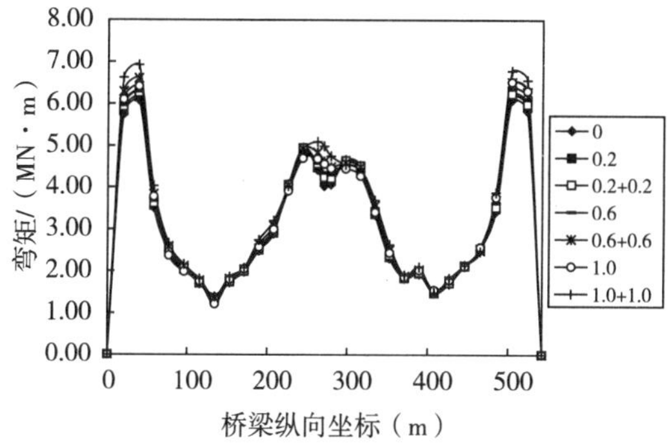

（a）桥面板弯矩

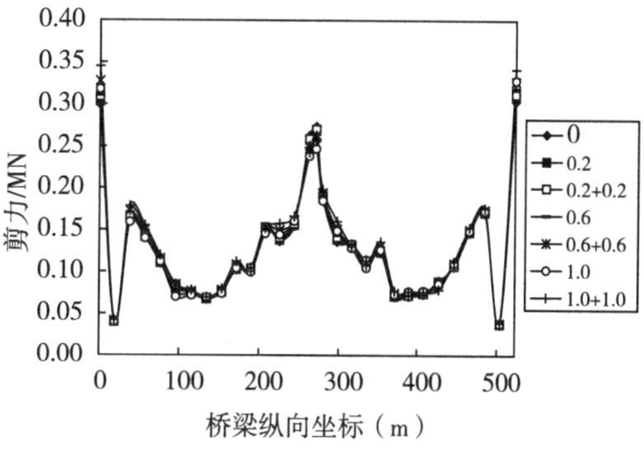

（b）桥面板剪力

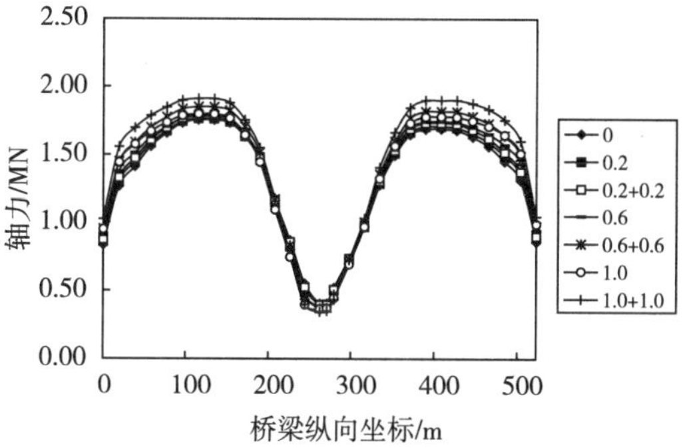

（c）桥面板轴力

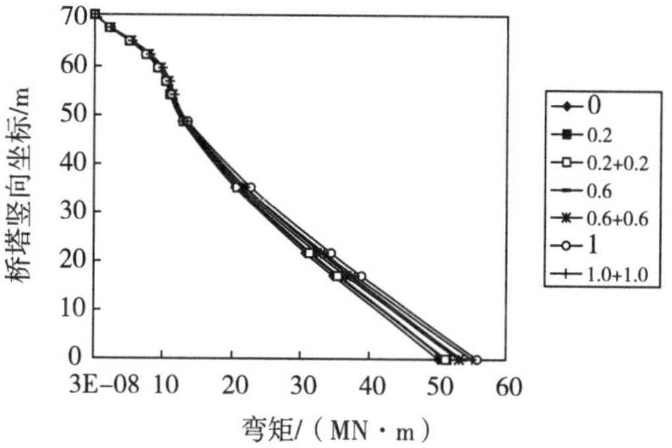

（d）桥塔绕横桥向弯矩

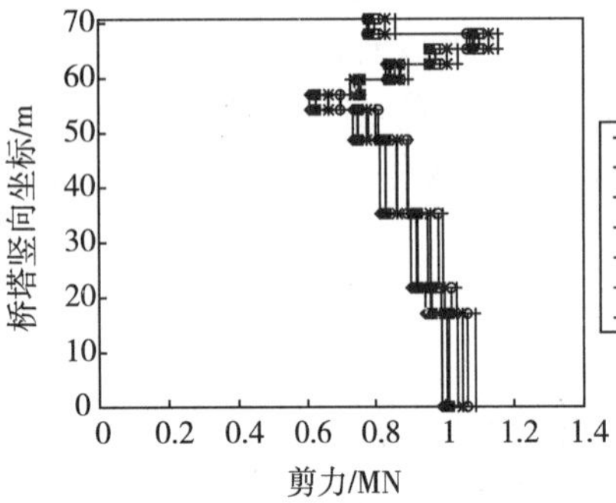

(e) 桥塔纵桥向剪力

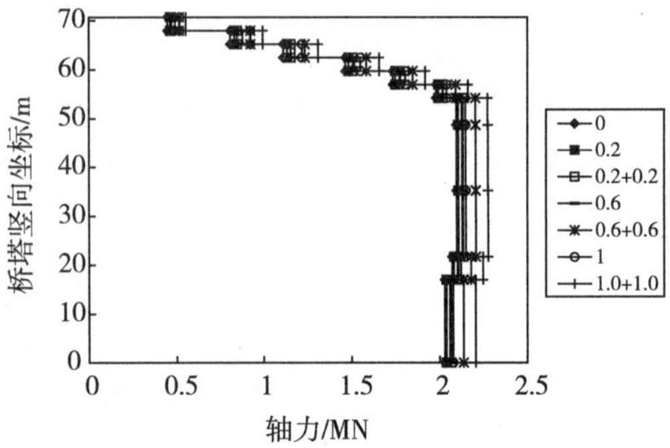

(f) 桥塔轴力

图 5-33　不同相干程度下桥面板及桥塔内力

表 5-18　不同相干程度下桥梁内力响应

响应量	0	0.2	0.2+0.2	0.6	0.6+0.6	1.0	1.0+1.0
桥面板弯矩（MN·m）	4.03	4.14（1.03）	4.24（1.05）	4.36（1.08）	4.63（1.15）	4.57（1.13）	4.99（1.24）
桥面板剪力（MN）	0.26	0.26（0.98）	0.26（0.99）	0.25（0.95）	0.25（0.96）	0.24（0.91）	0.24（0.92）
桥面板轴力（MN）	0.41	0.40（0.98）	0.39（0.97）	0.38（0.94）	0.37（0.91）	0.36（0.90）	0.35（0.85）
桥塔弯矩（MN·m）	50.31	51.47（1.02）	51.31（1.02）	53.72（1.07）	53.25（1.06）	55.87（1.11）	55.12（1.10）
桥塔剪力（MN）	0.99	1.00（1.02）	1.01（1.02）	1.03（1.05）	1.05（1.06）	1.06（1.08）	1.09（1.10）
桥塔轴力（MN）	2.03	2.04（1.00）	2.06（1.02）	2.06（1.01）	2.14（1.05）	2.08（1.02）	2.20（1.09）

注：表中括号内数字为各种相干程度相比于相干程度为零时的倍数。

由图 5-33 和表 5-18 可以看出：

（1）对于桥面板弯矩，相比于只考虑同一点不同分量之间的相干性，同时考虑同一点和不同点地震动不同分量之间的相干性可使弯矩有一定程度的增加，如表 5-18 中跨中弯矩的值在 1.0+1.0 的工况时比相干系数为零的工况时增加了 24%，而 1.0 工况时其弯矩值只增加了 13%。对于中跨跨中部位桥面板剪力和轴力，同时考虑不同点和相同点不同分量相干性相比于只考虑同一点不同分量相干性基本无影响或略有下降。但是在其他区域，如桥梁两端处剪力和塔根处轴力均有一定程度的增加。

（2）对于桥塔的受力，相比于只考虑同一点不同分量之间的相干性，同时考虑同一点和不同点地震动不同分量之间的相干性均相差不大，其中，桥塔弯矩略有下降，而剪力和轴力均有所增加。

5.7　多维多点地震激励的简化计算

通过以上对大跨斜拉桥在竖向、纵向和横向地震动多点激励下的响应分析进行的研究，以及多维多点地震激励时同一点不同分量、不同点不同分量之间相干性的影响的研究可以得到如下结论：

(1)竖向多点地震反应分析对主塔和主梁的弯矩、剪力和轴力均可能有极大的放大，在分析中必须加以考虑；相比于行波效应，部分相干效应影响较小，在初步抗震设计时可忽略以简化抗震计算；拟静力效应对于位移响应来说是不可忽略的，但是对于桥梁内力，影响较小，可不予考虑。

(2)纵向多点地震反应分析可增大主梁中跨跨中部位的弯矩、主梁轴力以及桥塔的轴力，而对主梁剪力、桥塔弯矩和剪力一般是有利的。相比于行波效应，部分相干效应同样影响较小，在初步抗震设计时可忽略；拟静力效应对桥梁内力同样影响有限。

(3)横向多点地震反应分析时，对于主塔的地震响应，无论是部分相干效应还是行波效应均可忽略；但是部分相干效应和行波效应对主梁的地震响应影响较大，可使主梁横向位移增加，桥面板和绕竖轴弯矩、横向剪力增加。同样，部分相干效应对于桥梁地震响应一般影响较小或者是有利的，可不予考虑。

(4)对于大跨斜拉桥，纵向激励和竖向激励耦合，而横向激励与纵向、竖向激励基本不耦合。对于同时考虑纵向和竖向地震动分量，进行多维多点地震反应分析，研究表明同一点不同分量之间的相干性和不同点不同分量之间的相干性都可能使得结构的地震响应增大。根据第二章建议的同一点不同分量之间的相干性和不同点不同分量之间的相干性的取值区间[0,0.6]，可以知道考虑这两种相干性后，结构位移放大 15%左右，内力放大 10%左右。

综合以上研究成果，考虑桥梁抗震的复杂性，在初步抗震设计时，可以利用以下的简化方法对大跨斜拉桥地震响应进行分析。

(1)将多维多点简化为单维多点进行地震反应分析。其中，由于纵向和竖向地震动分量是相互耦合的，因此利用 SRSS 法组合法进行组合，另外考虑到同一点地震动不同分量和不同点不同地震动分量相干性影响，可对结构的地震响应乘以一个放大系数 γ，近似地考虑两种相干性对桥梁的影响。横向地震动则单独进行计算。

$$R_1=\gamma\sqrt{R_z^2+R_s^2},\quad R_2=R_h \tag{5-1}$$

式(5－1)中，R_z 表示纵向地震动作用下结构的响应；R_s 表示竖向地震动作用下结构的响应；R_h 表示横向地震动作用下结构的响应；R_1 和 R_2 分别为纵向、竖向地震动同时作用以及横向地震动单独作用时对应的反应量。γ 的取值参考，对于位移值取 1.15，内力值可取 1.1。

(2) 考虑到拟静力部分对斜拉桥无论是竖向还是纵向地震反应分析均影响有限，初步抗震设计时可以忽略以简化计算。公式(4－23) 可以简化为：

$$\mu_{Z\max} = \left[\sum_{k=1}^{m}\sum_{l=1}^{m}\sum_{i=1}^{n}\sum_{j=1}^{n} b_{ki} b_{lj} \rho_{\delta_{ki}\delta_{lj}} D_{bk}(\omega_i, \xi_i) D_{bl}(\omega_j, \xi_j)\right]^{1/2} \tag{5-2}$$

(3) 考虑到部分相干效应相比于行波效应影响较小，而且参数确定相对较难，故初步抗震设计时建议只考虑行波效应进行计算，以简化计算。

5.8 基于遗传算法的多维多点反应谱法最值问题

鉴于多维多点地震动模型的复杂性，各点各个地震动分量的相干函数的参数确定非常困难，但是一般不难确定其在一个可能的区间范围内，因此本书建议在进行多维多点反应谱分析时，找出参数在区间变化时桥梁结构响应的最大值用于抗震设计，则可以保证桥梁的安全。由于多维多点反应谱法的计算公式为一个高度非线性函数，本节提出采用遗传算法求出其在相应区间的最大值，用于抗震设计。

5.8.1 遗传算法的原理

遗传算法最先由美国密执安大学的 Holland 教授于 1975 年提出，是模拟达尔文的遗传选择和自然淘汰的生物进化过程的计算模型。它的思想源于生物遗传学和适者生存的自然规律，是具有"生存+检验"的迭代过程的搜索算法。遗传算法以其简单通用、适于并行处理及高效实用等显著特点，在各个领域得到了广泛应用，并取得了良好效果。作为一种新的优化技术，遗传算法受到了广泛的关注。

使用遗传算法解决问题有以下几个优点：

(1)遗传算法采用自然进化机制来表现复杂现象，以决策变量的编码作为运算对象，这种对决策变量的编码处理方式，使优化计算可以借鉴生物学中染色体和基因等概念，模仿自然界中生物的遗传和进化等机理。

(2)遗传算法仅用适应度函数的数值来评估基因个体，并在此基础上进行遗传操作，不仅不受连续可微的约束，还可随意设定定义域，以目标函数值作为搜索信息。这一特性对很多目标函数无法或很难求导的函数，或导数不存在的函数优化问题极为方便。

(3)遗传算法的群体搜索特性，使遗传算法具有较好的全局搜索能力，也使得遗传算法本身易于并行化。遗传算法的搜索不容易陷入局部最优中，并且其可扩展性、易于同级别的技术混合等特性都使得其在工程领域得到广泛应用。

5.8.2 算例

以 4.5 节所示斜拉桥为例。假设结构只承受竖向多点地震激励作用，采用 MATLAB 的遗传算法工具箱进行计算，由于相干程度的值对斜拉桥地震响应影响相比于行波效应要小，故本节计算时暂不考虑相干系数值变化的情况，假设相干程度为地震动中等相干($\alpha/v_s = 2.5\times10^{-4}$)，行波波速取 300m/s～1000m/s，利用遗传算法求桥面板竖向位移最大时对应的行波波速的取值。

图 5-34 给出了 MATLAB 程序给出的适应度值图以及最佳个体值图。

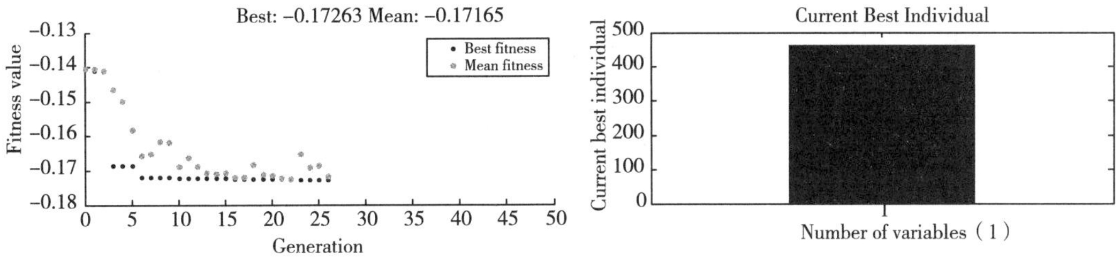

（a）最佳适应度值演变曲线　　（b）当前最佳个体值

图 5-34　遗传算法迭代图

从图 5-34 可以看出，经过 10 代左右进化，遗传算法已找到比较接近最优的适应度值，继续进化，到第 26 代时达到最优，即行波波速为 461m/s 时，竖向位移最大为 17.26cm。由前文可知，当行波波速为 500m/s 时，竖向位移最大为 17.17cm，由于数值分析不可能穷尽所有的波速，两种方法计算得到的结果基本相符，而采用遗传算法可以得到在波速范围内取最大值时的更加准确的值，从而保证结构的安全。当部分相干效应参数变化或者有多个参数变化时，计算方法同上。遗传算法有着良好的全局搜索能力，可有效地防止计算结果陷入局部最值，可用于多维多点反应谱法求最值。

5.9　本章小结

基于 Kiureghian 等提出的 MSRS 法，本章对该方法中存在的问题进行修正，并结合第 2 章的研究成果，建立合理的多维多点地震动输入模型，将多点反应谱法推广应用于多维多点领域，编写了基于 MATLAB 的大跨桥梁多维多点反应谱程序，可方便地进行大跨桥梁的抗震设计，利用该程序系统地研究了多维多点地震激励下大跨斜拉桥的地震响应特征。根据得到的研究成果提出了大跨斜拉桥在考虑多维多点地震响应分析时的简化计算方法，可有效地减少计算量。最后针对目前相干函数和行波波速难以确定准确值的问题，提出在参数变化的一定区间内，利用遗传算法求得结构在多维多点地震激励下的最值，用于抗震设计，以保证桥梁结构的安全。

第6章　高墩大跨曲线连续刚构桥多维多点地震反应分析

6.1　引言

我国西部除部分地区属平原微丘区外，大部分地区属山岭重丘区，山高谷深，地形复杂、险峻。山区修建的桥梁，特别是高等级公路上的桥梁，其特点是高墩和弯桥多。设置高墩是为了跨越沟壑，设置弯桥则是路线线形的需要。高墩大跨径曲线连续刚构桥因为结构造型流畅、力学韵律感强、跨越能力强等特点而成为首选方案，同时上述地区也多属于地震活动频繁区域，其抗震设计不可忽视。

连续刚构桥在我国属设计、施工技术较为成熟的一种桥型，工程实例很多，尤其是近几年来，随着高等级公路在山区的发展，在陕西、甘肃、云南、贵州、广西等地修建了不少高墩大跨径连续刚构桥，如陕西在建的洛河大桥，主跨160m，最高墩高143.5m；云南的沅江大桥，主跨265m，墩高121m；贵州的六广河大桥，主跨240m，墩高90m。连续刚构桥已成为山区修建大跨径桥梁的常见结构。但是大跨径弯连续刚构桥才刚刚起步，工程实例如云南阿墨江弯连续刚构桥，上部平曲线半径为300m，主跨130m，墩高70m，但工程数量不多，而且这方面的研究文献也很少。目前弯连续刚构桥的设计、施工基本上参照直桥，“弯”给各个环节带来的影响尚缺乏专题研究。

由于曲线连续刚构桥本身为不规则结构，会引起纵向和横向地震动分量作用的相互耦合，因此应该考虑多维地震的联合作用；另外，该类桥型跨径较大，各个支承点之间的地面运动一般存在显著差异。因此，很有必要研究该类桥型在多维多点地震激励下的响应规律，以指导抗震设计。目前关于高墩大跨曲线刚构桥在多维多点激励下的响应研究还未见相关报告，大部分已有研究都是针对直线桥的。

李忠献对一座大跨度的四跨连续刚构桥进行了行波激励下的反应分析，并与一致激励下的计算结果进行了比较，结果表明，考虑行波效应会对主梁产生不良影响。刘洪兵等研究了某三跨连续刚构桥，考虑地形以及多点激励的地震响应并分析得出：对于梁柱的位移和立柱的弯矩响应，考虑多点地震激励能够明显地减少响应的幅值，因而是有利的；而两立柱顶部对应的梁截面处和跨中处的弯矩响应，在考虑多点激励时会使响应的幅值增加，因而是不利的。

我国是一个地震多发国家，因此研究高墩大跨曲线连续刚构桥的动力及抗震性能，对于积累技术资料，促进该类桥梁在桥梁工程中更广泛的应用具有很重要的现实意义。由于曲线连续刚构桥本身为不规则结构，会引起纵向和横向地震动分量作用的相互耦合，应该考虑多维地震动的联合作用；另外，该类桥型跨径较大，各个支承点之间的地面运动一般存在显著差异。因此，很有必要研究该类桥型在多维多点地震激励下的响应规律，以指导抗震设计。

本章一方面对高墩大跨径曲线连续刚构桥和高墩大跨径直线连续刚构桥在多维多点地震激励下的响应特征进行对比分析，分析了"弯"对刚构桥抗震性能带来的影响。另一方面，本书分析了横系梁的设置、墩高(墩梁刚度比)、跨数等敏感参数对桥梁抗震性能的影响。由于多维多点反应谱法简单实用，尤其适合于参数分析，故本章仍采用该方法对连续刚构桥进行分析，以期为该类桥型的抗震设计提供参考。

6.2　工程实例

某高墩大跨曲线连续刚构桥，跨径为 110m＋200m＋110m，曲率半径为 300m，其立面和平面图如图 6－1(a)和(b)所示。

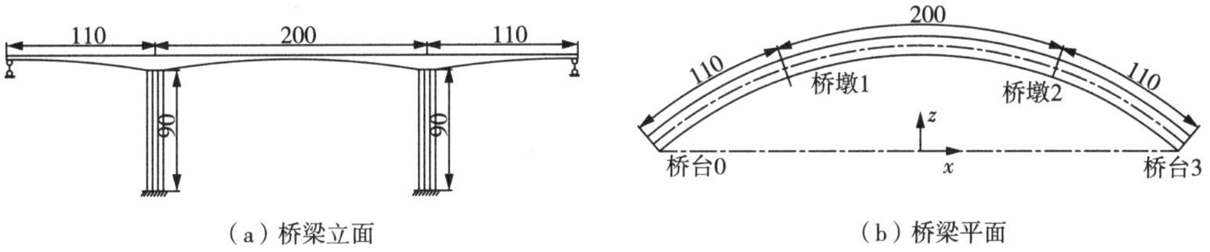

图 6－1　桥梁总体布置示意(单位:m)

主梁采用单箱单室箱梁，墩顶梁高 11m，跨中梁高为 3m，梁高沿跨径方向按二次抛物线变化。箱梁底板宽 7m，顶板悬臂 3.25m，全宽 13m，根部和跨中箱梁截面如图 6－2(a)所示。主墩为双薄壁式空心墩，墩高 90m，钻孔灌注桩基础，墩身为双薄壁墩截面，如图 6－2(b)所示。

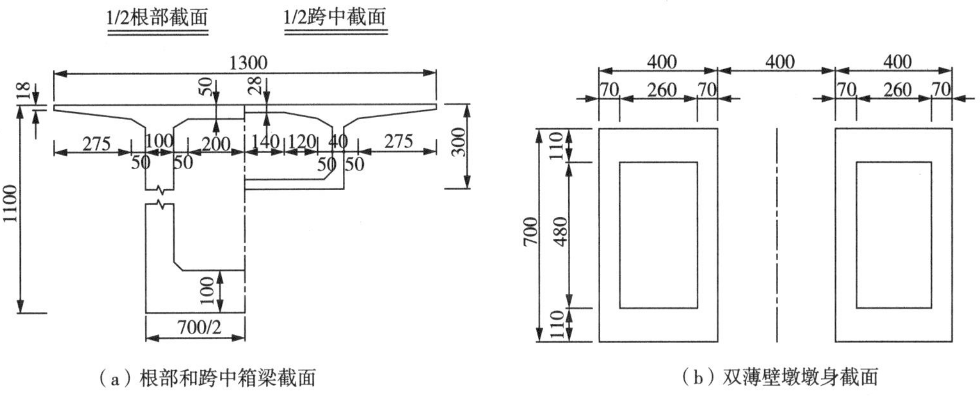

图 6－2　桥梁截面示意(单位:cm)

计算时假设桥墩与地基完全固结，桥梁阻尼比取 0.05。该桥主桥箱梁混凝土标号为 50 号，主桥桥墩混凝土标号为 40 号。具体材料性质见表 6－1 所列。

表 6－1　混凝土材料性质

材料	弹性模量(MPa)	容重(kN/m^3)	泊松比
C40 混凝土	3.3×10^4	25.0	0.167
C50 混凝土	3.5×10^4	25.0	0.167

假设该桥位于Ⅱ类场地土，抗震设防烈度为 8 度，假定 3 个方向的地震动强度和反应谱形状相同以简化分析，各个方向的相干函数均相同，采用 Luco－Wong 模型。注意到，下文分析中，除竖向多点地震反应分析外，其余情况对直线桥和曲线桥均同时进行双向水平多点地震反应分析，以更加准确地了解桥梁的抗震性能。为了便于对比分析，相应的高墩大跨直线连续刚构桥的结构尺寸与原桥完全相同，边界条件也完全一样，只是桥梁轴线为直线。图 6－3 给出了该桥的有限元结点离散图。

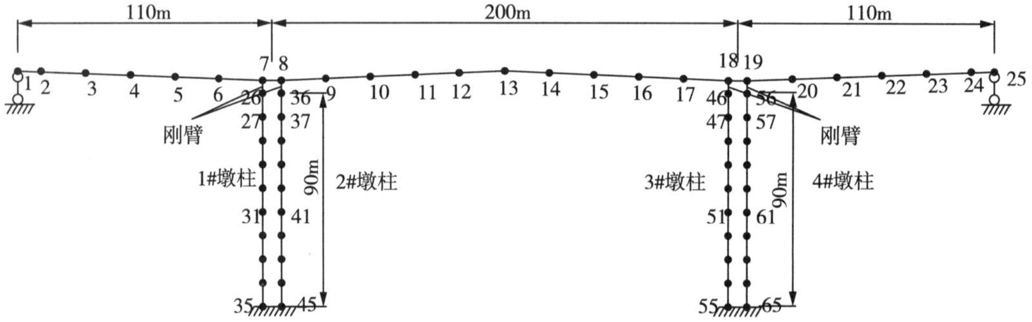

图 6－3　三跨高墩曲线连续刚构桥结点编号

6.3　直线桥和曲线桥多维多点地震反应对比分析

对于曲线桥，定义两桥台连线方向为顺桥向，垂直于两桥台连线方向为横桥向，分别对应图 6－1(b)所示 的 x 轴和 z 轴方向。双向地震动沿着顺桥向和横桥向同时输入，假定地震动沿顺桥向传播。本书未考虑输入角度的影响，原因如下：假设地震激励为一个 3 分量的平稳随机过程，地面运动的 3 个分量(u,v,w)与桥梁的主轴(x,y,z)成 α 的夹角输入，如图 6－4 所示。

不考虑 3 个方向地震动功率谱形状的差异，地震地面加速度的 3 个分量的功率谱密度可以定义为：

$$S_{\ddot{u}_g\ddot{u}_g}(\omega)=R_u^2S_{\ddot{f}_g\ddot{f}_g}(\omega),S_{\ddot{v}_g\ddot{v}_g}(\omega)=R_v^2S_{\ddot{f}_g\ddot{f}_g}(\omega),S_{\ddot{w}_g\ddot{w}_g}(\omega)=R_w^2S_{\ddot{f}_g\ddot{f}_g}(\omega)\quad(6-1)$$

故

$$\sigma_{\ddot{u}_g}^2=R_u^2\sigma_{\ddot{f}_g}^2,\sigma_{\ddot{v}_g}^2=R_v^2\sigma_{\ddot{f}_g}^2,\sigma_{\ddot{w}_g}^2=R_w^2\sigma_{\ddot{f}_g}^2\quad(6-2)$$

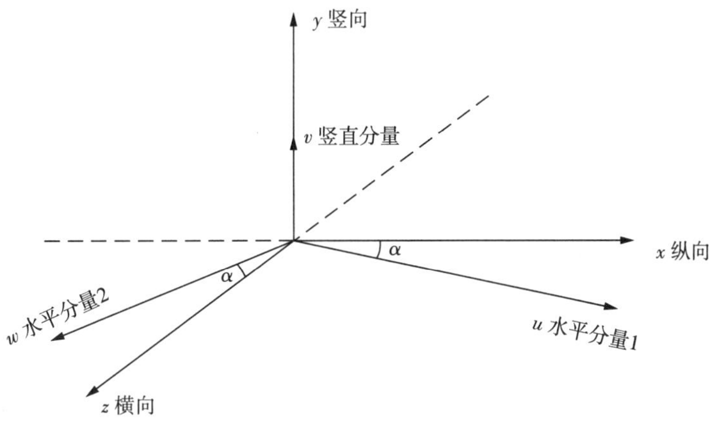

图 6-4　桥梁主轴(x,y,z)与地震动输入坐标轴(u,v,w)

式中，R_u，R_v，R_w 为定义的比率。当地震动主轴方向和桥梁主轴方向成 α 角时，下面式子成立：

$$\sigma_{\ddot{x}_g}^2=\sigma_{\ddot{u}_g}^2\cos^2\alpha+\sigma_{\ddot{w}_g}^2\sin^2\alpha,\sigma_{\ddot{z}_g}^2=\sigma_{\ddot{u}_g}^2\sin^2\alpha+\sigma_{\ddot{w}_g}^2\cos^2\alpha,\sigma_{\ddot{y}_g}^2=\sigma_{\ddot{v}_g}^2 \tag{6-3}$$

式(6-3)中，$\sigma_{\ddot{x}_g}^2$，$\sigma_{\ddot{y}_g}^2$，$\sigma_{\ddot{z}_g}^2$ 分别为地震动沿着桥梁三个主轴方向的方差。

$$S_{\ddot{x}_g\ddot{x}_g}(\omega)=R_x^2S_{\ddot{f}_g\ddot{f}_g}(\omega),S_{\ddot{y}_g\ddot{y}_g}(\omega)=R_y^2S_{\ddot{f}_g\ddot{f}_g}(\omega),S_{\ddot{z}_g\ddot{z}_g}(\omega)=R_z^2S_{\ddot{f}_g\ddot{f}_g}(\omega) \tag{6-4}$$

其中，

$$R_x^2=R_u^2\cos^2\alpha+R_w^2\sin^2\alpha,R_z^2=R_u^2\sin^2\alpha+R_w^2\cos^2\alpha,R_y^2=R_v^2 \tag{6-5}$$

为简化起见，计算时未考虑两个水平地震动分量之间的差异，即公式(6-5)中，$R_u=R_w=1$，则无论激励角度 α 多大，R_x 和 R_z 恒等于1。因此，地震动沿着任意方向输入时，沿着桥梁主轴的地震动功率谱密度(或者反应谱)恒定，与输入角度无关。在考虑多点输入时，输入角度仅影响相干函数的参数取值。因此，输入角度的影响可以利用相干函数的参数变化来反映，本书没有考虑输入角度对桥梁地震反应的影响。

6.3.1　动力特性分析

为了比较直线连续刚构桥和曲线连续刚构桥在动力特性上的差异，表 6-2 给出了各自前十阶振型的自振频率及相应的振型特征。

表 6-2　直线桥和曲线桥自振特性对比

振型序号	直线桥自振频率(Hz)	曲线桥自振频率(Hz)	振型特征	曲线桥(带系梁)自振频率(Hz)	振型特征
1	0.2170	0.2109	体系一阶横弯	0.2173	体系一阶横弯
2	0.2252	0.2163	体系二阶横弯	0.2344	体系二阶横弯
3	0.2400	0.2391	体系纵飘	0.3077	体系三阶横弯

（续表）

振型序号	直线桥自振频率(Hz)	曲线桥自振频率(Hz)	振型特征	曲线桥(带系梁)自振频率(Hz)	振型特征
4	0.2927	0.3085	体系三阶横弯	0.3523	体系纵飘
5	0.6834	0.6955	体系四阶横弯	0.6827	体系四阶横弯
6	0.7236	0.7286	体系对称竖弯	0.7952	体系对称竖弯
7	1.1829	1.1946	体系反对称竖弯	1.2225	体系反对称竖弯
8	1.2244	1.2646	体系横弯	1.2727	体系横弯
9	1.5012	1.5191	对称竖弯	1.5276	对称竖弯
10	1.9951	1.9907	对称竖弯	2.0247	对称竖弯

由表6-2可以看出，对于本书曲率半径为300m的曲线连续刚构桥，自振特性相比于直线连续刚构桥改变不大，自振频率的值非常接近，且振型序列并未发生改变。

6.3.2 水平双向多点地震反应分析

为了简化起见，本书没有考虑局部场地土效应的影响，仅考虑行波效应和部分相干效应。曲线桥平面形状的不规则性会引发两水平地震动分量之间的耦合作用，故同时考虑双向水平多点地震反应分析。对于曲线桥，沿所定义的顺桥向和横桥向，即图6-1(b)所示的x轴和z轴方向同时输入。为了详细地反映行波效应和部分相干效应单独和同时作用对桥梁地震反应的影响，对于直线桥和曲线桥均进行了表6-3所示的9个工况的分析。其中行波波速取无穷大、1000m/s和250m/s3种情况；部分相干程度取完全相干($\alpha/v_s=0$)、中等相干($\alpha/v_s=2.5\times10^{-4}$)和弱相干($\alpha/v_s=2.5\times10^{-3}$)3种情况。表中工况简称Tot-In表示完全相干且波速为无穷大，即一致激励工况，其他工况简称含义可类推。

表6-3 分析工况及其简称

行波波速	部分相干程度		
	完全相干($\alpha/v_s=0$)	中等相干($\alpha/v_s=2.5\times10^{-4}$)	弱相干($\alpha/v_s=2.5\times10^{-3}$)
无穷大	Tot-In	Midd-In	Low-In
1000m/s	Tot-1000	Midd-1000	Low-1000
250m/s	Tot-250	Midd-250	Low-250

1. 对主墩的影响

首先给出了一致激励下直线桥和曲线桥的对比分析，以1号墩柱(图6-3)为例进行说明，表6-4给出了直线桥和曲线桥的墩柱墩顶位移和墩底弯矩计算结果。其中，对于曲线桥，墩顶位移 U_x 和 U_z 分别为沿所定义的顺桥向和横桥向的位移，墩底弯矩 M_y 和 M_z 分别为绕法向和绕切向的弯矩。对于直线桥，U_x 和 U_z 即为顺桥向和横桥向位移，墩底弯矩 M_y 和 M_z 分别为绕横桥向和绕纵桥向的弯矩。图 6－5 给出了直线桥和曲线桥沿着桥墩高度各个反应量的对比曲线。

由图 6－5 和表 6－4 可以看出，曲线桥增大了墩顶的横桥向位移以及墩底绕切向弯矩，最大增幅不超过 5%；同时曲线桥减少了墩顶纵桥向位移以及墩底绕法向弯矩，最大减幅不超过 4%。观察图 6－5 桥梁位移和弯矩沿墩高的分布情况，可以看出直线桥和曲线桥的地震响应对于桥墩受力来说，差异不大。另外注意到以下现象，对于桥墩绕法向弯矩 M_y（顺桥向响应）来说，桥墩底部和顶部均是危险截面，相比之下，对墩底受力更为不利；而对于桥墩绕切向弯矩 M_z（横桥向响应）来说，桥墩底部是危险截面，顶部受力最小。

表 6－4　一致激励下直线桥和曲线桥对比分析

响应量	直线桥	曲线桥	相差百分比
墩顶位移 U_x(m)	0.102	0.099	−3.6%
墩顶位移 U_z(m)	0.090	0.095	4.8%
墩底弯矩 M_y(MN·m)	30.33	30.14	−0.6%
墩底弯矩 M_z(MN·m)	29.42	30.84	4.8%

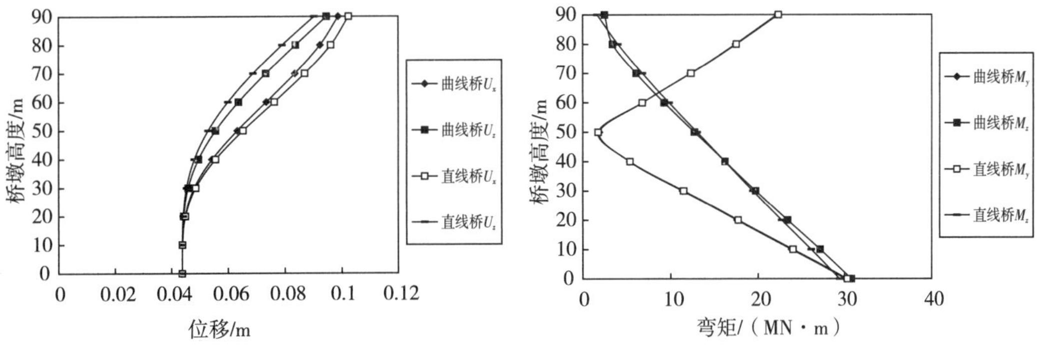

(a) 位移　　(b) 弯矩

图 6－5　一致激励下直线桥和曲线桥主墩地震响应对比

进一步研究曲线桥和直线桥在水平双向多点地震作用下的响应分析。将一致激励工况结构响应值进行归一化，表 6－5 和表 6－6 分别给出了各个工况(表 6－3)下 1 号墩柱墩顶顺桥向和横桥向位移归一化后的值。由表 6－5 可以看出，无论对于曲线桥还是相应的直线桥，随着行波波速的变化，顺桥向位移均呈减少的趋势。对于曲线桥，仅考虑行波效应，当波速为 1000m/s 时，减少幅度很小，波速为 250m/s 时，顺桥向位移减少达 24%。仅考虑部分相干效应，相干程度为中等相干时，对桥梁地震响应基本无影响，相干程度为弱相干时，顺桥向位移减小幅度为 14%。同时考虑行波效应和部分相干效应时，一般情况下，行波波速越小且相干程度越弱，结构响应越小，但是行波效应和部分相干效应是相互耦合的，不存在简单的线性叠加关系。如对于曲线桥仅考虑弱相干效应和仅考虑 250m/s 行波波速，结构响应分别减少 14%和 24%，而同时考虑弱相干效应和 250m/s 行波波速时，结构响应仅减少 23%。

观察墩底内力的响应，可以看到与墩顶位移类似的规律，故本书不再列出具体值。图 6-6 给出了仅考虑行波效应的三个工况下，墩顶顺桥向位移和墩底部绕法向弯矩沿着桥墩高度的变化曲线。从图 6-6(b)可以看到，考虑行波效应后，墩底和墩顶部弯矩均有不同程度的减少。从表 6-6 可以看出，墩顶横桥向位移随行波波速和部分相干程度变化而变化的幅度很小，可忽略。直线桥和曲线桥在多维多点各工况下未发现显著差异。

表 6-5　多点激励下直线桥和曲线桥墩顶顺桥向位移对比

直线桥				曲线桥			
U_x	完全相干	中等相干	弱相干	U_x	完全相干	中等相干	弱相干
无穷大	1.00	1.00	0.85	无穷大	1.00	1.00	0.86
1000m/s	0.97	0.97	0.85	1000m/s	0.97	0.97	0.85
250m/s	0.76	0.76	0.75	250m/s	0.76	0.77	0.77

表 6-6　多点激励下直线桥和曲线桥墩顶横桥向位移对比

直线桥				曲线桥			
U_z	完全相干	中等相干	弱相干	U_z	完全相干	中等相干	弱相干
无穷大	1.00	1.00	0.97	无穷大	1.00	1.00	0.97
1000m/s	1.01	1.01	0.98	1000m/s	1.01	1.01	0.98
250m/s	1.03	1.03	1.00	250m/s	1.02	1.02	0.99

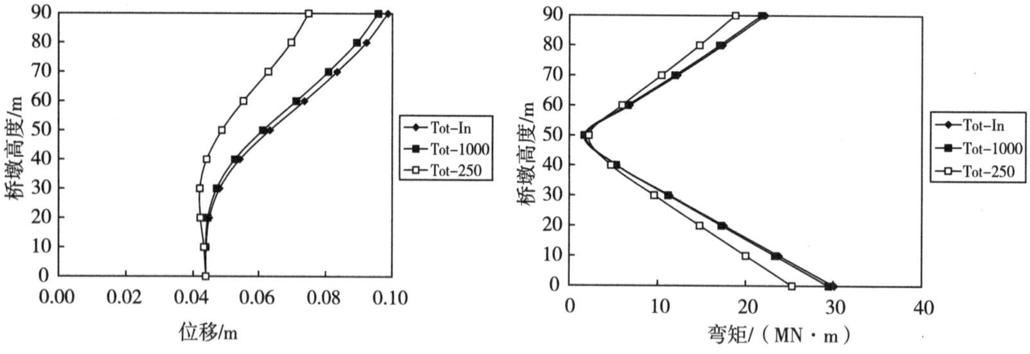

(a) 纵向位移　　(b) 绕法向弯矩

图 6-6　多点激励下曲线桥地震响应

综上可以看出，行波效应和部分相干效应对于桥墩受力总体上是有利的，一方面减少了桥梁的顺桥向响应，另一方面对横桥向响应影响不大。在多维多点激励各工况下直线桥和曲线桥桥墩受力相差不大。

2. 对主梁的影响

同样首先给出直线桥和曲线桥在一致激励下的对比分析。图 6-7(a)和(b)分别给出了主梁弯矩和扭矩沿着桥梁纵向坐标（曲线桥沿着桥梁中轴线坐标）的对比曲线。

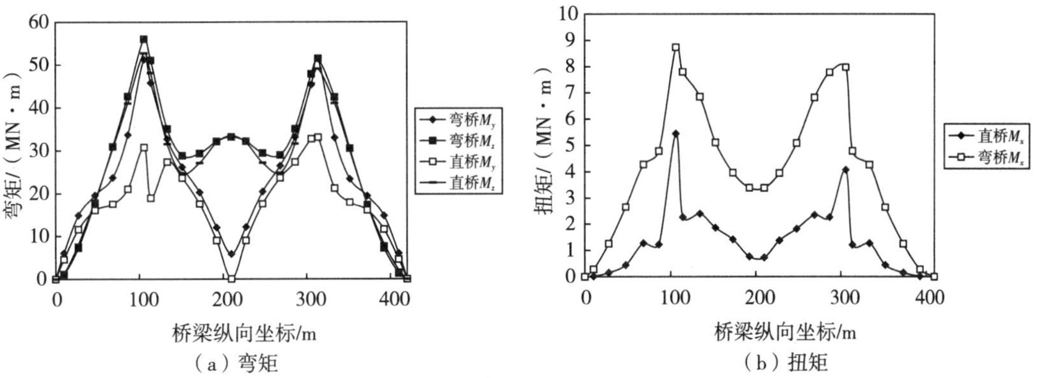

图 6－7　直线桥和曲线桥一致激励主梁地震响应

从图 6－7(a)可以看出，曲线桥主梁绕法向弯矩增大了，其中越靠近主墩增加幅度越大，左侧边跨根部弯矩增大幅度达 66%；绕切向弯矩增加幅度较小，左侧边跨根部弯矩仅增加 6%。另外从图 6－7(b)可以看到，相应于直线桥，曲线桥扭矩增加幅度较大，在沿桥梁的各个断面处均有较大程度的增加。可见，桥梁变"弯"对主梁内力响应影响较大，需进一步研究曲线桥和直线桥主梁在双向多点地震作用下的差异。表 6－7 和表 6－8 给出了 9 种激励工况下左侧边跨根部主梁绕法向弯矩 M_y 和绕切向弯矩 M_z 的值，表中的值均是相应一致激励工况下的值归一化后的结果。

表 6－7　多点激励下直线桥和曲线桥左侧边跨根部 M_y 对比

直线桥				曲线桥			
M_y	完全相干	中等相干	弱相干	M_y	完全相干	中等相干	弱相干
无穷大	1.00	1.13	1.34	无穷大	1.00	0.96	1.05
1000m/s	1.57	1.50	1.34	1000m/s	0.80	0.85	1.06
250m/s	1.56	1.50	1.32	250m/s	1.12	1.13	1.07

表 6－8　多点激励下直线桥和曲线桥左侧边跨根部 M_z 对比

直线桥				曲线桥			
M_z	完全相干	中等相干	弱相干	M_z	完全相干	中等相干	弱相干
无穷大	1.00	0.99	1.09	无穷大	1.00	1.00	1.09
1000m/s	1.01	1.01	1.09	1000m/s	1.03	1.03	1.10
250m/s	1.29	1.28	1.12	250m/s	1.26	1.25	1.13

从表 6－7 可以看出，考虑多点激励后，对直线桥而言，边跨根部绕法向弯矩值大大增加了，最大增幅达 56%；对于曲线桥影响稍小，边跨根部绕法向弯矩或增或减，最大增幅只有 13%。从表 6－8 可以看出，多点激励对于根部绕切向弯矩影响稍小，直线桥最大增

幅为29%，曲线桥最大增幅为26%。可见多点激励可以大大增加主梁的弯矩响应，对于主梁的受力来说是不利的。相比之下，直线桥由于初始弯矩值较小，所受影响更大。

表6-9给出了多点激励下直线桥和曲线桥中跨跨中扭矩在各个工况下的计算结果，同样给出归一化的结果。

表6-9　多点激励下直线桥和曲线桥中跨跨中扭矩 M_x 对比

直线桥				曲线桥			
M_x	完全相干	中等相干	弱相干	M_x	完全相干	中等相干	弱相干
无穷大	1.00	1.46	7.18	无穷大	1.00	1.01	1.56
1000m/s	3.22	3.30	7.36	1000m/s	1.12	1.12	1.59
250m/s	8.82	8.83	9.36	250m/s	1.78	1.78	1.87

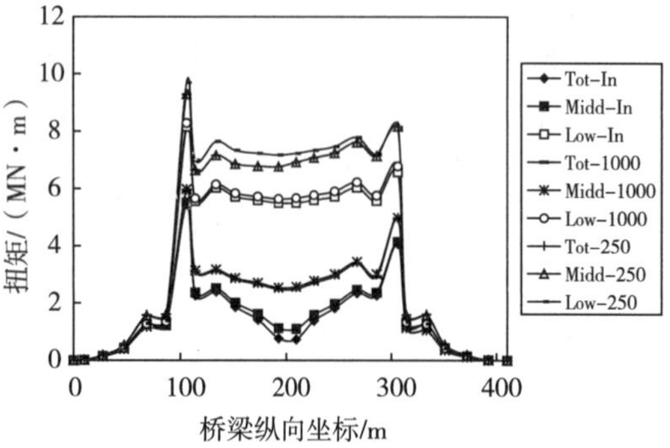

（a）直线桥

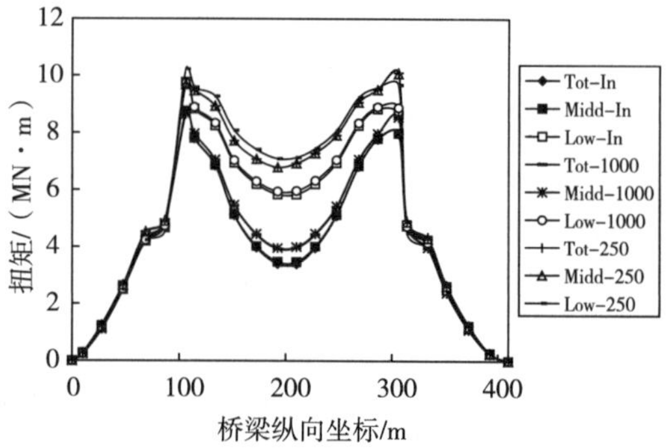

（b）曲线桥

图6-8　多点激励下直线桥和曲线桥主梁扭矩

图6-8给出了主梁扭矩沿桥梁长度的变化曲线。可以看出，多点激励下，无论是直线桥还是曲线桥，主梁内的扭矩均大大增加了，同样由于直线桥初始扭矩值较小，增加的幅度更明显。曲线桥跨中最大扭矩最多增加到一致激励时的1.87倍，而直线桥可增加到一致激励时的9.36倍。另外，可以观察到，考虑多点激励后，直线桥和曲线桥主梁内力差异变小。

综合以上研究结果，可见多维多点地震激励对主梁的地震响应是不利的，可较大地放大主梁的地震响应，尤其对主梁的扭矩放大作用很明显。另外，由于一致激励时，直线桥主梁受力幅值相对较小，直线桥相比于曲线桥受多点地震激励的影响更加显著。

6.3.3　竖向多点地震反应分析

目前对于高墩大跨连续刚构桥竖向多点地震反应分析的研究较少。竖向地震动作用下，主墩内产生较大的轴力，主墩内弯矩和剪力相对于水平地震动作用幅值较小，主梁内产生较大的绕法向的弯矩。竖向地震动相干函数同样取Luco-Wong相干函数，计算表6-3所示的9个工况，研究部分相干效应和行波效应对曲线连续刚构桥竖向多点地震反应的影响。

表 6-10 给出了竖向多点激励各个工况下 1 号墩柱底部轴力和左侧边跨根部绕法向弯矩的值，同样均以一致激励工况下的值进行归一化。图 6-9 给出了竖向多点激励下墩身轴力和主梁绕法向弯矩在仅考虑行波效应时，波速为无穷大、1000m/s 和 250m/s 三种工况下的变化曲线。从表 6-10 可以看出，无论是单独考虑行波效应、单独考虑部分相干效应还是同时考虑行波和部分相干效应，结构的地震响应均小于一致激励时的结果。可见一般情况下竖向多点地震激励无论是对主墩结构的响应还是主梁结构的响应均是有利的，可以不予考虑。

表 6-10　竖向多点激励下曲线桥地震响应

曲线桥墩底部轴力				曲线桥边跨根部弯矩			
F_x	完全相干	中等相干	弱相干	M_y	完全相干	中等相干	弱相干
无穷大	1.00	0.97	0.80	无穷大	1.00	0.98	0.76
1000m/s	0.93	0.93	0.81	1000m/s	0.77	0.78	0.76
250m/s	0.66	0.67	0.84	250m/s	0.78	0.75	0.77

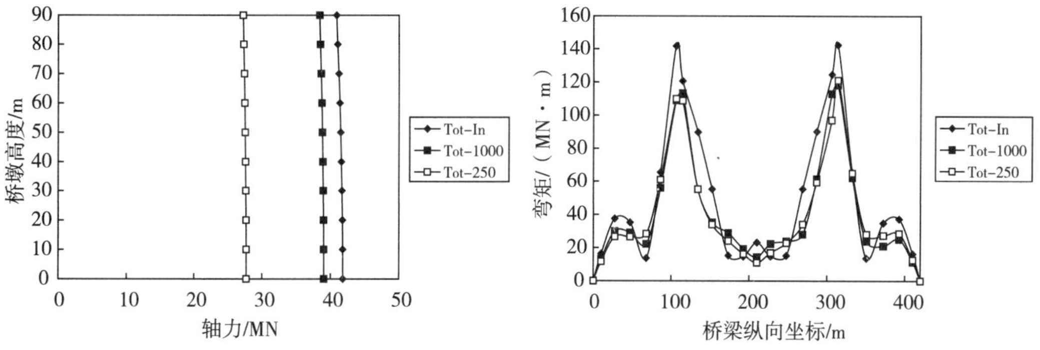

（a）墩身轴力　（b）主梁绕法向弯矩

图 6-9　竖向多点激励下曲线桥地震响应

6.3.4　多维多点地震动相干性影响分析

分析水平双向多点地震反应时，一般不考虑多点地震动同一点不同分量以及不同点不同分量之间的相干性对结构的影响。本节研究忽略这两种相干性对大跨曲线连续刚构桥地震响应可能造成的误差。研究时，同一点不同分量之间相干性分为 4 个等级，即 0、0.2、0.6、1；不同点不同分量之间的相干性同样分为 4 个等级，即 0、0.2、0.6、1，不同点不同分量之间行波效应因子的取法同不同点相同分量的取法。另外，在考虑不同点不同分量之间的相干性时，同时考虑了同一点不同分量之间相干性的影响。其余参数的取值如下，部分相干程度取弱相干，行波波速取 250m/s。表 6-11 给出了墩底绕法向弯矩和墩底绕切向弯矩在各个工况下的计算结果。表中，0.2、0.6、1.0 列指的是仅考虑同一点不同分量之间相干性的情况。0.2+0.2、0.6+0.6、1.0+1.0 列指的是同时考虑同一点不同分量和不同点不同分量相干性的影响。

表 6 - 11　不同相干程度下曲线桥地震响应　　（单位：MN · m）

响应量	0	0.2	0.2+0.2	0.6	0.6+0.6	1	1.0+1.0
墩底绕法向弯矩	24.51	25.25 (3.0%)	25.37 (0.5%)	26.68 (8.9%)	27.00 (1.2%)	28.03 (14.4%)	28.54 (1.8%)
墩底绕切向弯矩	31.64	31.07 (−1.8%)	30.89 (0.6%)	29.89 (−5.5%)	29.31 (−1.9%)	28.67 (−9.4%)	27.65 (−3.6%)

注：表中括号内数字 0.2、0.6、1.0 列为相比于相干程度为零时增加的百分比；0.2+0.2、0.6+0.6、1.0+1.0 列为分别相比于 0.2、0.6、1.0 列增加的百分比。

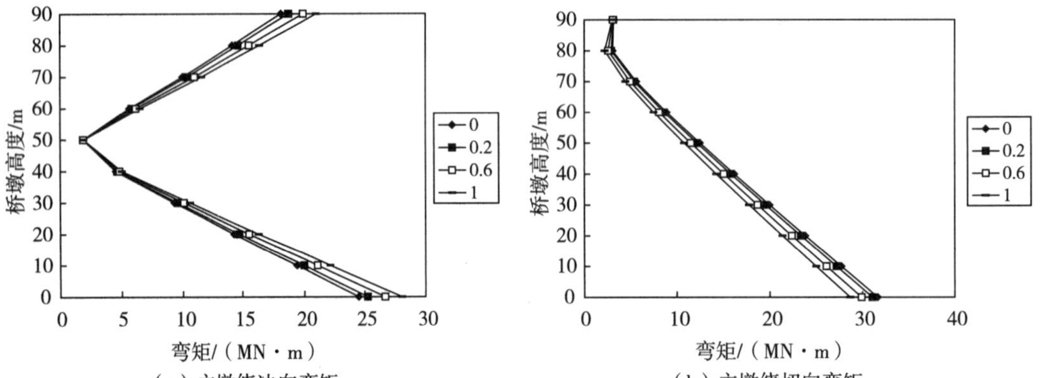

（a）主墩绕法向弯矩　（b）主墩绕切向弯矩

图 6 - 10　考虑同一点地震动不同分量相干性主墩响应

从图 6 - 10 可以看出，考虑同一点不同分量之间的相干性后，墩底绕法向弯矩均有不同程度的增长，当两水平地震动分量之间的相干系数为 1，即完全相干时，墩底绕法向弯矩增加幅度达 14.4%；而对于墩底绕切向弯矩，考虑同一点不同分量之间的相干性后，墩底绕切向弯矩呈现下降的趋势，完全相干时，减少幅度达 9.4%。可见并不一定是相干系数取得越高，计算结果就一定越保守，这种情况应引起研究者重视。

另外，观察到同时考虑同一点不同分量之间的相干性和不同点不同分量之间的相干性较仅考虑同一点不同分量之间的相干性增加的幅度并不明显，最大增幅不超过 1.8%。故为了简化起见，可以忽略不同点不同分量之间相干性的影响，仅考虑同一点不同分量之间的相干性进行分析。由第 2 章的研究结论可知，同一点地震动不同分量之间的相干系数可取[0，0.6]，为安全起见，在不考虑同一点不同分量之间相干性时，参照本书桥梁，可对结构响应乘以 10%左右的放大系数以保证结构的安全。

6.4　系梁设置影响

为了稳定性的需要，常常在高墩大跨径曲线连续刚构桥双薄壁墩墩身处设置系梁，本节探讨了系梁的设置对桥梁多维多点地震反应特性的影响。在两主墩墩高 30m 和

60m 处设置两道系梁，系梁的横截面如图 6－11 所示。

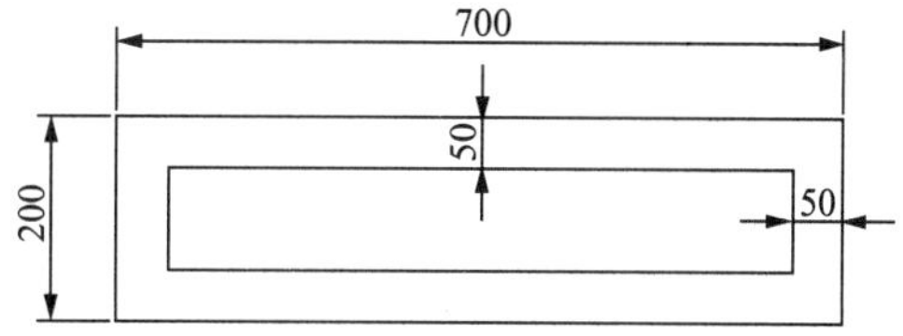

图 6－11　系梁截面(单位:cm)

观察表 6－2 所示曲线桥(带系梁)与不带系梁曲线桥的自振特性，可以看出设置系梁之后，第三和第四阶振型顺序发生交换。结构的纵向一阶振型频率大大增加了，由 0.24Hz 增加到 0.35Hz，增加幅度达 45.8%，横向振型影响不大。可见，设置系梁可大大增加结构的纵桥向刚度，而对横桥向刚度影响较小。

1. 对主墩的影响

同样首先研究一致激励下，设置系梁前后曲线桥桥墩墩身受力的变化情况。图 6－12给出了墩身顺桥向位移和横桥向位移以及墩身绕法向和切向弯矩在设置系梁前后的变化曲线。从图 6－12 可以看出，设置系梁之后墩顶的纵向位移和横向位移均有所减少，其中纵向位移减少 5%，横向位移减少 2%，但是墩底内力均有不同程度的增长，墩底绕法向弯矩增加 20%，绕切向弯矩增加 5%。可见设置系梁对于墩顶位移来说是有利的，对于墩底受力来说则是不利的。另外由图 6－12(b)可知，设置系梁之后，墩身绕法向弯矩在系梁设置高度 30m 和 60m 处有较大程度的增长，且系梁之间区域弯矩均大于未设置系梁之前的值。相比之下，墩身绕切向弯矩沿墩高的变化趋势并未发生明显的变化。

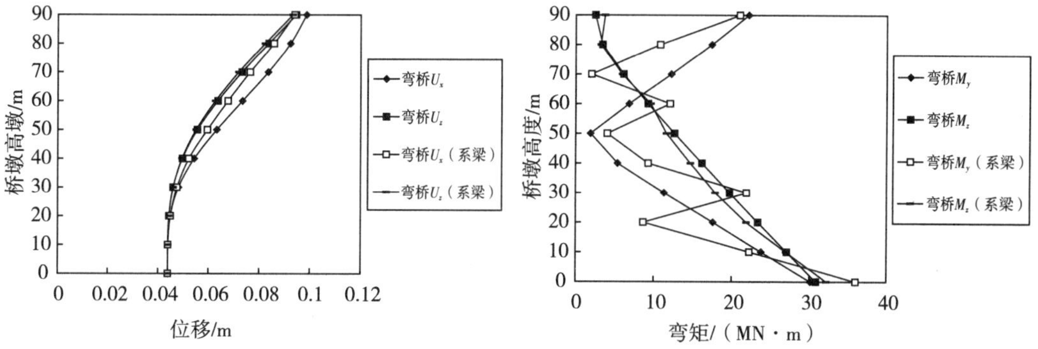

（a）位移　　（b）弯矩

图 6－12　曲线桥设系梁前后主墩地震响应对比

继续考察双向多点激励下，设置系梁前后曲线桥的地震反应，同样分析表 6－3 所示的 9 种工况。表 6－12 给出了设置系梁之后墩顶顺桥向位移 U_x 和横桥向位移 U_z 九种工况的结果，同样给出的是归一化的值。图 6－13 给出了墩身顺桥向位移以及墩身绕法向弯矩在仅考虑行波效应时沿桥墩高度的变化曲线。

从表 6－12 可以看出，与不带系梁曲线桥相似，带系梁曲线桥多点激励下墩顶顺桥向位移同样呈减少趋势，横桥向位移幅值同样变化较小。但是对比观察表 6－5 和表 6－6 中曲线桥的相应计算结果，可以看到带系梁曲线桥变化幅度更大，其中顺桥向位移最大减幅为 31%，而不带系梁减幅为 24%；横向位移增幅最大为 7%，而不带系梁增幅仅为 2%。

表 6-12 多点激励下曲线桥(带系梁)墩顶位移

曲线桥(带系梁)				曲线桥(带系梁)			
U_x	完全相干	中等相干	弱相干	U_z	完全相干	中等相干	弱相干
无穷大	1.00	1.00	0.83	无穷大	1.00	1.00	0.96
1000m/s	0.97	0.97	0.82	1000m/s	1.03	1.03	0.98
250m/s	0.69	0.70	0.75	250m/s	1.07	1.07	1.01

综上可以看出,一致激励下,设置系梁后墩顶位移减小,主墩墩底内力增大,对于主墩地震响应是偏不利的;多点激励下,系梁的设置并未明显改变曲线桥在多维多点激励下的响应特征,只是带系梁桥梁对主墩的顺桥向响应减小幅度更大,横桥向地震响应增加幅度同样稍大,但幅值仍旧较小。

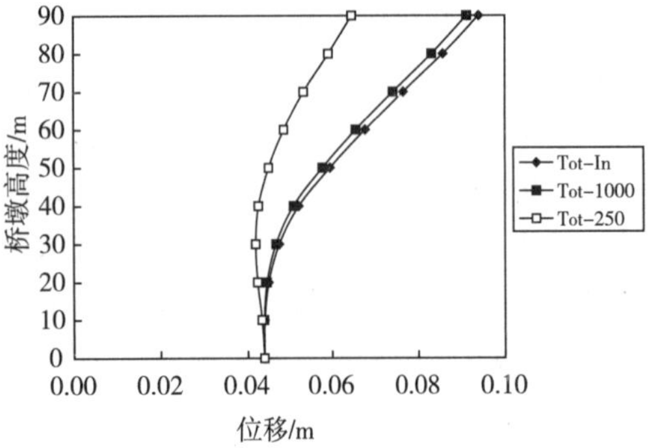

(a)纵向位移

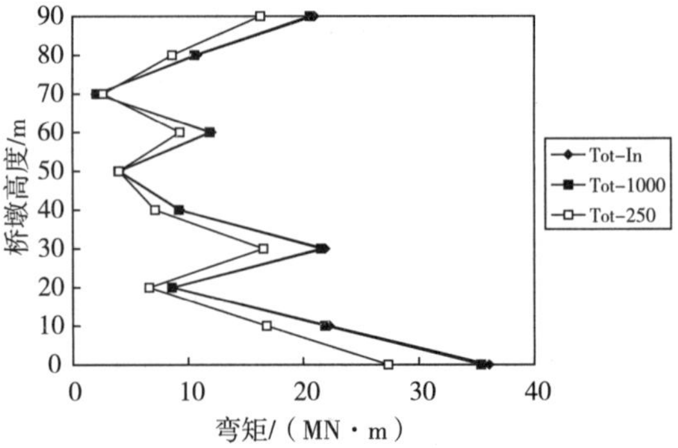

(b)绕法向弯矩

图 6-13 多点激励下曲线桥(带系梁)主墩地震响应

2. 对主梁的影响

考察系梁的设置对主梁地震响应的影响。首先研究一致激励下,设置系梁前后曲线桥主梁受力的变化情况。图 6-14 给出了设置系梁前后曲线桥主梁绕法向弯矩和绕切向弯矩沿桥长的变化曲线。可以看出,设置系梁之后,主梁的地震响应在大部分区域都有较大的提高,设置系梁对于主梁的地震响应来说是偏不利的。其中第一跨端部绕法向弯矩增加幅度可达到 37%,第二跨跨中绕切向弯矩增加幅值可达到 51%。

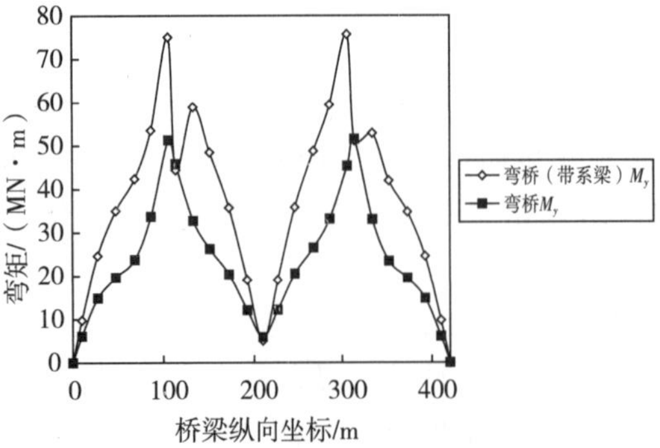

(a)绕法向弯矩

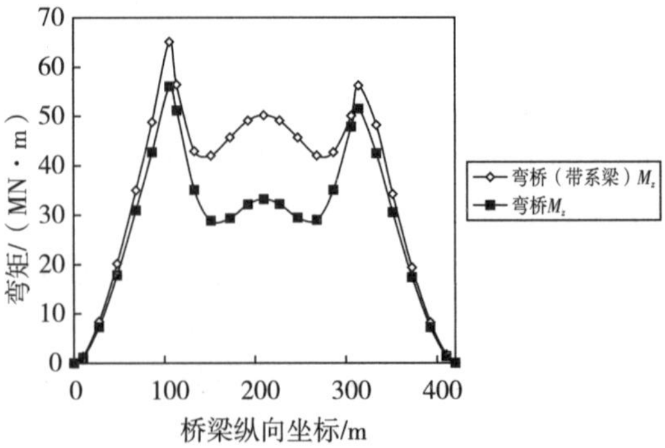

(b)绕切向弯矩

图 6-14 一致激励下设系梁前后曲线桥主梁地震响应对比

研究多维多点地震效应对主梁地震响应的影响。表 6－13 给出了设置系梁之后主梁左侧边跨根部绕切向弯矩以及跨中扭矩在 9 种工况下的计算结果，同样给出的是归一化的结果。图 6－15 给出了主梁绕切向弯矩 M_z 和主梁扭矩 M_x 沿着桥长的变化曲线。

表 6－13　多点激励下曲线桥（带系梁）主梁内力

曲线桥（带系梁）边跨根部绕切向弯矩				曲线桥（带系梁）跨中扭矩			
M_z	完全相干	中等相干	弱相干	M_x	完全相干	中等相干	弱相干
无穷大	1.00	1.00	1.07	无穷大	1.00	1.02	1.57
1000m/s	1.04	1.04	1.08	1000m/s	1.13	1.14	1.59
250m/s	1.22	1.21	1.11	250m/s	1.81	1.81	1.87

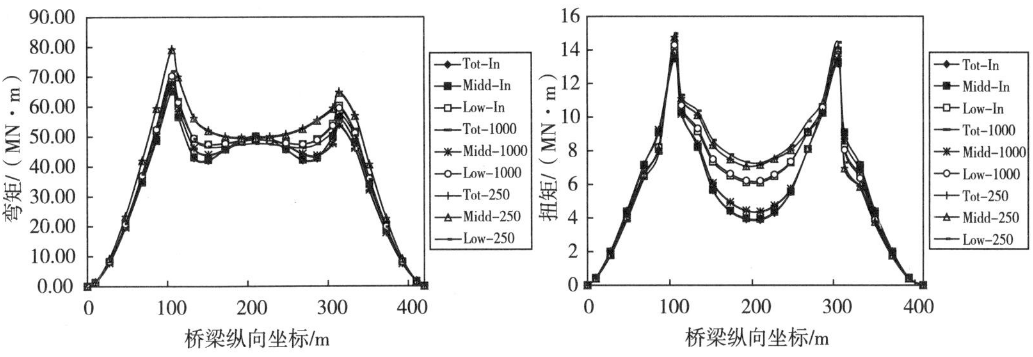

（a）绕切向弯矩　　（b）扭矩

图 6－15　多点激励下带系梁曲线桥主梁地震响应

由表 6－13 可以看出考虑多点激励后，边跨根部绕切向弯矩和中跨跨中扭矩都有不同程度的增长，多点激励对于主梁关键部位的内力可能是偏不利的。比较未带系梁曲线桥在多点激励下地震响应的结果，未发现明显的差别。

6.5　墩高影响

墩高是高墩大跨曲线连续刚构桥的一个非常重要的结构参数，为了反映其对桥梁多维多点地震反应特性的影响，取两双墩高均为 60m 薄壁墩，其余结构参数同原曲线桥，进行对比分析。

表 6－14 给出了墩高 60m 曲线桥的前十阶自振频率和相应的振型特征。由表 6－14，并对比分析表 6－2 所示 90m 墩高曲线桥的自振特性，可以看出桥墩变矮之后，墩身抗推刚度增大，桥梁的横向和纵向刚度都得到较大的提高，自振频率增加较大，其中第一阶横弯频率由 0.22Hz 增加到 0.31Hz，增加幅度达 41％；纵向一阶振型频率由 0.24Hz 增加到 0.43Hz，增加幅度达 80％；相对而言，对高阶振型影响相对较小。可见桥梁的振

动特性随着墩高的变化而变化显著。

表 6－14　墩高 60m 曲线桥自振特性

序号	频率(Hz)	振型特征	序号	频率(Hz)	振型特征
1	0.3098	体系一阶横弯	6	0.8044	体系对称竖弯
2	0.3308	体系二阶横弯	7	1.311	反对称竖弯
3	0.4080	体系三阶横弯	8	1.328	体系横弯
4	0.4295	体系纵飘	9	1.552	体系对称竖弯
5	0.7953	体系四阶横弯	10	2.079	反对称竖弯

1. 对主墩的影响

比较一致激励下墩高 60m 和墩高 90m 曲线桥墩身地震响应的差异。图 6－16 给出了墩顶位移和墩底弯矩的对比柱状图。从图 6－16 可以看出，由于墩高降低，桥墩抗推刚度增大，墩顶位移有一定程度的下降，其中纵向位移和横向位移分别下降 11％和 14％。而墩底部绕法向和切向弯矩分别上升 93％和 62％，可见，矮墩在地震作用下的响应大大增加，墩高对桥梁结构地震影响非常大。

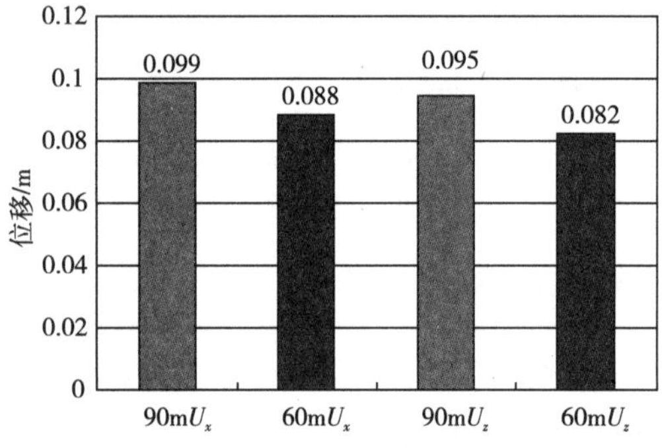

(a) 墩顶位移

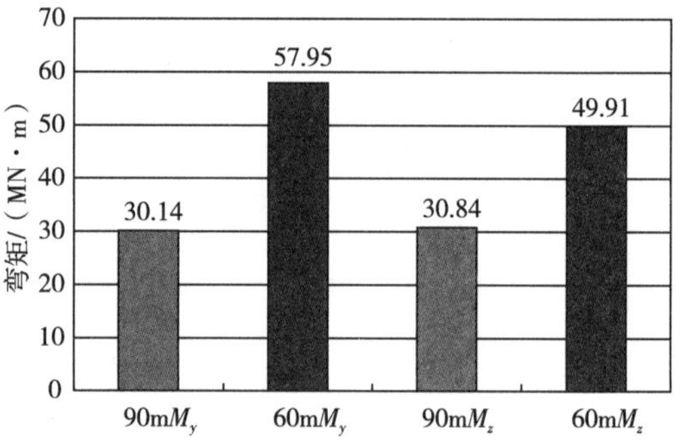

(b) 墩底弯矩

图 6－16　一致激励下墩高 90m 和 60m 曲线桥地震响应对比

继续考察双向多点激励下墩高 60m 曲线桥的地震反应特性，同样分析表 6－3 所示的 9 种工况下的情况。表 6－15 给出了墩高 60m 曲线桥墩顶顺桥向和横桥向位移 9 种工况下的计算结果，同样给出的都是将一致激励下的值归一化的结果。图 6－17 给出了墩身顺桥向位移以及墩身绕法向弯矩在仅考虑行波效应时沿桥墩高度的变化曲线。

从表 6－15 可以看出，考虑多点激励后，墩顶顺桥向位移呈递减的趋势，行波波速为 250m/s，完全相干时幅值减到最低，仅为一致激励时的 59％。同样可以观察到部分相干效应和行波效应的耦合特性，并不一定是相干程度越低且行波波速越小，结构响应就越小。同样横桥向位移随着多点激励参数变化幅值较小，可能增大也可能减小结构的响应，最大时增大 2％，最小时减小 8％。相比 90m 墩高曲线桥在多点激励下的响应，60m 墩高曲线桥墩顶顺桥向响应减小的幅值更大，90m 墩高曲线桥最大减小 24％，而 60m 墩高曲线桥最大减小 41％。横桥向响应同样变化稍大，减小的幅度变大了。

表 6－15　多点激励下曲线桥(墩高 60m)墩顶位移

曲线桥(墩高 60m)				曲线桥(墩高 60m)			
U_x	完全相干	中等相干	弱相干	U_z	完全相干	中等相干	弱相干
无穷大	1.00	0.99	0.80	无穷大	1.00	1.00	0.92
1000m/s	0.96	0.96	0.79	1000m/s	1.02	1.02	0.93
250m/s	0.59	0.61	0.73	250m/s	0.93	0.93	0.92

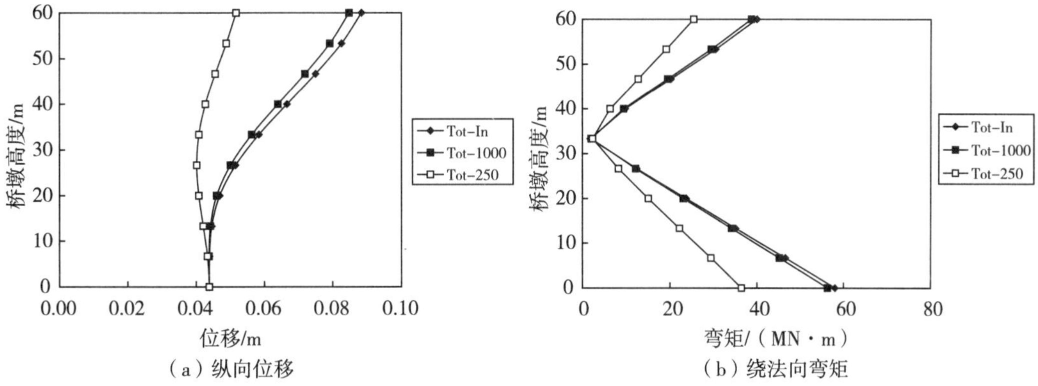

图 6－17　多点激励下曲线桥(墩高 60m)地震响应

2. 对主梁的影响

考察墩高的变化对主梁地震响应的影响。首先研究一致激励下，墩高 60m 和墩高 90m 曲线桥主梁受力的变化情况。图 6－18 给出了曲线桥墩高变化前后主梁绕法向弯矩、绕切向弯矩以及扭矩的变化曲线。

由图 6－18 可以看出，桥墩变矮之后，主梁的地震响应，无论是主梁弯矩还是扭矩响应均有不同程度的增长。其中对于中跨跨中绕切向弯矩，60m 墩高曲线桥是 90m 墩高曲线桥的 2.2 倍，其他部位内力也有不同程度增长；对扭矩而言，墩顶附近单元的扭矩受到的影响较大，60m 墩高曲线桥可达到 90m 墩高曲线桥的 2.1 倍。可见墩高的降低可以极大地放大主梁的地震响应，应引起重视。

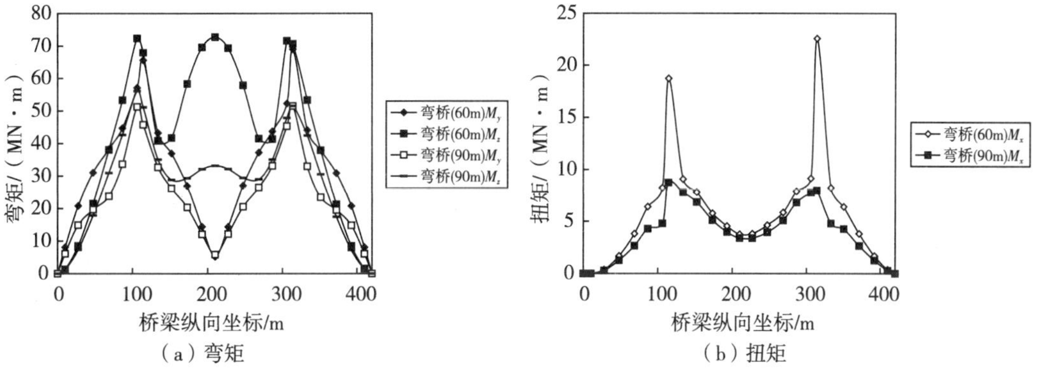

图 6－18　一致激励下墩高 60m 和 90m 曲线桥主梁地震响应

研究多维多点地震效应对主梁地震响应的影响。表 6－16 给出了墩高 60m 曲线桥边跨根部绕切向弯矩及中跨跨中扭矩 9 种工况下的计算结果，同样给出的是归一化的值。图 6－19 给出了 9 个工况下主梁绕切向弯矩和扭矩沿着桥长的变化曲线。

表 6－16　多点激励下曲线桥(墩高 60m)主梁内力

曲线桥边跨根部绕切向弯矩(墩高 60m)				曲线桥中跨跨中扭矩(墩高 60m)			
M_z	完全相干	中等相干	弱相干	M_x	完全相干	中等相干	弱相干
无穷大	1.00	1.01	1.39	无穷大	1.00	1.05	2.08
1000m/s	1.11	1.12	1.40	1000m/s	1.23	1.25	2.09
250m/s	1.62	1.61	1.51	250m/s	2.42	2.41	2.38

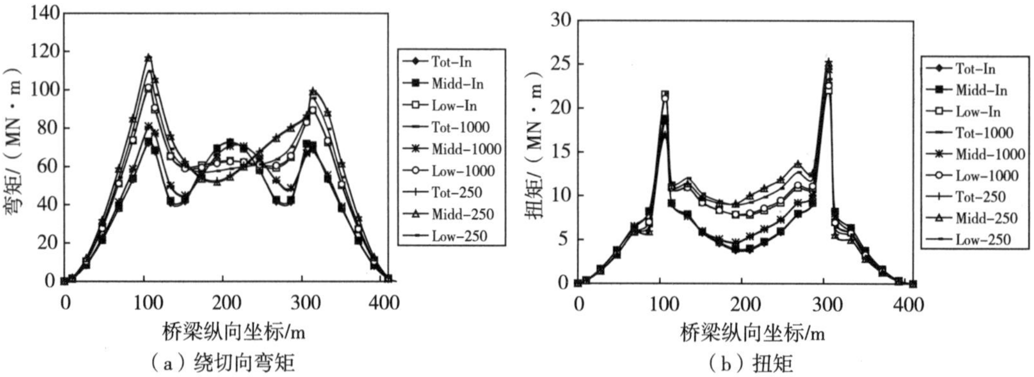

图 6－19　多点激励下曲线桥(墩高 60m)主梁地震响应

由以上可以看出，考虑多点激励后，主梁扭矩和绕切向弯矩均有不同程度的增长，多点激励对于主梁的地震响应是偏不利的。主梁绕切向弯矩最大增幅达 62%，主梁跨中扭矩最大增幅达到 142%。对比表 6－8 和表 6－9 墩高 90m 桥梁的计算结果，可以看出墩高 60m 桥梁在多点激励下对主梁影响更大，更为不利。

6.6　跨数影响

构造四跨曲线连续刚构桥，跨径布置 110m＋200m＋200m＋110m，研究桥梁跨数的变化对桥梁多维多点地震反应特性的影响，桥梁曲率半径保持不变，仍然取 300m，只是中间增加一跨，其余结构参数同原曲线桥。图 6－20 给出了四跨桥结点编号示意图。

表 6－17 给出了四跨曲线连续刚构桥的前十阶自振频率和相应的振型特征。对比分析表 6－2 所示三跨曲线桥的自振特性，可以看出跨数增加后，桥梁前几阶频率略有增加，但是高阶频率下降较明显。总体上说，跨数增加之后，结构体系变柔了。

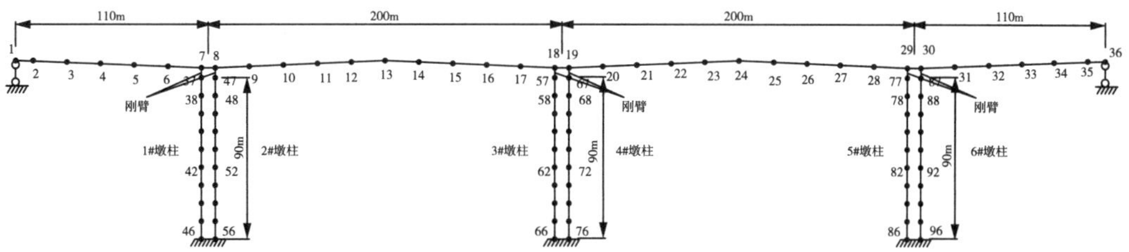

图 6－20　四跨高墩曲线连续刚构桥结点编号

表 6－17　四跨曲线桥自振特性

序号	频率(Hz)	振型特征	序号	频率(Hz)	振型特征
1	0.2213	体系一阶横弯	6	0.6047	体系横弯
2	0.2242	体系二阶横弯	7	0.6530	体系竖弯
3	0.2411	体系三阶横弯	8	0.8315	体系对称竖弯
4	0.2414	体系一阶纵飘	9	0.9508	体系横弯
5	0.3422	体系四阶横弯	10	1.2207	体系竖弯

1. 对主墩的影响

同样首先研究一致激励下，三跨和四跨曲线桥桥墩墩身受力的变化情况。四跨曲线桥同样以 1 号墩柱墩身的地震响应为例进行说明。

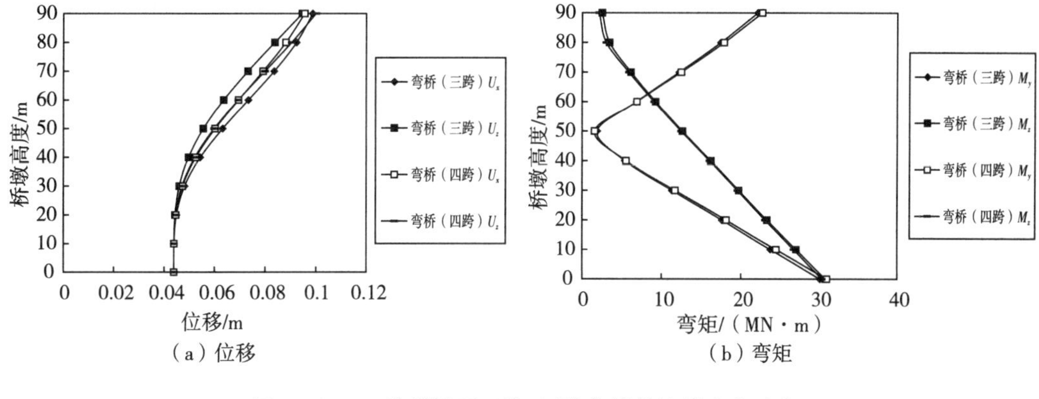

（a）位移　（b）弯矩

图 6－21　一致激励下三跨、四跨曲线桥地震响应对比

图 6－21 给出了三跨、四跨曲线桥桥墩墩身顺桥向和横桥向位移以及墩身绕法向和切向弯矩的对比曲线。可以看出跨数变多之后，墩身位移和内力均无明显的变化，桥墩的受力对于跨数不敏感。

研究多维多点激励对于四跨曲线连续刚构桥主墩地震响应的影响规律。表 6－18 和表 6－19 给出了墩顶顺桥向和横桥向位移以及墩底绕法向和绕切向弯矩在各个工况下的值，同样给出一致激励归一化的结果。图 6－22 给出了只考虑行波效应时，行波波速为无穷大、1000m/s 以及 250m/s 时，墩身顺桥向位移和绕法向弯矩沿墩高的变化曲线。

表 6－18　多点激励下四跨曲线桥墩顶位移

曲线桥(四跨)				曲线桥(四跨)			
U_x	完全相干	中等相干	弱相干	U_z	完全相干	中等相干	弱相干
无穷大	1.00	0.99	0.82	无穷大	1.00	1.00	0.94
1000m/s	0.95	0.95	0.81	1000m/s	0.99	0.99	0.94
250m/s	0.67	0.68	0.71	250m/s	0.91	0.91	0.90

表 6－19　多点激励下四跨曲线桥墩底内力

曲线桥(四跨)				曲线桥(四跨)			
M_y	完全相干	中等相干	弱相干	M_z	完全相干	中等相干	弱相干
无穷大	1.00	1.00	0.87	无穷大	1.00	1.00	0.89
1000m/s	0.98	0.97	0.88	1000m/s	1.00	1.00	0.95
250m/s	0.79	0.78	0.78	250m/s	0.94	0.94	0.87

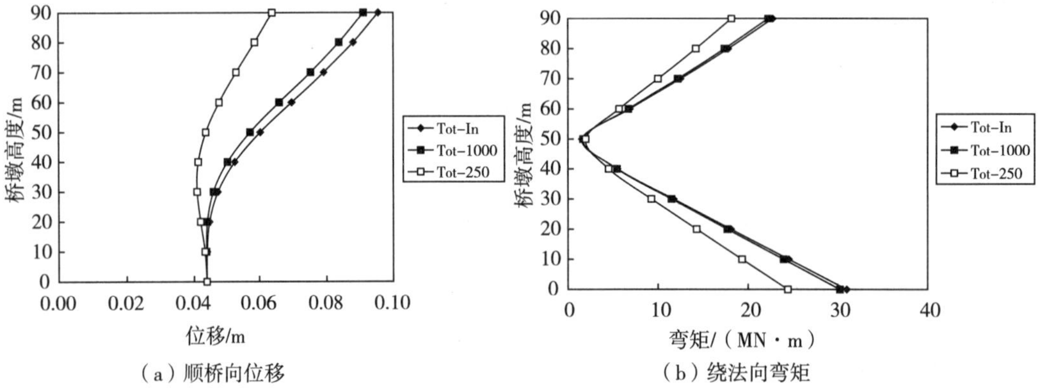

图 6－22　多点激励下曲线桥(四跨)地震响应

由以上可以看出,多点激励对桥墩顺桥向和横桥向位移,以及绕法向和绕切向弯矩均是有利的,其中顺桥向反应减小幅值更大,顺桥向位移仅考虑 250m/s 行波波速时,减小为一致激励时的 67%。波速为 250m/s,且为弱相干程度时,横桥向位移减小为一致激励时的 90%。比较多点激励时三跨曲线桥主墩地震响应的差异,可看到,无论是顺桥向地震响应还是横桥向地震响应,四跨曲线桥减小幅度更大,多点激励对四跨桥桥墩地震响应同样是有利的。

2. 对主梁的影响

考察跨数变化之后主梁受力的变化情况。表 6－20 给出了三跨和四跨桥梁第一跨(即边跨根部)弯矩和扭矩的对比情况。可以看出,对于主梁边跨根部绕法向和切向弯矩,四跨曲线桥的值均小于三跨曲线桥的值,但是对于主梁的扭矩,四跨曲线桥的值则远远大于三跨曲线桥的值,如图 6－23 所示。

表 6-20　一致激励下三跨、四跨曲线桥主梁内力对比

响应量	曲线桥（三跨）	曲线桥（四跨）	相差百分比
边跨根部 M_x（MN·m）	8.74	12.53	43.4%
边跨根部 M_y（MN·m）	51.28	37.66	−26.6%
边跨根部 M_z（MN·m）	56.07	47.57	−16.2%

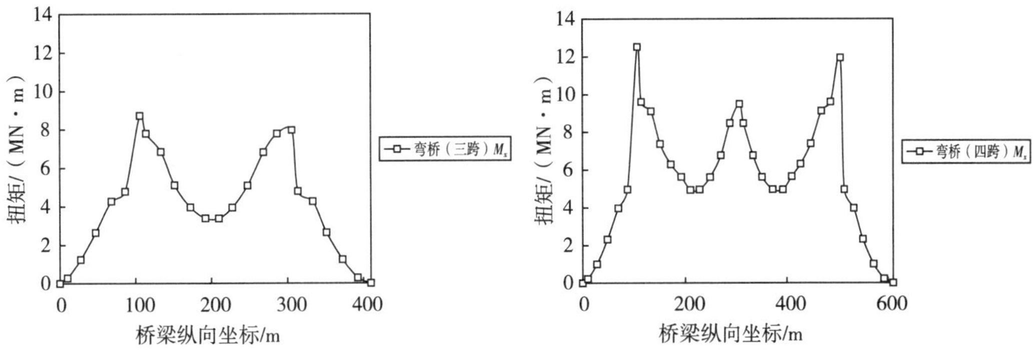

（a）三跨　　（b）四跨

图 6-23　一致激励下三跨、四跨曲线桥主梁扭矩对比

研究多维多点激励下四跨曲线桥主梁受力的变化情况。表 6-21 给出了边跨根部绕切向弯矩和四跨桥第三跨跨中扭矩在 9 个工况下的归一化值。图 6-24 给出了四跨曲线桥主梁绕切向弯矩以及扭矩沿桥长的变化曲线。

表 6-21　多点激励下曲线桥（四跨）主梁内力

曲线桥边跨根部弯矩（四跨）				曲线桥第三跨跨中扭矩（四跨）			
M_z	完全相干	中等相干	弱相干	M_x	完全相干	中等相干	弱相干
无穷大	1.00	1.01	1.26	无穷大	1.00	1.01	1.27
1000m/s	1.03	1.04	1.24	1000m/s	1.21	1.21	1.32
250m/s	1.36	1.36	1.23	250m/s	1.69	1.67	1.44

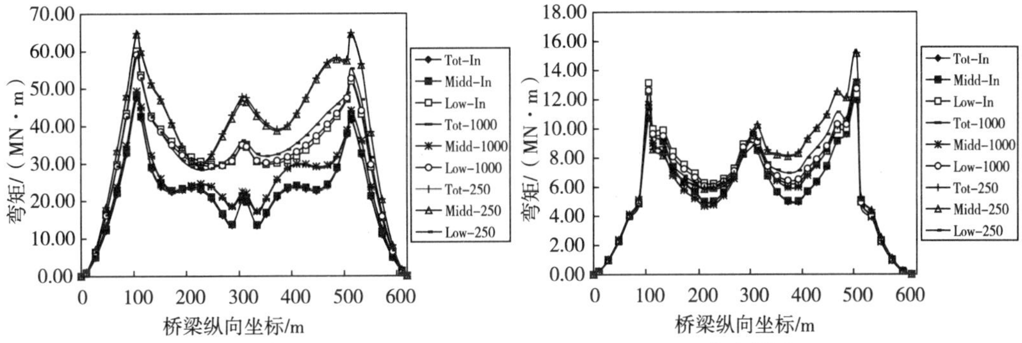

（a）绕切向弯矩　　（b）扭矩

图 6-24　多点激励下曲线桥（四跨）主梁地震响应

可以看出，考虑多点激励后，主梁扭矩和绕切向弯矩均有不同程度的增长，多点激励对于四跨桥主梁的地震响应同样是偏不利的。主梁边跨根部绕切向弯矩最大增幅达36%，主梁跨中扭矩最大增幅达69%。对比分析三跨曲线桥多点激励下的地震响应，并未发现明显的差别，对于四跨曲线桥的主梁受力来说，同样应该考虑多点激励的影响。

6.7 本章小结

本章一方面对高墩大跨径曲线连续刚构桥和高墩大跨径直线连续刚构桥在多维多点地震激励下的响应特征进行对比分析，研究了“弯”对高墩大跨连续刚构桥抗震性能造成的影响；另一方面，深入分析了横系梁的设置、桥墩高度、桥梁跨数等敏感参数对桥梁抗震性能的影响。研究结果表明：

(1)本书所分析的曲率半径为300m的高墩大跨曲线连续刚构桥，与直线桥相比，桥墩受力相差不大，但主梁内力有较大程度的增长。由此可见，“弯”主要影响主梁的地震响应。

(2)无论是直线桥还是曲线桥，多点激励(包括行波效应和部分相干效应)对于桥墩的受力是有利的，但可极大地放大主梁的内力。两者在多点激励下对于桥墩地震响应没有明显差别；对于主梁，直线桥放大作用更为明显。一致激励时，曲线桥主梁地震响应相应于直线桥要大得多，因此考虑多点激励后，直线桥和曲线桥主梁内力响应的差异缩小。

(3)竖向多点地震激励对于高墩大跨曲线连续刚构桥的主墩和主梁的地震响应一般均是有利的，可不予考虑。

(4)分析双向水平多点地震反应时，考虑同一点地震动不同分量和不同点不同分量之间的相干性可能增大也可能减少桥梁的地震响应，而且相干系数并不一定是取的值越大越保守。不同点不同分量之间的相干性相比于相同点不同分量之间相干性的影响相对较小，可以忽略。

(5)设置系梁使桥墩和主梁的地震响应均有一定程度的增长，但并未明显改变曲线桥在多维多点激励下的响应特征，同样多点激励对于主墩是有利的，而对主梁是不利的。

(6)墩高的改变对桥梁地震响应非常敏感，桥墩越矮，主墩和主梁的地震响应越大。矮墩桥梁在多维多点地震激励下同样对主墩有利(减小幅度更大)，对主梁不利(增加幅度更大)。

(7)跨数变化后，对于主墩响应并不敏感；对于可放大主梁的扭矩，跨数变化是不利的。多点激励对主墩受力有利，而对主梁不利，与三跨曲线桥相比并未发现明显差别。

根据以上研究成果，针对该类桥型，提出以下建议：

(1)鉴于桥梁地震破坏中，主梁一般很少被破坏，即使被破坏一般也是由下部结构的损伤造成的，因此对于控制高墩曲线连续刚构桥的桥墩截面的受力来说，当曲线刚构桥曲率半径较大时，可近似地按展开的直线桥进行抗震设计，不会造成太大的误差。本书桥梁曲率半径为300m，而常见高墩大跨连续刚构桥的曲率半径一般是大于300m的，故对绝大部分高墩大跨曲线连续刚构桥，该结论都是成立的。

(2)系梁的设置可放大主墩和主梁的地震响应，在满足稳定性的条件下，可不设或者少设置系梁，这样对桥梁地震响应更有利。

(3)墩高越高的桥梁，一般主墩和主梁的地震响应均越小，对抗震有利。因此，在桥墩较高的地方选用高墩大跨曲线连续刚构桥这种桥型可有效减少地震响应。

(4)跨数增加后并未明显改变主墩的受力。因此，并不一定是跨数越多，桥梁越长，对地震响应越不利。

(5)实际分析地震响应时，可不考虑行波效应和部分相干效应对桥梁主墩受力造成的影响；如果需要考虑主梁的受力，应该考虑行波效应和部分相干效应引起的放大效应。

第7章　曲线桥多维多点地震激励半主动控制

1971年,美国一座曲线桥梁在San Fernando地震中倒塌以后,人们开始关注曲线桥梁的抗震设计问题。曲线桥的平面不规则性导致了弯扭耦合效应,这使得其地震响应更加复杂。目前针对普通梁式直线桥梁,已经提出了多种减震控制方法。阎石等提出利用磁流变阻尼器对隔震高架桥进行半主动控制分析,史志利等同样利用磁流变阻尼器对连续刚构桥进行了控制分析。但是目前针对曲线桥的研究较少,亓兴军等提出了用压电摩擦阻尼器对曲线桥进行半主动控制。

地震动本质上是多维多点的。由于曲线桥地震动各个分量的耦合特性,应该考虑地震动的多个分量同时作用的情况;另外,波列传播速度的有限性和相干性的损失以及局部场地地质的不同等,都会导致各支承点地震激励出现显著差异。地震动的空间变化,即多点激励效应,不仅对大跨度桥梁影响十分显著,对于中小跨径的桥梁影响也十分重要。半主动变阻尼装置所需要的能源非常小,一般几十瓦就可以提供100～200吨的阻尼力,非常适合于对中等或者大跨径桥梁的控制分析。多维多点地震动效应,对附加控制装置桥梁的减震效果的影响已经开始引起国内外学者的关注,Caicedo等在大跨度斜拉桥地震振动控制的第二阶段的Benchmark模型中引入了可以考虑多维多点地震激励影响的分析模型,说明了地震多维多点激励在桥梁振动控制中的重要性。在国内,代泽兵采用Caicedo等提出的Benchmark基准模型研究了多点激励对斜拉桥半主动控制的影响;史志利、亓兴军等分析了行波效应对连续刚构桥半主动控制效果的影响,但是均仅仅考虑了一个方向的地震动。目前的研究主要集中在斜拉桥和大跨直线连续刚构桥,且同时考虑多维多点激励的研究较少。因此,针对曲线桥的受力特点,研究地震动多维多点作用效应对曲线桥半主动控制的影响就显得非常有必要。本书采用半主动变阻尼装置对曲线桥进行半主动控制,重点研究了地震动的多维多点,以及地震动的输入方向对减震效果的影响,为实现半主动变阻尼装置在曲线桥中的应用提供了理论依据。

7.1　多维多点地震激励半主动控制

7.1.1　运动方程

采用集中质量矩阵,于不同位置安装了半主动变阻尼装置的曲线桥在多维多点地震激励下的运动方程为

$$\begin{bmatrix} \boldsymbol{M}_{ss} & \boldsymbol{0} \\ \boldsymbol{0} & \boldsymbol{M}_{bb} \end{bmatrix} \begin{Bmatrix} \ddot{\boldsymbol{X}}_s \\ \ddot{\boldsymbol{X}}_b \end{Bmatrix} + \begin{bmatrix} \boldsymbol{C}_{ss} & \boldsymbol{C}_{sb} \\ \boldsymbol{C}_{sb}^{T} & \boldsymbol{C}_{bb} \end{bmatrix} \begin{Bmatrix} \dot{\boldsymbol{X}}_s \\ \dot{\boldsymbol{X}}_b \end{Bmatrix} + \begin{bmatrix} \boldsymbol{K}_{ss} & \boldsymbol{K}_{sb} \\ \boldsymbol{K}_{sb}^{T} & \boldsymbol{K}_{bb} \end{bmatrix} \begin{Bmatrix} \boldsymbol{X}_s \\ \boldsymbol{X}_b \end{Bmatrix} = \begin{Bmatrix} \boldsymbol{EU} \\ \boldsymbol{P}_b \end{Bmatrix} \tag{7-1}$$

式(7－1)中，下标 s 和 b 分别代表结构和地基；上标 T 表示矩阵的转置；$\boldsymbol{M}_{ss}$、$\boldsymbol{C}_{ss}$ 和 $\boldsymbol{K}_{ss}$ 分别为非约束自由度的质量、阻尼和刚度矩阵；$\boldsymbol{M}_{bb}$、$\boldsymbol{C}_{bb}$ 和 $\boldsymbol{K}_{bb}$ 分别为支承点自由度的质量、阻尼和刚度矩阵；$\boldsymbol{C}_{sb}$、$\boldsymbol{K}_{sb}$ 分别为这两组自由度耦合的阻尼和刚度矩阵；$\ddot{\boldsymbol{X}}_s$、$\dot{\boldsymbol{X}}_s$ 和 $\boldsymbol{X}_s$ 分别为非约束自由度的绝对加速度、速度和位移矢量；$\ddot{\boldsymbol{X}}_b$、$\dot{\boldsymbol{X}}_b$ 和 $\boldsymbol{X}_b$ 分别表示支承点自由度的加速度、速度和位移列向量；$\boldsymbol{E}$ 为半主动控制系统的控制力位置矩阵；$\boldsymbol{U}$ 为控制力矩阵；$\boldsymbol{P}_b$ 为支承反力向量。

结构的绝对位移 $\boldsymbol{X}_s$ 可以分解为拟静力位移 $\boldsymbol{X}_s^s$ 和动态相对位移 $\boldsymbol{X}_s^d$ 两部分：

$$\begin{Bmatrix} \boldsymbol{X}_s \\ \boldsymbol{X}_b \end{Bmatrix} = \begin{Bmatrix} \boldsymbol{X}_s^s \\ \boldsymbol{X}_b \end{Bmatrix} + \begin{Bmatrix} \boldsymbol{X}_s^d \\ \boldsymbol{0} \end{Bmatrix} \tag{7-2}$$

经过化简，结构自由度处的拟静力位移可以写成：

$$\boldsymbol{X}_s^s = -\boldsymbol{K}_{ss} - \boldsymbol{K}_{sb}\boldsymbol{X}_b = \boldsymbol{RX}_b \tag{7-3}$$

式(7－3)中，$\boldsymbol{R} = -\boldsymbol{K}_{ss} - \boldsymbol{K}_{sb}$，称为影响矩阵，其力学意义为由结构支承结点的单位静位移所引起的结构非支承结点的拟静力位移。

动态相对位移表示的运动方程可以写成：

$$\boldsymbol{M}_{ss}\ddot{\boldsymbol{X}}_s^d + \boldsymbol{C}_{ss}\dot{\boldsymbol{X}}_s^d + \boldsymbol{K}_{ss}\boldsymbol{X}_s^d = -\boldsymbol{M}_{ss}\boldsymbol{R}\ddot{\boldsymbol{X}}_b + \boldsymbol{EU} \tag{7-4}$$

由公式(7－3)可以求出拟静力位移 $\boldsymbol{X}_s^s$，由公式(7－4)可以求出动力位移 $\boldsymbol{X}_s^d$，相加即可以求出结构的绝对位移。由公式(7－3)和公式(7－4)可以看出，结构半主动控制可以控制的是结构的动态相对位移，而对于拟静力位移则无法控制。

7.1.2　半主动控制策略

令 $\boldsymbol{Z} = \begin{Bmatrix} \boldsymbol{X}_s^d \\ \dot{\boldsymbol{X}}_s^d \end{Bmatrix}$，将公式(7－4)写成状态方程的形式：

$$\dot{\boldsymbol{Z}}(t) = \boldsymbol{AZ}(t) + \boldsymbol{BU}(t) + \boldsymbol{H}\ddot{\boldsymbol{X}}_b(t) \tag{7-5}$$

式(7－5)中，$\boldsymbol{A} = \begin{bmatrix} \boldsymbol{O} & \boldsymbol{I} \\ -\boldsymbol{M}_{ss}^{-1}\boldsymbol{K}_{ss} & -\boldsymbol{M}_{ss}^{-1}\boldsymbol{C}_{ss} \end{bmatrix}$，$\boldsymbol{B} = \begin{bmatrix} \boldsymbol{0} \\ \boldsymbol{M}_{ss}^{-1}\boldsymbol{E} \end{bmatrix}$，$\boldsymbol{H} = \begin{bmatrix} \boldsymbol{0} \\ -\boldsymbol{R} \end{bmatrix}$。

采用全状态反馈的 LQR 经典最优控制算法，计算主动最优控制力，并使半主动控制最大控制力等于主动最优控制力。半主动变阻尼控制装置被动地依赖控制装置的相对变形来实现期望的控制力，只能实现阻止控制装置所在位置相对运动的控制力。

半主动控制力 $u_{is}(t)$ 和半主动控制阻尼力 $f_{id}(t)$ 满足下面的关系：$u_{is}(t) = -f_{id}(t)$，这里假定半主动阻尼器总是提供线性黏滞阻尼力，则 $f_{id}(t) = c_{id}\dot{y}_{is}(t)$，其中 c_{id} 是阻尼器的可变阻尼系数，$\dot{y}_{is}(t)$是结构半主动变阻尼控制系统相应于阻尼器所在位置的相对速度。半主动界限 Hrovat 最优控制算法（简称为 Semi）可以表示为

$$f_{id}=\begin{cases} f_{id\max} & (u_i\dot{y}_{is}<0 \text{ 且 } |u_i|>f_{id\max}) \\ |u_i|\operatorname{sgn}(\dot{y}_{is}) & (u_i\dot{y}_{is}<0 \text{ 且 } |u_i|<f_{id\max}) \\ f_{id\min} & (u_i\dot{y}_{is}\geqslant 0) \end{cases} \tag{7-6}$$

7.2 曲线桥算例

以某四跨曲线桥为例，跨径为 4×60m，曲率半径为 150m，主桥桥面宽 10m，主梁为单箱四室预应力混凝土连续箱梁，主墩为 1.8m×2.4m 的钢筋混凝土矩形墩，墩高 18.0m。桥梁的平面图和立面图如图 7-1(a)和(b)所示。桥墩墩底固结，桥台处仅竖向约束。在两端桥台部位设置半主动阻尼器，沿着切向和法向各设置一组阻尼器，阻尼器的布置示意如图 7-2 所示。

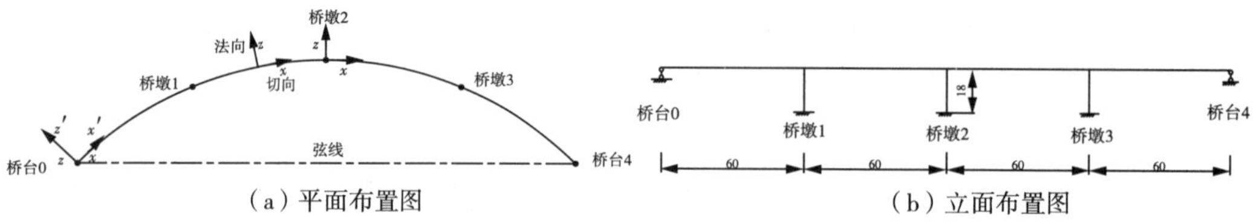

图 7-1 曲线桥总体布置图(单位:m)

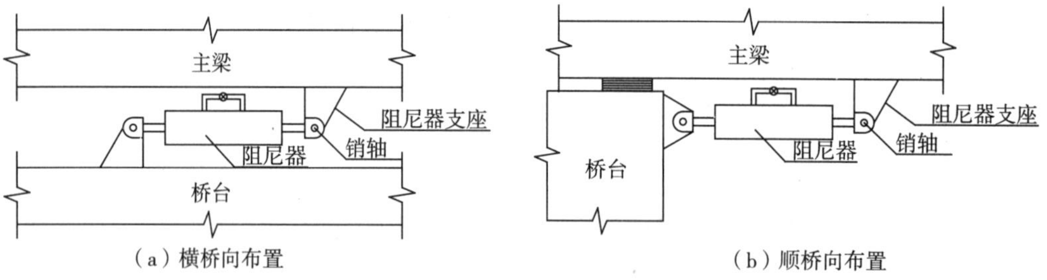

图 7-2 阻尼器布置示意

7.3 地震动输入

对于曲线桥来说，由于结构本身的不规则性，造成纵向和横向地面运动的相互耦合，应该考虑地震动的两个水平分量同时作用的情况。为简化起见，未考虑地震动的竖向分量，本节的多维地震动指的是两个水平地震动分量。以 El Centro 地震动两个水平分量

作为输入，考虑两种激励情况：

(1)双向一致激励。El Centro 地震动南北分量沿图 7-1(a)所示的桥台连线方向(即弦线方向)输入，东西分量垂直于南北分量输入，此时为 0°。然后两水平分量保持垂直，同时逆时针旋转角度，依次取 0°、30°、60°和 90°共四种输入角度。

(2)双向多点激励。两个地震动平动分量如情况(1)输入，假定地震动的传播方向与地震动南北分量相同，多点地震动仅考虑行波效应，即输入结构各个支承点的地震动波形相同，只是存在时间上的滞后，两个分量的行波波速均设为 300m/s。

7.4　结果分析

7.4.1　桥梁半主动变阻尼装置的参数设计

同时考虑两个水平地震动分量，设计半主动阻尼器的阻尼系数。桥梁的主梁和主墩均采用空间梁单元模拟，采用集中质量矩阵、瑞雷阻尼。控制计算采用 MATLAB 软件内的 SIMULINK 工具箱进行。采用主动最优控制 LQR 算法设计主动最优控制力。令权矩阵 $\boldsymbol{Q}=\alpha\begin{bmatrix}\boldsymbol{K} & \boldsymbol{0}\\ \boldsymbol{0} & \boldsymbol{M}\end{bmatrix}$，$\boldsymbol{R}=\beta I$，其中 $\alpha=100$，$\beta=6\times10^{-6}$，由此得到主动最优控制力的增益矩阵，进一步即可求解结构主动最优控制反应和最优控制力。为了与主动最优控制比较，设计结构的半主动变阻尼装置的最大阻尼力等于相应的最大主动阻尼力，并且假定结构半主动变阻尼控制与主动最优控制的控制效果相同，于是根据求得的桥梁各个控制装置的最大主动最优控制力及其相应的速度反应，可以得到结构各处半主动变阻尼装置的最大阻尼系数。经过计算，本书对各个桥台处的切向和法向的阻尼器的最大阻尼系数统一取为 9×10^{6} N·s/m，阻尼力可调倍数为 9，故最小阻尼系数统一取为1×10^{6}N·s/m。

为了直观地评价考虑多点激励或者加入控制装置后结构响应的变化情况，引入减震率的概念，其值根据桥梁地震反应的大小来定义：

$$J=\frac{|R^{u}(t)|_{\max}-|R^{c}(t)|_{\max}}{|R^{u}(t)|_{\max}}\times100\% \tag{7-7}$$

式(7-7)中，$R^{u}(t)$为无控结构一致激励下的地震响应；$R^{c}(t)$为考虑多点激励或设有阻尼器时的结构地震响应。

7.4.2　参数分析

由于曲线桥梁内力的复杂性，本将主墩 1 墩底内力和第二跨跨中内力的 6 个分量均作为地震反应结果输出，如表 7-1 所列。表中力的单位为 MN，弯矩的单位为MN·m。

表 7-1 中未给出曲线桥的位移反应，原因是一致激励下绝对位移可以分解为地面位移和相对位移之和，仅相对位移部分在结构中产生内力。而多点激励下绝对位移分为拟静力位移和动态相对位移两部分，两者均能在结构中产生内力，有控结构仅能控制动态相对位移部分，所以仅给出动态相对位移或者仅给出绝对位移的控制效果意义不大。

表 7-1　不同入射角下 El Centro 地震激励时桥梁最大响应比较

入射角	工况	桥墩 1 墩底内力						第二跨跨中主梁内力					
		F_x	F_y	F_z	M_x	M_y	M_z	F_x	F_y	F_z	M_x	M_y	M_z
0°	无控(一致)	1.03	2.64	2.78	4.58	27.89	45.74	1.18	0.67	0.57	5.36	7.14	54.44
	主动(一致)	27.7%	36.8%	48.6%	74.8%	48.7%	38.5%	−28.8%	39.5%	34.9%	66.0%	32.3%	57.6%
	无控(多点)	−25.5%	−24.4%	9.7%	3.2%	−2.6%	−18.5%	−79.6%	−35.6%	7.9%	9.3%	−0.1%	29.5%
	Semi(多点)	−0.2%	19.1%	21.8%	64.0%	7.2%	26.9%	−107.7%	−47.4%	35.5%	12.7%	0.3%	42.2%
	主动(多点)	0.2%	18.5%	22.4%	64.7%	7.7%	26.3%	−103.5%	−52.5%	34.8%	13.3%	0.2%	42.3%
30°	无控(一致)	1.38	2.87	2.69	4.57	29.00	48.25	1.40	0.70	0.46	5.48	6.18	56.35
	主动(一致)	49.9%	36.8%	43.8%	73.0%	45.8%	36.5%	−46.4%	43.3%	34.6%	61.2%	42.1%	62.7%
	无控(多点)	9.9%	−17.3%	−2.7%	−8.4%	−3.6%	−13.4%	−28.2%	−42.7%	5.0%	−4.4%	2.4%	22.1%
	Semi(多点)	35.8%	26.1%	24.9%	59.1%	22.3%	30.8%	−70.2%	−21.4%	34.0%	12.0%	15.2%	48.1%
	主动(多点)	37.3%	25.8%	24.8%	59.3%	21.9%	30.4%	−65.6%	−34.8%	34.8%	12.3%	14.2%	47.0%
60°	无控(一致)	1.57	2.47	3.46	3.48	36.35	41.80	1.44	0.58	0.57	4.25	7.58	45.00
	主动(一致)	50.3%	27.3%	43.0%	62.3%	44.6%	30.0%	−43.8%	32.4%	45.8%	50.9%	45.5%	52.3%
	无控(多点)	10.4%	−28.4%	13.9%	−20.9%	−0.5%	−25.7%	−46.4%	−102.3%	−4.4%	−29.5%	2.2%	11.2%
	Semi(多点)	24.1%	34.9%	43.8%	48.3%	31.3%	39.1%	−25.0%	−10.7%	31.3%	13.0%	13.8%	47.0%
	主动(多点)	27.7%	34.5%	43.6%	48.1%	31.7%	38.7%	−20.5%	−19.2%	33.7%	13.1%	14.5%	45.8%
90°	无控(一致)	1.51	2.14	3.96	3.91	40.84	33.66	1.28	0.51	0.73	4.49	8.74	49.96
	主动(一致)	46.6%	5.6%	41.2%	65.2%	41.9%	2.4%	−25.0%	28.6%	47.2%	51.7%	44.0%	57.0%
	无控(多点)	−11.1%	−41.4%	29.3%	−7.2%	15.2%	−49.6%	−63.4%	−135.0%	15.4%	−15.7%	3.0%	33.2%
	Semi(多点)	−2.1%	38.5%	42.6%	62.2%	38.3%	34.3%	−41.9%	−36.8%	28.7%	42.6%	−6.8%	62.2%
	主动(多点)	1.2%	36.4%	42.4%	60.8%	38.1%	32.1%	−42.3%	−38.8%	32.8%	42.9%	−8.6%	57.8%

注：对于主墩，F_x 为轴力，F_y 为法向剪力，F_z 为切向剪力，M_x 为扭矩，M_y 为绕法向弯矩，M_z 为绕切向弯矩；

对于主梁，F_x 为轴力，F_y 为法向剪力，F_z 为竖向剪力，M_x 为扭矩，M_y 为绕法向弯矩，M_z 为绕竖轴弯矩。

表 7-1 给出了 El Centro 地震波激励下，曲线桥在激励角度为 0°，30°，60°和 90°时的地震响应，每个角度分别计算了五种工况：

（1）双向一致激励下无控结构的地震响应，简称无控（一致）；

（2）双向一致激励下主动控制（LQR 算法）时的地震响应，简称主动（一致）；

（3）双向多点激励下无控结构的地震响应，简称无控（多点）；

（4）双向多点激励下半主动控制（界限 Hrovat 最优控制算法）的地震响应，简称 Semi（多点）；

(5)双向多点激励下主动控制(LQR 算法)的地震响应,简称主动(多点)。

其中工况 1 在表 7-1 中给出了实际响应值,而工况 2、工况 4 和工况 5 给出按公式(7-7)计算出的减震率,工况 3 同样按公式(7-7)进行计算,反映了桥梁考虑多点激励后的结构响应变化情况。

1. 桥梁主动和半主动控制效果比较

表 7-1 中,入射角 0°时主动(一致)的计算结果可以看出采用主动控制装置后,除了主梁轴力有所增大外,曲线桥墩底内力和主梁跨中内力绝大部分都得到了有效的控制,减震率在 27.7%至 74.8%之间。图 7-3 给出了多点激励下,半主动和主动控制下第二跨主梁跨中绕竖轴弯矩的变化情况。从图 7-3 可以看出,界限 Hrovat 控制算法与主动 LQR 控制算法下的弯矩时程曲线基本上重合,半主动控制算法可以很好地跟踪主动控制算法的减震效果,证明了界限 Hrovat 控制算法的有效性。观察表 7-1 中桥梁的其他地震响应可以得到类似的规律。

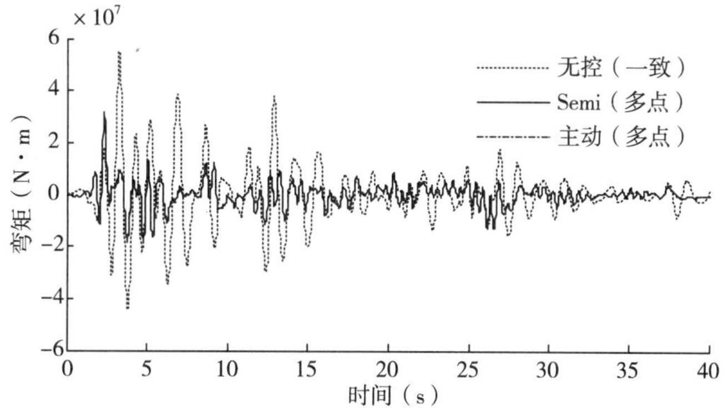

图 7-3　入射角 0°多点激励跨二跨中绕竖轴弯矩

2. 地震激励角度对控制效果的影响

(1)对无控结构的影响

由表 7-1 可以看出,多维地震激励的入射角不同时,曲线桥地震响应峰值出现的角度各不相同。如第二跨跨中主梁绕竖轴弯矩,以无控一致为例,激励角度为 30°时响应最大,而墩 1 底绕法向的弯矩 0°时最大。多点激励时也可以观察到类似的规律,即地震不同的反应量的最值对应着不同的最不利输入角度,可见曲线桥在多维多点激励下的地震响应与输入角度有很大的关系。

(2)对有控结构的影响

图 7-4 给出了墩 1 绕法向、切向以及第二跨跨中绕竖轴弯矩随激励角度的减震率变化情况。激励角度对减震率有一定的影响,但影响不大,虽然激励角度不同的结构地震响应的值相差较大,但是,对于绝大多数地震反应来说,采用本书设置的主动和半主动控制装置,对不同的激励角度均能够达到较好的效果。由此可见,只要设计参数合理,对不同角度的地震响应就可以达到较好的减震效果。

比较地震激励角度对无控和有控结构响应的影响情况,并未发现明显的差别,原因是采用控制装置只是对结构反应的峰值进行了消减,并未改变地震不同响应对应着不同激励角度的一般规律。

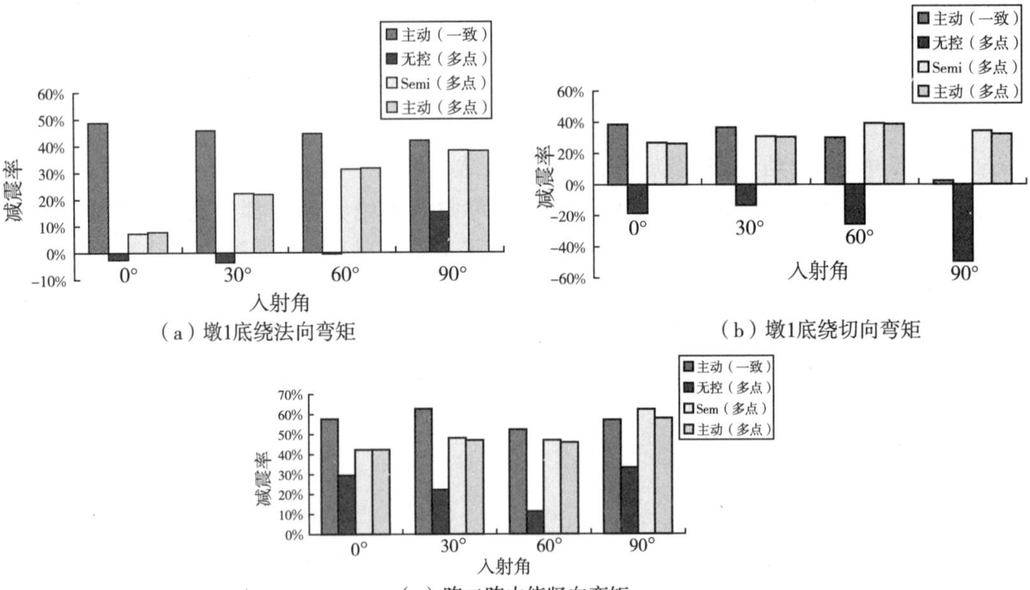

（a）墩1底绕法向弯矩　　（b）墩1底绕切向弯矩

（c）跨二跨中绕竖向弯矩

图 7-4　结构反应随入射角不同减震率比较

3. 多点激励对控制效果的影响

(1)对无控结构的影响

从图 7-4 所示的桥梁无控(多点)的减震率的变化情况可以看出,多点激励对地震响应的影响十分复杂,可能会增大也可能会减小结构的响应。在本书考虑的行波波速下,对于主墩的响应,考虑多点激励后响应大部分变大。如图 7-4(b)无控(多点)的柱状图所示,墩 1 绕切向的弯矩无论激励角度如何,考虑多点激励后,结构的响应均是大于一致激励的结果。而图 7-4(c)主梁绕竖轴的弯矩响应,无论激励角度多大,考虑多点激励后响应值变小。

(2)对有控结构的影响

本书半主动控制装置的参数是在地震动入射角为 0°且致激励下进行设计的,设计减震率为 27.7%至 74.8%,当考虑地震多点激励效应后,由表 7-1 可以看出 0°激励时,采用半主动和主动控制算法,结构大部分响应同样得到了有效控制,但是减震率出现了明显下降,在−0.2%至 64.7%之间,多点激励对减震效果的影响应引起重视。

由图 7-4(a)可以明显看出,随着激励角度的增加,考虑多点激励的半主动和主动控制算法的减震率逐步增加,这是因为地震激励的角度是与多点激励效应相互耦合的。由于本书中假设,地震动传播的方向与地震动南北分量相同,激励角度为 0°时,各墩之间的地震到来的时差是最大的,而 90°激励时,时差非常小,故随着角度的增加,多点激励的效应减小了,这也从一个侧面反映了多点地震激励对结构的影响是非常显著的,多点激励影响的大小与地震激励的角度关系很大。0°时多点激励对减震效果的影响最为显著。

另外,由公式(7-4)和公式(7-5)可以知道,对桥梁施加半主动控制装置时,只能控制桥梁地震响应的动力部分，而对其拟静力部分是无能为力的，这就给我们这样一个启示，对于具体结构和具体的地震输入情况，首先要判断拟静力成分和动力成分在结构地震响应分析中所占的比例，对于拟静力成分占比很高的结构，应该考虑采用其他的减隔震方式。图 7－5(a)和图 7－5(b)给出了无控多点激励下，墩 1 底部绕法线弯矩的总响应分别与动力响应部分和拟静力响应部分的对比曲线，图 7－5(c)则给出了动力响应部分控制前后的比较图，从图中我们可以看出，半主动变阻尼控制装置对动力响应部分减震率达到了 48%，由于拟静力部分在总响应中所占的比重较大，且不能被控制，因此，加上拟静力响应之后，总响应的减震率降低为 7.2%。

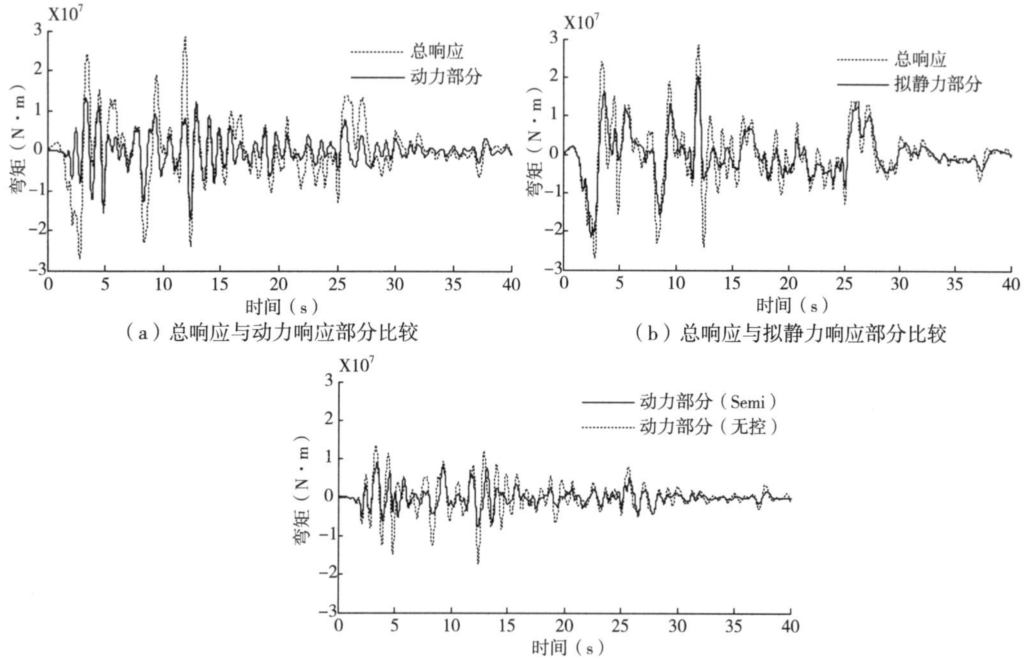

（a）总响应与动力响应部分比较

（b）总响应与拟静力响应部分比较

（c）动力部分控制前后比较

图 7－5　各部分地震响应比较

7.5　本章小结

本章通过对某四跨曲线桥设置半主动变阻尼装置进行了参数分析，重点探讨了在曲线桥中设置半主动变阻尼装置的可行性，以及多维多点地震激励和地震动输入角度对减震效果的影响，并比较了半主动控制和主动控制的减震效果，得出以下结论：

(1)半主动变阻尼装置对曲线桥的减震效果非常显著，采用界限 Hrovat 算法可以达到与主动控制相近的减震效果，可用于曲线桥的减震设计中。

(2)由于曲线桥平面形状的不规则性，在设计半主动变阻尼装置的参数时，应该同时考虑地震动的多个分量进行计算。

(3)地震动的输入角度对曲线桥的地震响应有很大影响,曲线桥地震响应的不同反应量对应着不同的地震输入的主方向。通过合理地设置半主动变阻尼装置的参数,对不同入射角的地震均能达到较好的减震率。另外应该注意到,曲线桥的地震动输入角度与行波效应的影响程度是相互影响的。当地震波传播方向沿着曲线桥的弦线时,行波效应的影响最大。所以设计半主动控制参数时,可以沿着弦线输入,同时考虑多维多点激励进行设计,以达到更好的减震效果。

(4)多点激励常常会增大曲线桥梁的某些部分的反应,在设计半主动变阻尼装置时应予重视。按一致激励假设设计的半主动变阻尼装置很可能达不到预期的减震率。半主动控制装置的减震效果与多点激励效应中动力成分在总响应中的比例有关,应该对各种结构形式和地震动参数下,拟静力和动力响应部分分别所占的比例进行研究,以更好地在曲线桥梁中设计运用半主动装置。

第8章　铅芯橡胶支座隔震桥梁多点地震反应分析

8.1　引言

传统的抗震设计是依靠增加结构自身的强度、变形能力等来抗震的，尽管通过适当选择塑性铰位置和细部构造设计可以防止结构的倒塌，但结构构件的损伤是不可避免的。与延性抗震设计相比，减隔震设计就是使结构与可能引起破坏的地震地面运动分离开来，这种分离是通过增加系统的柔性和提供适当的阻尼来实现的。桥梁结构采用减隔震设计，可以全面降低地震作用，提高桥梁结构的抗震安全性，在同等造价情况下，可获得比传统抗震设计更高的抗震性能。近年来，各国学者研究开发出多种隔震装置，其中铅芯橡胶支座(Lead Rubber Bearing，LRB)以其良好的隔震和耗能能力，以及它们既能支承上部主体结构重量，又能提供弹性恢复力的优点，被认为是进行桥梁隔震的较理想的装置，已在美国、日本、新西兰和意大利等国广泛地应用。一些隔震桥梁已在数次地震中表现出良好的抗震性能，进一步显示了桥梁隔震技术的优越性和广阔的发展前景。

目前，对于铅芯橡胶支座隔震桥梁多点激励的问题研究较少。国外Ates等利用随机振动法对一座装有摩擦摆隔震系统的公路桥梁进行了分析。国内江宜城等同样利用随机振动法研究了LRB隔震桥梁在空间地震动作用下的地震响应。但是利用非线性时程分析法对该类桥梁在同时考虑行波效应、不相干效应和局部场地土效应等空间变异性下的地震响应还比较少见，本章利用非线性时程分析法对上述三种因素下的多点激励效应进行了详细的研究，得出了一些有益的结论。

8.2　铅芯橡胶支座

铅芯橡胶支座是在普通橡胶支座的基础上插入铅芯而制成的。插入铅芯后，由于铅芯能够耗散结构地震响应的能量和增加静载下的水平刚度，因此在桥梁中得到广泛应用，如图8-1所示。铅金属具有较低的屈服剪切强度(约10MPa)、足够高的初始剪切刚度(约等于130MPa)，在剪切作用下，基本上呈现弹塑性特性并在塑性循环下具有良好的疲劳特性。铅芯橡胶支座在风荷载和制动力作用时具有显著的优点。由于铅芯的水平剪切响应基本呈理想弹塑性曲线，因此屈服后，铅芯橡胶支座的刚度将与普通橡胶支座相同。铅芯橡胶支座具有较好的滞回特性，其初始剪切刚度可以达到普通橡胶支座刚度的10倍以上，而屈服后刚度接近于普通橡胶支座刚度。由于铅芯橡胶支座构造比较简单，能够提供较大阻尼，可以单独作为桥梁减隔震支座使用，在新西兰、美国和日本被广泛用于桥梁和建筑物的减震、隔震。

铅芯橡胶支座由上连接板、上封板、铅芯、多层橡胶、加劲钢板、保护层橡胶、下封板和下连接板组成。多层橡胶、加劲钢板构成多层橡胶支座承担竖向承载力和水平位移的功能，铅芯在多层橡胶支座剪切变形时，靠塑性变形吸收能量，地震后，铅芯又通过动态恢复与再结晶过程，以及橡胶的剪切拉力作用，自动恢复原位。对应不同铅芯的要求，橡胶支座可以有不同的叠层结构、制造工艺和配方设计，以满足所需要的垂直刚度、侧向变形、阻尼、耐久性、抗倾覆等性能要求。

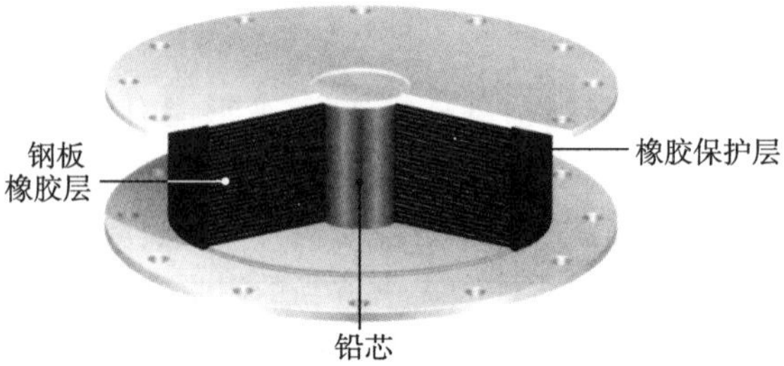

图 8-1　铅芯橡胶支座

图 8-2 给出了铅芯橡胶支座的滞回曲线。在非线性动力分析中，铅芯橡胶支座的恢复力模型常用双线性来表示。

铅芯橡胶支座还有一个特点，就是由温度、徐变等蠕变变形引起的支座抗力很低。图8-3是铅芯橡胶支座在地震作用与正常运营条件下由温度、制动力等产生支座抗力的比较示意图，从图中可知，尽管由于铅芯的存在，支座的初始刚度很大，但对于由温度、徐变等蠕变变形引起支座的抗力仍是比较低的，这为铅芯橡胶座在长跨应续梁桥中的应用提供了条件。

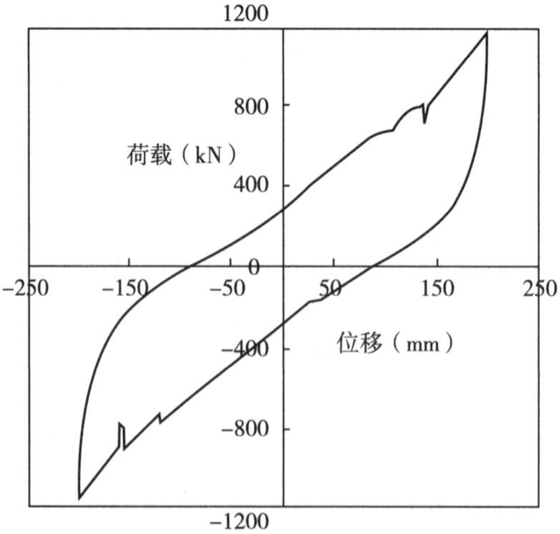

图 8-2　铅芯橡胶支座的滞回曲线

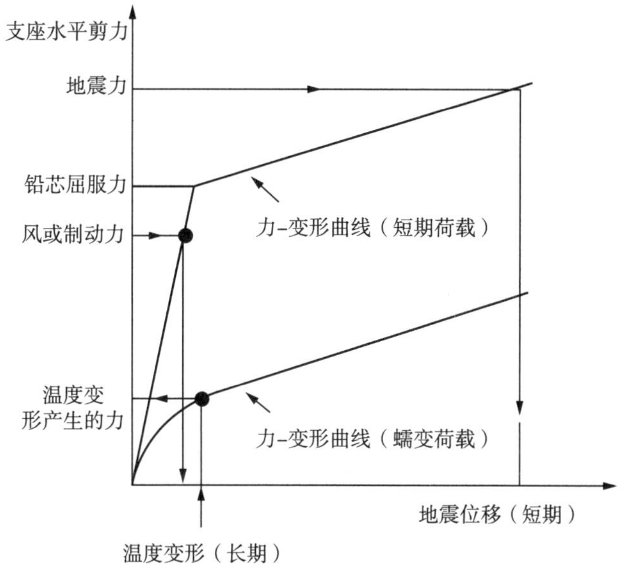

图 8-3　铅芯橡胶支座在不同荷载作用下的抗力比较

铅芯橡胶支座的缺点主要包括以下几个方面：

(1)重金属铅芯的污染。从 20 世纪 90 年代开始，日本已经逐渐用高阻尼橡胶支座代替铅芯橡胶支座，铅芯作为重金属，对人体、环境有一定的危害作用。

(2)耐久性。橡胶支座在工作期间，由于橡胶老化、徐变等都有可能对橡胶支座的力学性能产生不同程度的影响。相关试验表明，经过 60 年后，橡胶支座的水平刚度增加 10%～20%，水平极限变形降低 10%左右。

(3)耐火性。试验研究表明，在一般的火灾下，铅芯橡胶支座虽有一定的承载力，但支座外部有 10～20mm 的橡胶会受到影响，而且随着温度的升高，橡胶逐渐变软变柔，导致水平刚度变低。

(4)竖向承载力相对较小。试验研究结果表明，虽然铅芯橡胶支座中的钢板会对橡胶片的横向变形产生约束，使橡胶片内部处于三向受压状态，可以提高铅芯橡胶支座的竖向承载力，但随着竖向承载力的增大，对橡胶硫化质量和工艺要求相当高，对支座的性能影响也大，另外，相对于钢阻尼支座和摩擦摆支座其竖向承载力相对较小。

8.3　LRB 隔震连续桥梁计算模型

以某五跨 LRB 隔震连续桥梁为例进行分析。图 8-4 为该隔震桥梁的计算模式，该桥中跨均为 73.2m，边跨为 37.6m，墩高均为 24.4m。假设桥台为刚性，桥墩与地面刚性连接。梁体和桥墩离散为一系列的梁柱单元，在 4 个桥墩墩顶设置铅芯橡胶支座，恢复力模型采用双线性模型。

桥梁及铅芯橡胶支座特性见表 8-1。

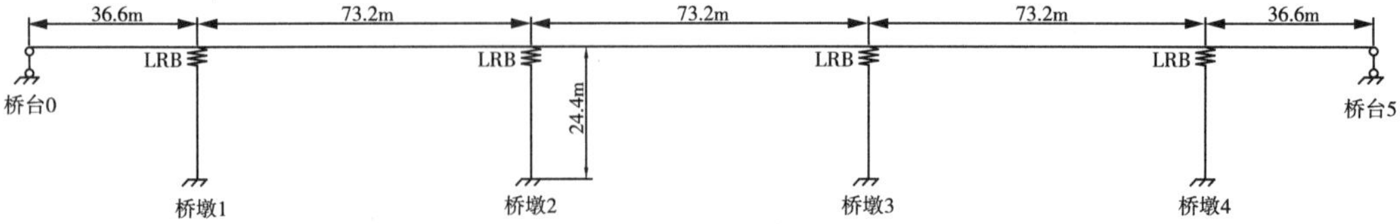

图 8-4　五跨 LRB 隔震连续梁桥计算模式

表 8-1　桥梁及铅芯橡胶支座特性参数

桥梁	主梁	桥墩	支座	桥墩处
截面积/m^2	6.7027	8.08	支座数量	2
惯性矩/m^4	7.0036	10.5	初始刚度/(kN/mm)	29.88
弹性模量/GPa	34.5	34.5	屈服后刚度/(kN/mm)	3.99
密度/(kN/m^3)	25	25	屈服力/kN	188

桥梁的动力特性见表 8-2。

表 8-2　桥梁动力特性

阶数	1	2	3	4	5
周期/s(未隔震)	1.05	0.91	0.70	0.60	0.55
周期/s(隔震)	2.12	1.39	0.79	0.69	0.61

8.4　地震动空间效应影响分析

为了考察行波效应、部分相干效应以及局部场地土条件对铅芯橡胶支座隔震桥梁地震响应的影响，分别考虑以下 7 种工况。分析时，假定视波速 $v=500$m/s，相干模型为 Harichandran 和 Vanmarcke 模型。其中，局部场地土条件前四种工况桥墩均位于Ⅰ类场地土。本桥多点地震动模拟时采用谐波叠加法，详细的算法、模拟所得的加速度以及位移时程曲线详见第 2 章，此处不再赘述。

(1)一致激励；

(2)只考虑行波效应的非一致激励；

(3)只考虑部分相干效应的非一致激励；

(4)同时考虑行波效应和部分相干效应的非一致激励；

(5)同时考虑三种因素影响的非一致激励(其中两边墩为Ⅰ类场地土，两中墩为Ⅱ类场地土)；

(6)同时考虑三种因素影响的非一致激励(其中两边墩为Ⅰ类场地土，两中墩为Ⅲ类场地土)；

(7)同时考虑三种因素影响的非一致激励(其中两边墩为Ⅰ类场地土，两中墩为Ⅳ类场地土)。

表 8－3 给出了工况 1 即一致激励时各墩墩底内力及支座剪力和位移值的峰值反应。

表 8－3　地震一致激励下结构的峰值反应

类别	桥墩 1	桥墩 2	桥墩 3	桥墩 4
墩底剪力/MN	2.74	2.74	2.74	2.74
墩底弯矩/(MN·m)	57.0	57.0	57.0	57.0
支座剪力/MN	1.77	1.77	1.77	1.77
支座位移/cm	18.1	18.1	18.1	18.1

从表 8－3 可以看出，一致激励时，各墩墩底剪力、墩底弯矩、支座剪力和支座位移的峰值均相同。以工况 1 计算结果为基准值，将各个工况地震动作用下结构的峰值反应除以工况 1 的计算结果，即可得到归一化的墩底剪力比值、墩底弯矩比值、墩顶支座剪力比值以及墩顶支座位移比值，如图 8－5 所示。

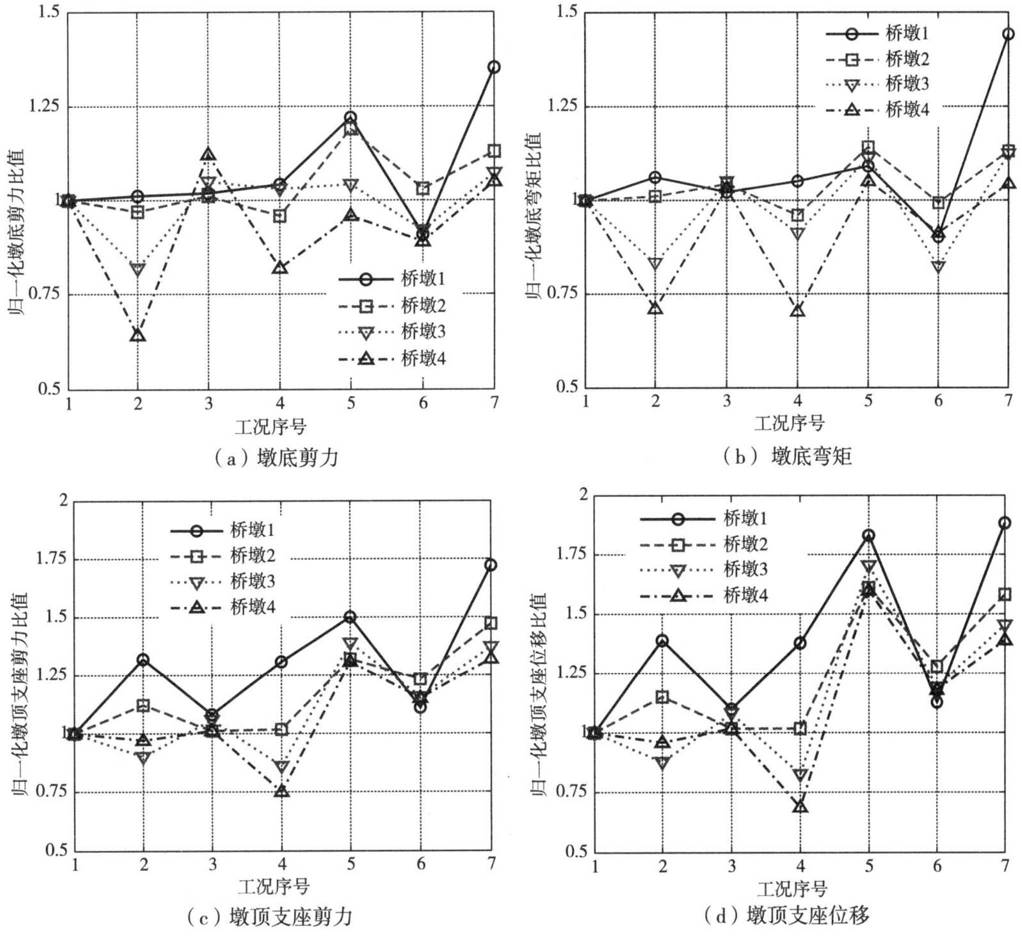

(a) 墩底剪力　(b) 墩底弯矩

(c) 墩顶支座剪力　(d) 墩顶支座位移

图 8－5　各工况桥梁地震反应比较

从以上各图可以看出，考虑地震地面运动空间变化后，即工况 2 至工况 7 下，各墩的受力以及各铅芯橡胶支座剪力和位移不再保持一致。另外，可以观察到以下现象：

(1)只考虑行波效应时，隔震桥梁各墩墩底的剪力和弯矩，有的增加，有的减少。通常情况下，地震波先到达的桥墩受力更不利，出现增加的可能性较大，而后到达的桥墩受力则较小；对于铅芯橡胶支座的剪力和位移基本满足相同的规律。

(2)仅考虑部分相干效应时，各墩受力及支座剪力和位移的峰值有一定程度的增加，幅度很小，故对本书所选取的参数，部分相干效应对桥梁的地震响应影响不大。

(3)同时考虑行波效应和部分相干效应时，由于部分相干效应影响不大，因此结构地震响应的变化规律与工况 2 类似。

(4)同时考虑局部场地土条件变化的影响时，即本节所讨论的工况 5、6、7，可以看出各墩局部场地土条件不同，对结构的响应影响较大，应该引起重视。一般情况下，各墩局部场地土条件差别越大，对结构的响应影响程度越大。其中，工况 7 出现时，墩 1 墩底的剪力增加了 35%，弯矩增加了 44%，支座位移增加了 88%，支座剪力增加了 72%。

8.5 本章小结

本章利用非线性时程分析法详细地研究了地震地面运动空间变化对 LRB 隔震桥梁的影响规律，结果表明：

(1)对 LRB 隔震桥梁进行一致地震激励分析会对结构的响应产生不安全的估计。多点激励时地震响应可能增加很大，从而达不到减震效果，另外支座变形过大可能会产生支座倾覆等隐患。

(2)对于 LRB 隔震桥梁，地震动的空间变化的各个因素对结构的影响程度不一，就本书所讨论的参数范围，地震动部分相干效应影响程度最小，行波效应影响次之，而局部场地土条件的不同，对于隔震桥梁的反应影响很大，一般情况下随着局部场地土差别的增大，影响程度增大。

(3)考虑地震地面运动空间变化时，桥梁各墩受力将变得不一致，在选择各墩墩顶隔震支座的参数时，应该考虑这些因素。

第9章　高铁矮塔斜拉桥多点地震动减隔震控制

9.1　引言

截至2018年底，我国高速铁路通车里程达到2.9万千米，位于世界第一。高速铁路建设仍在持续推进。高速铁路桥梁占比高，一般占线路总长40%左右，部分高速铁路甚至达到80%以上。我国国土广袤，高速铁路桥梁建设不可避免要穿越高烈度震区，此外，随着高速铁路建设向我国西部推进，高速铁路桥梁的抗震问题将更加突出。高速铁路桥梁对经济和社会发展作用巨大，其抗震安全至关重要。

矮塔斜拉桥又称为部分斜拉桥，其结构受力特性介于斜拉桥和连续梁桥之间。矮塔斜拉桥适用跨度为100～300m，其较大的刚度满足高速列车运营的需要，同时具有梁高较小、后期徐变变形小、造型美观且经济指标好等优点，在高速铁路大跨桥梁中受到了越来越多设计者的青睐。高铁矮塔斜拉桥相比公路矮塔斜拉桥又有其自身的特点：

首先是桥墩刚度大，为了满足列车在高速运行中的安全性和舒适性指标，桥墩尺寸较大，刚度大，但也导致结构地震力大以及延性抗震性能的降低。这个问题也是高铁桥梁抗震具有普遍性的问题。

其次，高铁矮塔斜拉桥主梁上采用无砟轨道，整体性好，由于无砟轨道与主梁之间的相互作用，改变了桥梁的动力特性，使高速铁路各联桥梁连续，形成一个弱耦合的连续结构。因此，桥梁抗震计算时，应计入无砟轨道-桥梁的相互作用。

最后，高铁矮塔斜拉桥的支承体系多样，减隔震设计刚处起步阶段。支承体系包括塔墩梁固结的刚构体系、塔梁固结及梁墩分离的连续梁体系以及刚构-连续梁协作体系等。近年来不同减隔震约束体系相继被提出并开始运用于高铁矮塔斜拉桥工程中。

理论研究和震害经验都表明，地震是复杂的多维多点运动。由于地震输入的复杂性，目前在开展高铁矮塔斜拉桥抗震设计或者减隔震设计时，一般仅分别考虑单个水平方向地震动的影响，且基于一致激励假设。上述做法不尽合理且缺少足够的论证，应当考虑多维多点地震动之间的联合作用。由于到达各个桥墩底部的地震动不同，可能增加梁墩相对位移或者地震内力响应，加大梁体碰撞和落梁等震害的发生概率。对于减隔震桥梁，若不考虑多点效应，还会造成减隔震装置设计参数的不准确，形成安全隐患。

目前，对于矮塔斜拉桥这种桥型在多维多点地震激励下的影响规律研究工作较少。李小珍等研究了行波效应对矮塔斜拉桥弹塑性地震响应的影响，并研究了竖向地震动以及水平地震动最不利方向的影响规律。研究表明：忽略行波效应可能造成对矮塔斜拉桥地震响应的严重低估，不能保证桥梁的安全性。对矮塔斜拉桥应考虑多维地震动激励，并考虑水平地震动最不利方向的影响规律。

国内外高铁桥梁常用的减隔震装置有铅芯橡胶隔震支座、摩擦摆式支座（双曲面球型减隔震支座）等各类支座，弹塑性钢阻尼器、黏滞阻尼器等各种被动耗能装置，以及改变结构地震受力体系的速度锁定器（Lock-up 装置）等装置。

吴国斌采用铅芯橡胶隔震支座对高速铁路桥梁进行了隔震研究。刘红绪研究了液体黏滞阻尼器在乌锡线黄河特大桥中的应用。郑晓龙分别研究了摩擦单摆支座和 E 型钢阻尼支座在高速铁路桥梁减震设计中的运用以及减隔震效果分析。刘洪占等在津秦客运专线高烈度震区下坞蓟运河特大桥主桥（48＋64＋80＋80＋48）m 刚构连续梁桥上采用速度锁定器，有效将桥墩地震力分配到各个桥墩，满足了抗震设计的需求。Li 等研究了加州高铁原型桥上采用减隔震装置的有效性及其优化设计。

针对矮塔斜拉桥的减隔震设计，陈兴冲等对比了矮塔斜拉桥的减震方案，研究表明黏滞阻尼器及 Lock-up 装置减震效果较好，滑动摩擦支座的减震效果次之。李明华开展了国道 110 线乌海黄河大桥主桥抗震设计，该桥为（120＋220＋120）m 中央索面矮塔斜拉桥，采用双曲面球型减隔震支座的方案，取得了很好的减震效果。高山等采用弹塑性钢减隔震支座对主跨（83＋140＋83）m 的双塔双索面预应力混凝土矮塔斜拉桥进行减隔震，取得了很好的减震效果。陈维等在多塔矮塔斜拉桥抗震设计时，采用主墩固结，其余桥墩设置滑动支座及横桥向设置弹塑性阻尼器的减震结构体系，取得了很好的效果。王雷等将钢阻尼装置应用于某矮塔斜拉桥横向减震，通过振动台试验，验证了抗震体系的有效性，认为合适的钢阻尼装置可以很好地提高矮塔斜拉桥的抗震性能。Kim D. 对矮塔斜拉桥采用铅芯橡胶支座隔震，取得了较好的效果。综合现有研究成果，高烈度震区的矮塔斜拉桥采用合理的减隔震措施后，可大大提高矮塔斜拉桥的抗震性能水准，有效地将塑性变形局限在支座等连接构件中，桥梁主体结构不发生损伤或者仅发生轻微损伤。

目前，从运用单一减隔震装置到将多种减隔震装置组合应用以获得更优的桥梁减震效果是一个重要发展趋势。张蓓雯进行了高烈度震区单线铁路大跨混凝土连续梁抗震设计。通过对多个抗震体系方案的分析对比，最终选择了 FPS 支座并联黏滞阻尼器的减隔震设计方案。李健宁、冯亚成等开展了液体黏滞阻尼器配合双曲面球型支座在大跨连续梁桥中的减隔震研究。研究结果表明黏滞阻尼器配合双曲面球型支座，减震效果好，且能很好地控制减隔震设计的位移。针对高速铁路桥梁的特点，研究者们提出支座功能分离抗震设计理念。孟兮等提出在高速铁路简支梁上采用减震榫，并与滑动支座一起组成一种新的减震支座系统。温留汉·黑沙等分别提出在高铁简支梁中采用竖向金属摩擦支座和水平向铅芯橡胶支座组成能成功分离的减隔震系统，以及采用双曲面球形减隔震支座与铅芯橡胶支座串联的减隔震系统，均取得了很好的减震效果。石岩等提出在近断层区高速铁路桥梁中采用减震榫与拉索限位器组合的高速铁路桥梁减震方案。

截至目前，针对多维多点激励下高速铁路矮塔斜拉桥抗震性能及减隔震控制研究的工作还十分欠缺。因此，分析高铁矮塔斜拉桥在多维多点地震激励下的抗震性能与减隔震控制机理对于提高该类桥梁抗震设计的有效性和准确性，从而保证该类桥梁在强震作用下的安全性具有重要的科学意义和实用价值。

9.2　国内外桥梁减隔震标准对比

减隔震技术虽然已经有几十年的研究历史，但该技术被写入各国规范的时间并不长，目前应用还处于起步阶段，相应的技术法规等还有待进一步的规范和完善。国内外规范中对减隔震技术的规定如下。

1. 欧洲标准技术委员会抗震装置标准

欧洲标准技术委员会标准抗震装置由欧洲标准抗震装置技术委员会于 2008 年 5 月编制，共计 12 章 9 个附录。标准在“适用范围”一章中指出：该标准为安装在结构物中且可改变结构物对地震作用反应的装置所制定的技术标准，并对装置的地震响应以及材料特性、生产和测试要求、合格评定、安装和维修要求等规定了总体设计原则。

该标准分别从范围、参考的相关标准、术语定义符号和缩写、设计总则、连接装置、位移装置、速度相关装置、隔震装置、组合装置、合格评估、安装、使用中的检查等方面进行了明确规定。

2. 美国 AASHTO 减隔震设计规范

1998 年发布的美国 AASHTO 减隔震设计规范共计 18 章和 1 个附录。规范在第 1 章“适用性”中指出：只考虑到系统水平平面上进行隔离，即系统被假定在竖直方向是刚性的。该规范提出了抗震隔离设计的大体要求，并指出将结构物与地震的破坏作用隔离并不是一个新概念。

规范分别从实用性，定义和符号，加速度系数，地震反映范围，场地效应和场地系数，分析程序，减隔震系统设计性能，间隙，地震反应 A 类的设计作用，地震反应 B、C 和 D 类的设计受力，其他要求，对减隔震系统的测试，人造橡胶支座设计，人造橡胶支座制造，滑动支座设计，滑动支座制造，其他减隔震系统等方面进行了明确规定。

3. 中国台湾地区的《铁路桥梁耐震设计规范》

中国台湾地区《铁路桥梁耐震设计规范》共计八章。规范在第八章“有关耐震其他规定”的第 3 节“隔震消能系统之使用”中指出：

桥梁传统上通常以其强度与韧性来抵抗地震，但近年来美国、日本及新西兰等先进国家已使用减隔震消能新技术来抵抗地震，并已达到实际应用的阶段。

减隔震系延长结构物的周期，使其引致的地震力降低，但不可避免地会增加位移量。消能可以降低结构物的反应，所以合并使用，常有不错的效果。

隔震消能系统用于铁路桥梁则有较多的限制，例如长钢轨是否会阻碍周期的延长及位移的产生，是否会影响消能系统的消能效果。此外，对于行车时引致的桥梁及车厢动态反应以及列车启动、制动所作用的水平力是否会引致太大的变形而影响行车的舒适性与安全性，均应做适当的考虑。

由于上述限制，对隔震消能元件的选择可能要有制动装置，遇到大地震时才启动隔震消能系统。如此可降低启动、行车及制动引起的位移，不至于影响行车的舒适性。此外，也可能适合使用阻尼力与速度成比例的消能元件，此种元件也兼具分散地震力至活动支承桥柱的功能。

4. 其他国家和地区减隔震规范介绍

日本规范中对减隔震设计的适用范围与设计原则进行了较为严格的规定。对于是否适合采用减隔震设计，应从地震情况和正常使用情况两方面考虑，并结合延长桥梁结构固有周期和消耗能量的效果进行研究后方可决定。在下列条件下，日本规范规定不得采用减隔震设计：

(1)基础土层不稳定。

(2)下部结构柔性大，原有结构的固有周期比较长。

(3)位于软弱场地，延长周期可能引起共振。

(4)支座中出现负反力。

日本规范要求将减隔震设计的重点放在提高结构耗能能力和合理分配地震力上，而不过分追求结构周期的延长。减隔震设计的定义是指满足以下三个条件的设计方法：

(1)上部结构支承在水平刚度较高的减隔震装置上，当惯性力超出一定限值时，通过桥梁固有周期的延长折减惯性力。

(2)使用阻尼器，通过增加结构耗能能力使梁部和桥面位移降低到可接受的范围内。

(3)在正常使用荷载(如风荷载、制动力等)作用下，桥梁不发生有害的振动，因而要求当惯性力不超过某一限值时，减隔震装置和阻尼器必须具有足够的刚度和屈服强度，以免结构发生有害振动。

采用减隔震设计时，必须在桥台、桥墩等主要结构与相邻梁之间设置足够的间隙，以满足设计位移的要求。

为了充分发挥减隔震装置的作用，要求采用减隔震设计后的桥梁固有周期原则上应为不采用减隔震装置时固有周期的两倍，从而使减隔震的上部结构与下部结构振动特性分离开来，上下部结构一起振动的影响降到最小，以至于桥的所有变形都集中于减隔震装置。同时，对减隔震装置的要求是：减隔震装置的机构应尽可能简单、性能可靠；应在其性能明确的范围内使用。

桥梁减隔震设计的预期性能安全水准与传统桥梁抗震设计的要求相同，采用两水准设计：第一水准是采用地震系数法，下部结构基本保持弹性，只考虑减隔震周期延长对地震力的折减，忽略减隔震装置阻尼的影响；第二水准是采用极限承载力法，允许下部结构构件发生屈服，但大部分耗能应集中在减隔震装置中。对于复杂结构，建议采用反应谱分析或动力时程分析。

新西兰规范类似美国 AASHTO 规范，强调利用周期的延长来降低地震力，使用阻尼装置来控制结构发生的位移，同时要求减隔震支承具有较高的自复位能力，以避免震后存在过大的残余变形。

9.3　高铁矮塔斜拉桥工程实例

商合杭高速铁路正线全长 797km，设计时速 350km。颍上特大桥跨越颍河之上，主桥采用跨径(94.2＋220＋94.2)m 的矮塔斜拉桥，立面布置如图 9－1 所示。塔柱高 66.5m，桥面以上塔高 35m，与主跨比值为 1∶6.29，每个桥塔对称设 8 对斜拉索，塔上索距 1.5m，梁上索距 8.0m，中间无索区长 46.2m，斜拉索在梁上张拉，塔上采用分丝管鞍座。主塔造型呈“A”形，桥墩横桥向镂空，主墩的双肢墩底间距 16m，梁顶间距 8.89m，桥塔截面为矩形，如图 9－2 所示。主梁和主塔均采用 C55 混凝土，斜拉索预埋管采用 Q345B 材质，分丝管材料采用 20 号无缝钢管。

颍上特大桥的桥址区地貌为淮河冲积平原，跨越颍河地段组成，所处地形开阔。桥址区地表水主要为颍河。该特大桥近场区 25km 范围内分布有 2 条断裂带，该大桥近场区 25km 范围内未见史料记载的破坏性地震发生，其东侧外围曾发生 294 年安徽寿县的 5.2 级地震及 1831 年安徽凤台东北的 6.4 级地震；现代小震活动记录有 37 次，其中震级 1.0～1.9 级的有 10 次，2.0～2.9 级的 24 次，3.0～3.9 级的 3 次；呈弥散状分布在该大桥近场区范围；桥位 5km 范围内有 2 次地震(M2.0～2.9 级)。分析历史地震资料，对拟建大桥桥址产生影响烈度达到Ⅴ度以上的地震有 5 次，其中Ⅵ－Ⅶ度 1 次，Ⅴ度 4 次。

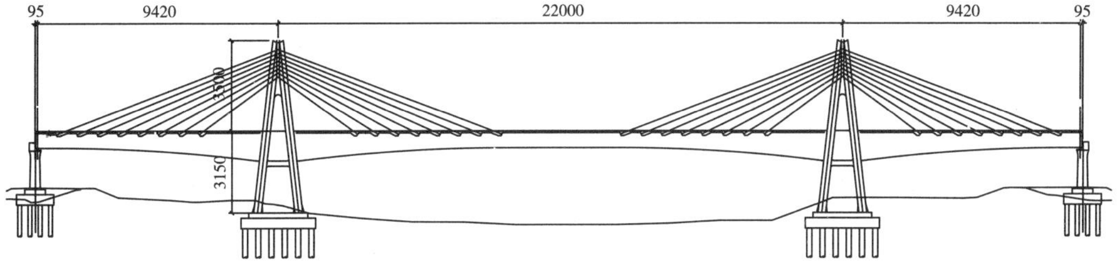

图 9－1　桥梁结构立面图(单位：cm)

9.4　铁路桥减隔震装置

支座在桥梁设计中起着“承上启下”的作用，往往也成为设计的咽喉。

根据我国汶川地震的震害调查结果，铁路桥梁震害的主要形式是支座的破坏。支座常常成为大震作用下容易被破坏的薄弱环节。由于所调查的支座均没有减震功能，梁体的地震力全部由支座传递给桥墩。在这个过程中，巨大的地震力或者导致了支座破坏，或者导致了桥墩受损。

研究表明，对于采用普通支座的桥梁，当固定支座的纵向限位装置破坏后，固定支座

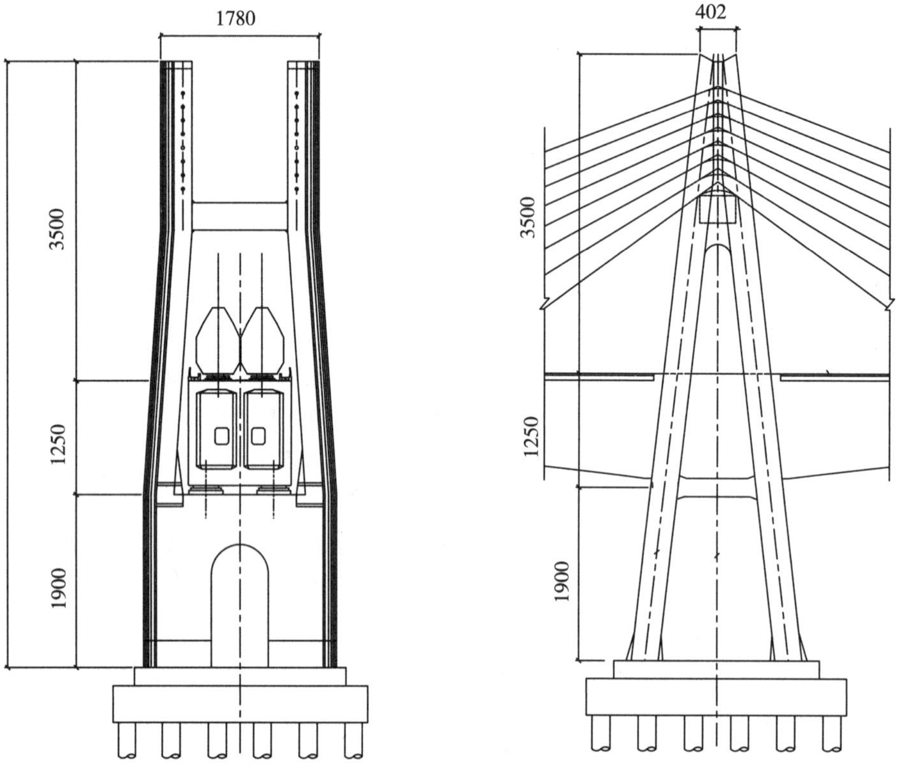

图 9－2　桥塔横断面和立面布置(单位:cm)

便变成滑动支座来工作,整个结构体系变成了纯滑动摩擦体系,纯摩擦体系虽然能有效减小桥墩和基础的地震响应,但是该体系无恢复力,震后不能回到正常位置,这对于抗震是不利的。因此这种体系并不是一种合理的结构体系。

对于高烈度地震区桥梁设计,基于以下原因:

(1)由于对地震动参数可能预估不足,采用强度设计有其先天局限性,一旦破坏可能不可恢复。

(2)采用普通支座,罕遇地震作用下,巨大的地震力均由上部结构经支座传递到桥墩及桩基之中,桥墩和桩基设计困难或者不经济。

(3)采用减隔震支座,对于高烈度震区,显然是更加合理和有效的抗震结构体系。一方面通过延长结构自振周期,避开了地震作用下能量集中的范围,从而减小了桥梁地震响应;另一方面,通过能量耗散减小结构地震响应。

减隔震技术是一种简便、经济和先进的工程抗震手段。减震是利用特殊的减震构件或者装置,使之在强震时率先进入塑性区,产生大阻尼,大量消耗进入结构体系的能量。而隔震则是利用隔震体系,设法阻止地震能量进入主体结构。在实践中,常常将这两种体系合二为一,通过选择适当的减隔震装置与设置位置,达到控制结构内力分布与大小的目的。减隔震装置是目前地震保护系统中广泛应用的经济、有效的保护措施。

铁路采用的减震、隔震支座不同于普通的公路桥梁,这是因为铁路桥梁在正常使用状态下，对桥上轨道线路的竖向和横向的线型要求较高，尤其对高速铁路桥梁要求更加严格。铁路桥梁的桥面宽度较窄，在风力、离心力和列车横向摇摆力等横向水平力的作用下，对支座的横向位移限值要求很严格，以保证桥上列车运行的安全性。

在铁路桥梁上采用铅芯橡胶支座等横向刚度相对较小的减震、隔震支座时，必须设置可靠的横向位移限位构造，以控制支座正常使用时的横向位移。这是与公路桥梁减震、隔震支座的不同之处。

同样，铁路桥梁减震、隔震支座的竖向刚度也不应过小，以避免影响铁路线路的竖向刚度。高阻尼橡胶支座由于竖向压缩变形较大，且恒定压缩永久变形较大，容易造成桥上线路在桥头处的纵向折角过大，因此，目前高阻尼橡胶支座在铁路桥梁上的应用受到一定的限制。

黏滞阻尼器、双曲面球型减隔震支座（摩擦摆式减隔震支座）、速度锁定装置以及其他软钢阻尼器等，都可以作为铁路桥梁减震、隔震支座应用。但在铁路桥梁上采用减震、隔震支座时，必须对地震时桥梁的横向位移予以控制，以避免发生地震时列车从桥上掉落。设计减隔震体系时，应根据反力、纵横向位移和转角大小等因素，选用构造简单、转动灵活、耐久性好、便于更换、满足位移和转角要求的减隔震装置。

减隔震装置可设计为具有支座功能和减隔震功能的装置（简称减隔震支座），也可设计为仅具有减隔震功能的装置。减隔震装置应构造简单、性能可靠，能够确保可在使用期内进行定期维护和检查，并考虑可更换要求。

减隔震装置应具备正常使用功能，即正常使用（包括受到列车制动力、风力及多遇地震力等）条件下，减隔震装置的承载能力和刚度可以保障桥梁的安全性和正常工作，同时还应充分考虑各种机械、物理、化学、生物和环境因素，尤其是由老化、疲劳、收缩、徐变、磨损或环境温度及内部温度改变带来的影响。减隔震装置应具备耗散功能，即通过减隔震装置而不是桥梁主要承重构件（如梁、墩等）的屈服或破坏，达到及时耗散或重分配输入结构的地震能量，从而减小地震作用时整个结构或主要结构构件的响应。

减隔震装置应具备周期延长功能，即在罕遇地震作用下，通过减隔震装置延长结构自振周期，使其避开地震能量集中的频率范围，从而减小结构的地震响应。减隔震装置的抗震能力应低于其与梁体和墩台的连接构件，减隔震装置与梁部的连接应强于减隔震装置与墩台的连接。

9.4.1　黏滞阻尼器

20 世纪 80 年代美国在小孔射流技术上取得突破，推动阻尼器进入新发展时期。在大型桥梁结构关键部位附加减震阻尼装置，对于减少桥体的损坏、增加主体结构的安全性具有非常显著的效果，并得到了广泛的关注和认可。这种耗能减振技术性能稳定、功能清晰并且成本较低。黏滞阻尼器作为消能减震装置中的一种，因为速度相关性耗能特性以及优越性能，在国内外被广泛应用。

黏滞阻尼器在能产生相对位移的桥梁支撑构件之间用于消耗能量，在施加较为缓和的荷载时，如车辆、温度等变化缓慢的荷载时，阻尼器会缓慢运动，在快速发生的动态荷载作用时，如汽车振动、地震、台风等作用下，黏滞阻尼器会消耗其能量，减轻结构对荷载的反应，其冲程与阻尼力滞回曲线如图 9-3 所示。

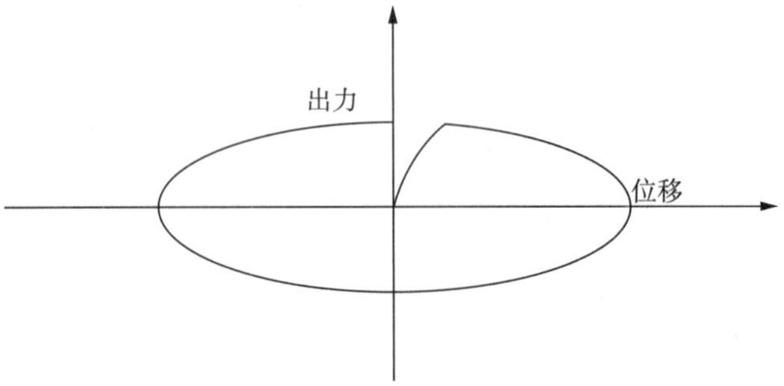

图 9-3　阻尼器的冲程和阻尼力的滞回曲线

阻尼器可以在－25～50℃的气温、100％相对湿度的环境下工作，并能承受多种恶劣气候条件，如雨、雪、雨夹雪、冰雹、烟雾、风沙和粉尘等。阻尼器的受力大小与桥体位移成反比。

黏滞阻尼器一般布置在主梁与桥墩或者桥塔之间，根据需要对称设置在顺桥向、横桥向或者斜向布置，一般单个桥墩或者桥塔设置 2 个或 4 个阻尼器，其连接方式如图9-4 所示。

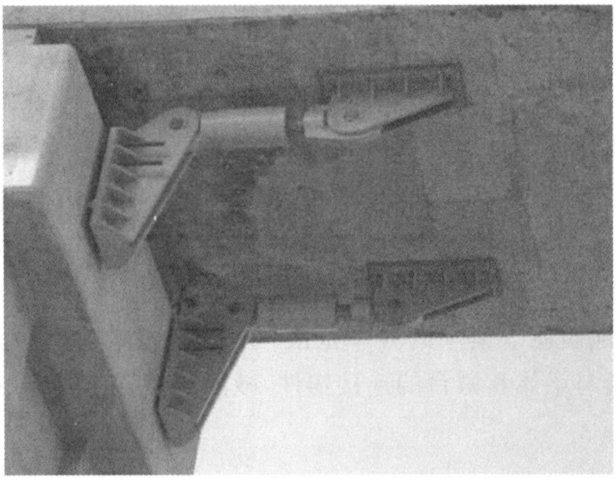

图 9-4　黏滞阻尼器

一套阻尼器产品包括黏滞阻尼器、黏滞阻尼器两端与桥墩或者主梁的连接构件，每端阻尼器连接件包括耳板、关节轴承、销轴及销轴的固定件。黏滞阻尼器主要特点如下：

(1)该装置的滞回曲线呈完整的椭圆形，即使发生轻微变形但是依然有很强的耗能特性；不会对桥梁整体刚度有影响，避免了因阻尼器刚度与桥墩的刚度不一致造成的互相不兼容的情况。

(2)因为其可以消耗能量，所以不必增加额外构件的配置，甚至可减少梁柱配筋和减小构件的截面尺寸，这也体现了黏滞阻尼器良好的经济性。

(3)其不仅能用于新建桥梁，而且能广泛应用于需要加固或需要修复的桥梁结构中。

(4)适应性能好,可以适用于多种环境,易于维护且维修费用低。

颍上特大桥黏滞阻尼器布置如图 9-5 和图 9-6 所示。对黏滞阻尼器阻尼系数和非线性速度指数进行优化,以达到最佳的控制效果和性价比。

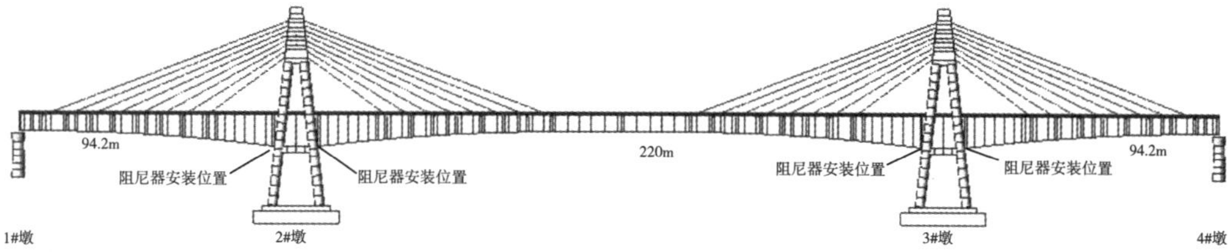

图 9-5　黏滞阻尼器全桥布置位置

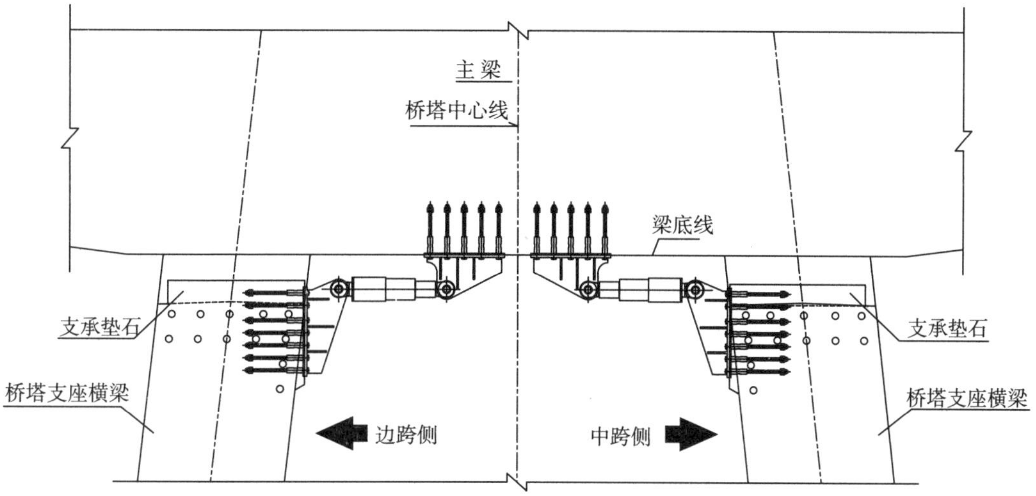

图 9-6　黏滞阻尼器立面布置

对结构附加非线性黏滞阻尼器较为通用的计算方法是时程分析法,在 MIDAS CIVIL 模型中采用一般连接特性中的黏弹性消能器来模拟黏滞阻尼器,分别输入安全评估报告中的多遇地震和罕遇地震动,时程分析采用直接积分法,分析步长 0.01s,分析时长与地震动持续时间一致,结构阻尼采用瑞雷阻尼。

液体黏滞阻尼器的黏滞阻尼力(出力)与速度的关系如式(9-1):

$$F=CV^{\alpha} \tag{9-1}$$

其中:F——阻尼力;

C——阻尼系数;

V——阻尼活塞运动速度;

α——阻尼指数。

在该矮塔斜拉桥两个塔墩处均设置黏滞阻尼器,对该桥开展非线性动力时程分析,输入多遇地震和罕遇地震,在两种地震作用下,对黏滞阻尼器阻尼系数和阻尼指数取值进行优化,阻尼系数以 $4000\text{kN}/(\text{m/s})^{\xi}$ 为步长从 4000 增加到 20000,进行对比分析,此时,阻尼指数取 0.3。黏滞阻尼器的阻尼指数 α 值一般为 0.2～0.5,因此,非线性速度指数取 0.2、0.3、0.4 和 0.5 进行数值分析，此时阻尼系数取 16000。

2＃塔墩墩底纵桥向弯矩结果如图 9－7 和图 9－8 所示。

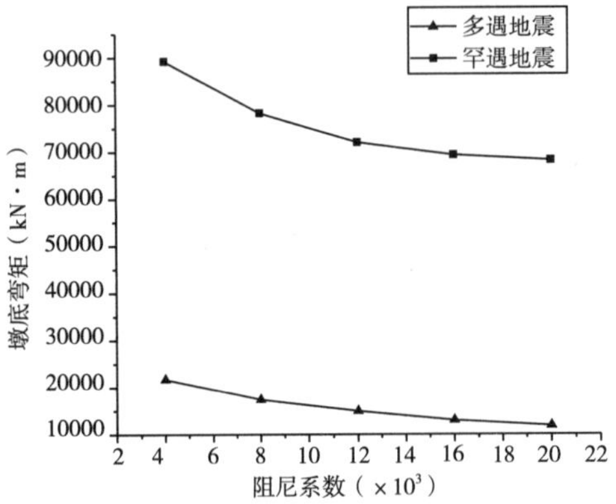

图 9－7　阻尼系数优化

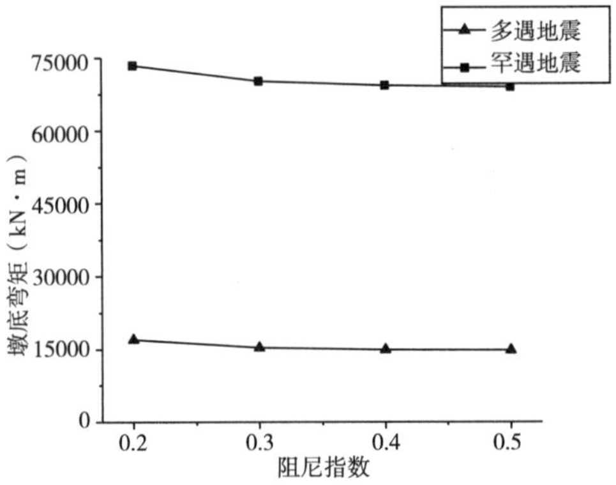

图 9－8　阻尼指数优化

由图 9－7 和图 9－8 的变化规律可以看出，针对该矮塔斜拉桥，在其他条件相同的情况下，阻尼系数越大的阻尼器减震效果越好，但当阻尼系数超过 16000 时，阻尼系数增加，减震效果增加幅度减小，考虑到桥梁结构规模、减震效率及经济指标等因素，本桥中2＃、3＃塔墩与主梁连接处分别设置 4 个黏滞阻尼器，阻尼器的系数 $C=4000\text{kN}/(\text{m/s})^{\xi}$，阻尼器一端连接梁底板，一端连接塔墩。

在阻尼系数为 $16000\text{kN}/(\text{m/s})^{\xi}$ 的情况下，研究不同阻尼指数下的减震效果。阻尼指数在 0.2 到 0.3 时减震效果略有增强，但阻尼指数在 0.3、0.4 及 0.5 时减隔震效果几乎相同，如图 9－8 所示。

分析阻尼系数和阻尼指数对顺桥向墩梁相对位移的影响，分别采用不同参数设置阻尼器(图 9－9)，可知阻尼系数越大，阻尼指数越小，墩梁相对位移越小，当阻尼系数超过 12000 后，墩梁相对位移变化减缓，不同阻尼指数对墩梁位移影响也越来越小。

综合以上计算结果，模型中 2＃、3＃塔墩分别采用 4 个阻尼系数为 $C=4000\text{kN}/(\text{m/s})^{0.3}$，阻尼指数为 0.3 的黏滞阻尼器。最终黏滞阻尼器的选取参数见表 9－1 所列。

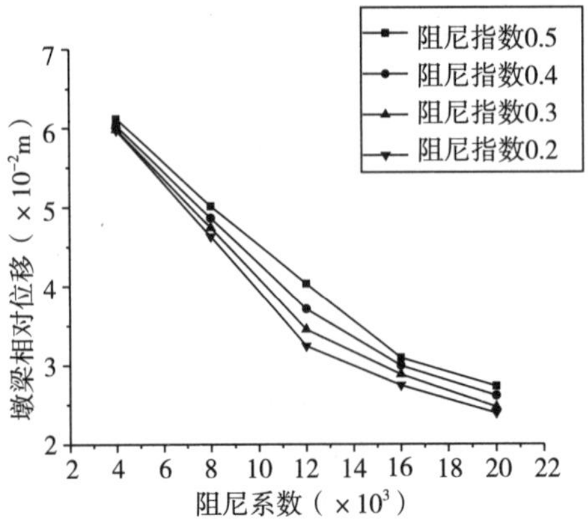

图 9－9　不同参数下墩梁相对位移

表 9-1　黏滞阻尼器的各项参数

黏滞阻尼器各性能	参数
阻尼器出力	3500kN
阻尼器最大冲程	±250mm
阻尼系数	$C=4000kN/(m/s)^{0.3}$
速度指数	0.3
安全系数	1.5
数量	8

9.4.2　双曲面球型减隔震支座

双曲面球型减隔震支座是在成熟的球型支座基础上，以摩擦摆支座为原型而进一步研制的一种新型减隔震支座。它采用了大半径的球面摩擦副，设置限位装置，集合了球型支座与摩擦摆支座的优点。它具有双球面的球体，在竖向荷载作用下，曲面压应力均匀。支座可以在任何方向滑动，其平面尺寸主要由最大设计位移控制。该支座利用简单的钟摆机理延长了桥梁的自振周期，从而降低加速度反应，并通过桥身自重提供所需的自复位能力，帮助桥梁上部结构回到原来的位置。双曲面球型减隔震支座系列产品已经在苏通长江大桥、港珠澳大桥、佛山华阳特大桥、福厦铁路乌龙江特大桥、成兰铁路和宝兰铁路等公路、铁路大型桥梁工程中得到应用。

双曲面或者摩擦摆式减隔震支座，具有承载能力强、稳定性良好、复位功能和抗平扭能力强等特点，且该支座震后具有自复位功能，震后可反复利用，是一种减震效果较好、设计寿命较长的支座，其缺点是可能会抬升梁体。

对于普通双曲面球型减隔震支座，梁体在正常活动过程中受双球面的影响，会发生略微抬高的现象，而这种现象对于公路桥梁还可以接受，但对于铁路桥梁是不允许发生的。铁路桥梁双曲面球型减隔震支座在普通双曲面球型减隔震支座的基础上，增加了一个平面摩擦副，使支座在正常运行时不发生梁体抬高情况，地震时具备减隔震功能，同时地震后又具备自复位功能。图 9-10 给出了铁路双曲面球型减隔震支座的结构图。

铁路桥梁双曲面球型减隔震支座主要由上座板、中座板、双球面四氟滑板、双球面不锈钢滑板、限位装置、下座板、平面不锈钢滑板、平面四氟滑板、底座板等几部分组成。支座采用地脚螺栓和套筒、螺杆与梁体及墩台垫石层进行锚固连接。

(1)正常运营状态

竖向荷载。支座所承受的竖向荷载经上座板、上球面不锈钢滑板、上球面四氟滑板、中座板、下球面四氟滑板、下球面不锈钢滑板、下座板、平面四氟滑板、平面不锈钢滑板以及底座板，最终传递至墩台垫石。

(2)地震状态

地震位移。在纵、横向地震水平力作用下，当地震水平力大于限位装置的极限承载

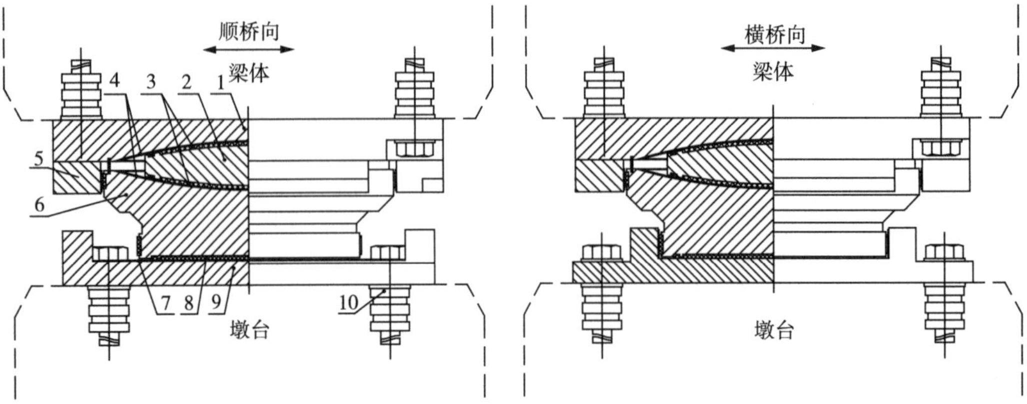

图9-10 铁路桥梁双曲面球型减隔震支座结构图

1—上座板;2—中座板;3—双球面四氟滑板;4—双球面不锈钢滑板;5—限位装置;6—下座板;7—平面不锈钢滑板;8—平面四氟滑板;9—底座板;10—锚固螺栓

力时,限位装置解除约束。通过双球面不锈钢滑板与双球面四氟滑板组成的球面摩擦副的相对滑移来实现地震位移。

减隔震功能。限位装置解除约束后,支座以设置的摩擦系数和等效半径进行滑移,延长桥梁振动周期,降低动力加速度,降低桥梁受到的地震力。滑移过程中动能转化为势能,同时通过摩擦,逐步消耗地震能量。随着地震逐步衰弱,支座往复滑移位移逐步减小,同时支座上部梁体自重形成回复力,使支座最终停留在初始位置附近。

双曲面球型减隔震支座与其他同类产品相比,具有以下特点:

(1)结构简单。用大半径的球面摩擦副作为普通平面摩擦的替代,使大半径球面摩擦副在发生滑动时,可以依靠摩擦阻力来消耗能量,而且仅仅有简单的动能势能相互转换,受力情况简单。

(2)物理参数明确。地震时桥梁上部结构传递给墩台的横向力仅与滑球面半径和摩擦系数有关。

(3)减隔震性能优异。在动能势能互相转换过程中,摩擦阻力和阻尼不仅可消耗能量,更是延长了桥梁振动周期,起到了减隔震的效果,同时保护了梁体和桥墩。

(4)耐久性优异。双曲面球型减隔震支座不含橡胶等易老化的材料;其摩擦副结构采用球面贴覆不锈钢滑板,确保产品功能和使用寿命,加上可靠的防腐技术,因而耐久性优异。

(5)降低桥梁成本。采用双曲面球型减隔震支座,可改变原有桥梁硬抗式设计为减隔震设计,减小支墩与基础的结构尺寸,明显降低工程造价,节约成本。

双曲面球型减隔震支座可以用式(9-2)、式(9-3)和式(9-4)表示:

等效刚度:

$$K_{\mathrm{eff}}=\frac{W}{R}+\mu_{\mathrm{d}}\frac{W}{D_{\mathrm{d}}} \tag{9-2}$$

支座屈服后刚度:

$$K_{\mathrm{d}}=\frac{W}{R} \tag{9-3}$$

等效阻尼比：

$$\zeta_{\mathrm{eff}}=\frac{4\mu WD}{2\pi\left[\left(\frac{W}{R}\right)D+\mu W\right]D}=\frac{2}{\pi\pi}\cdot\frac{\mu_{\mathrm{d}}}{D_{\mathrm{d}}/R+\mu_{\mathrm{d}}}\tag{9-4}$$

式中：W 为恒载作用下支座竖向反力；R 为滑动曲面的曲率半径；D_{d} 为支座设计水平位移；μ_{d} 为滑动摩擦系数。

双曲面球型减隔震支座由一个平面摩擦副和两个曲面摩擦副组成，平面摩擦副的两侧有挡块装置，其在有限元软件中由钩单元、弹性连接及间隙单元并联模拟，曲面摩擦副由摩擦摆单元模拟，其滞回模型如图 9－11 所示。

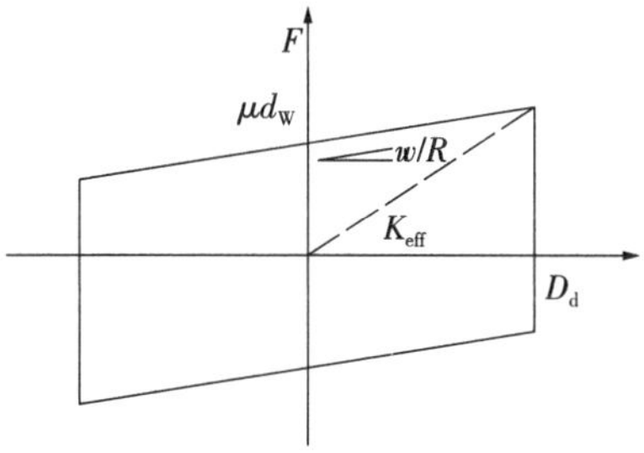

图 9－11　双曲面球型减隔震支座滞回模型

为了选取合适的曲率半径及摩擦系数，根据本桥支座实际承载能力，在支座吨位为 10000t 的前提下，根据工程中常用双曲面球型减隔震支座的半径及摩擦系数取值，曲率半径 R 分别取 1.6m、2.8m、4.0m、5.2m 及 6.4m；摩擦系数 μ 分别取 0.02、0.03、0.04。在以上参数组合下，求得墩梁相对位移和墩底弯矩的响应规律，如图 9－12 所示。

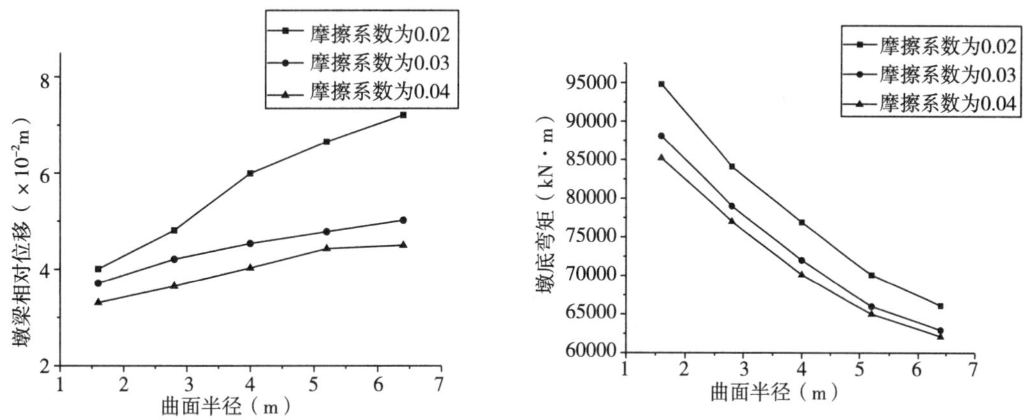

（a）墩梁相对位移　　（b）墩底弯矩

图 9－12　不同支座参数下 2＃塔墩响应

从以上数值分析结果可以看出：

(1)从图 9－12 中可看出，在摩擦系数一定时，随着双曲面球型减隔震支座的曲面半径增大，墩底弯矩越来越小，支座减震性能越来越好。当曲面半径取某固定值时，摩擦板摩擦系数越大，支座减震性能越好。另外可以看出在摩擦系数为0.02到0.03之间支座的减震性能变化比较明显，摩擦系数从0.03到0.04时减震数值变化较小。

(2)考虑曲率半径及摩擦系数对墩梁相对位移的影响，分别采取不同的参数输入双曲面球型支座模型中，分析比较2#墩的墩梁相对位移，其结果如图9-12(a)所示。可看出曲面半径越大，摩擦系数越小，墩梁相对位移越大，摩擦系数为0.02时墩梁相对位移变化比较明显，摩擦系数取0.03和0.04时墩梁相对位移随着半径增大而增大的速度减慢。

(3)根据桥梁大小、支座吨位及图9-12得出的曲率半径及摩擦板摩擦系数的变化规律，在模型中双曲面球型减隔震支座滑板摩擦系数取0.03，曲面半径取6.4m。

9.4.3 速度锁定器

速度锁定器的原理类似黏滞阻尼器，它由油缸、传力杆、活塞等装置连接而成，油缸内含有特殊的减震介质，在结构收缩徐变或温度等缓慢因素作用下，介质通过小孔，速度锁定器不工作。而在地震荷载作用下，介质会激活连接装置，锁定器变成刚性连接，转换成一种锁定装置，使原来的活动支座分担固定支座的荷载。速度锁定器在有限元模型中用刚性连接模拟。

速度锁定装置结构如图9-13所示。速度锁定器使桥梁由正常工作状况下的一个固定墩变成多个固定墩，将上部结构的载荷有效地分布到多个桥墩上，使得结构的受力更均匀，性能更稳定，且能有效降低工程造价。其主要特征如下：

(1)低速状态下提供的反力非常小，即非工作状态。

(2)高速状态下提供的反力迅速升高，结构由柔性变成刚性，即锁定状态。

(3)速度锁定器主要功能就是限位和冲击力量的传递。

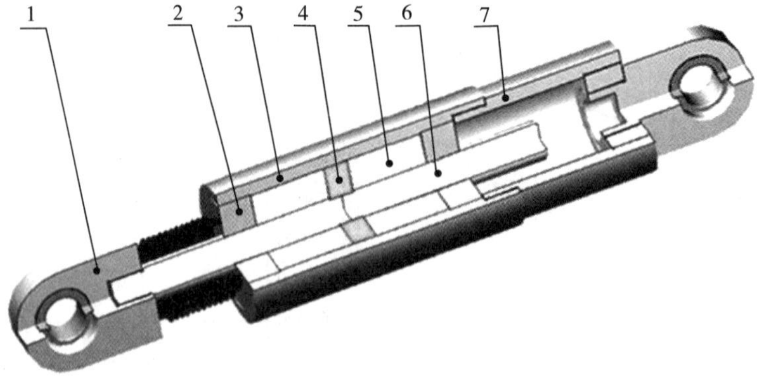

图9-13　速度锁定器结构图

1—连接耳板；2—端盖；3—缸体；4—活塞；5—介质；6—活塞杆；7—连接套筒

速度锁定器的原理跟黏滞阻尼器类似，其主要技术参数包括设计阻尼力、最大行程、锁定位移和锁定速度等。本桥拟在3#塔墩活动墩处布置4个速度锁定器装置。

9.5　行波效应下各减隔震装置分析

对桥梁进行抗震计算时一般采用一致激励法。一致激励法假设桥梁支撑结构的各点以完全相同的相位和振幅随地震而振动。而高铁桥梁一般具有长度较长、跨越地质条件较复杂的特点，已有研究表明，即使是同一次地震中相距几十米的地表处的地震动幅值、相位及频谱等数值也不相同，其空间变化性多变复杂，应该考虑多点激励的影响。

多点激励（也称为非一致激励或者地震地面运动的空间变化等）效应产生的主要原因有：①各支点的距离与地震波的波长在同一数量级时，各支点间地震动产生时间滞后，即行波效应；②由于地球介质的不均匀性，因此地震波在介质中发生反射和折射，使地震波在其传播方向的不同位置上叠加方式不同，由此产生各支点处地震动相干性的损失，即部分相干效应；③各支点处的局部土层不同，使由基岩到地表的地震波中各种频率成分的含量不同，即局部场地土效应。

针对高铁矮塔斜拉桥，目前已有研究大多采用一致激励法进行桥梁的减隔震设计，本节研究了多点激励效应中的行波效应对桥梁减隔震设计的影响。

9.5.1　行波效应在模型中的输入

采用行波输入时，地震安全评估报告给出的人工罕遇地震动时程，其加速度峰值为 1.61m/s^2，如图 9－14 所示。地震波持续时间为 40.94s。

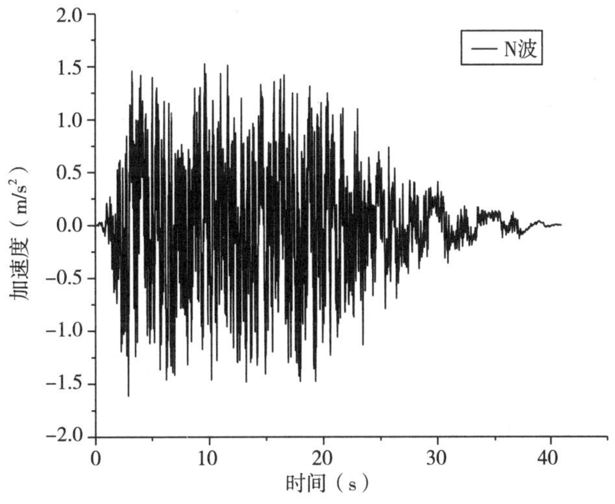

图 9－14　人工罕遇地震波

抗震计算分析采用有限元软件 MIDAS CIVIL，对各个基础底部输入有一定时间差的地震动模拟行波效应的影响。本书选定的地震波视波速分别为 250m/s、500m/s、

750m/s、1500m/s、2500m/s以及无穷大(等同于一致激励的情况),研究双曲面球型减隔震支座、黏滞阻尼器及速度锁定器在高速铁路矮塔斜拉桥中的地震响应随着行波波速的变化规律。

9.5.2 各减隔震装置行波效应影响对比

对比考虑行波效应及一致激励下矮塔斜拉桥顺桥向及横桥向墩底弯矩、墩底剪力、墩梁相对位移等地震响应量,比较普通支座及三种减隔震装置的地震响应。2#塔墩墩底弯矩随波速变化见表9-2、表9-3所列,变化趋势如图9-15和图9-16所示。

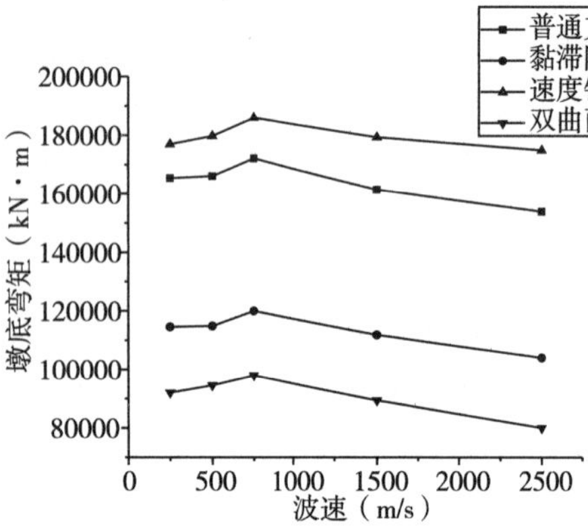

图9-15　2#塔墩的顺桥向墩底弯矩图

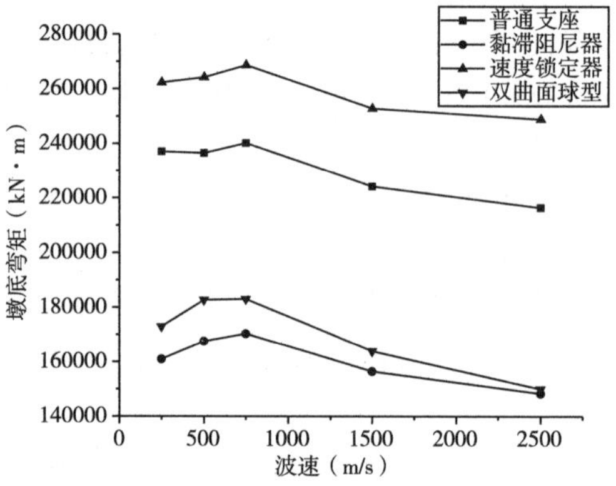

图9-16　2#塔墩的横桥向墩底弯矩

表9-2　不同波速下2#塔墩的顺桥向墩底弯矩

波速/(m/s)	普通支座弯矩/kN·m	黏滞阻尼器弯矩/kN·m/	速度锁定器弯矩/kN·m	双曲面弯矩/kN·m
250	165369	114596	177006	92073
500	166028	114868	179788	94603
750	172152	120027	186017	98016
1500	161366	111895	179315	89395
2500	153893	104061	174889	80031
一致激励	147840	97024	170622	75753

表9-3　不同波速下2#塔墩的横桥向墩底弯矩

波速/(m/s)	普通支座弯矩/kN·m	黏滞阻尼器弯矩/kN·m	速度锁定器弯矩/kN·m	双曲面弯矩/kN·m
250	237062	160945	262354	172958
500	236481	167492	264195	182677

（续表）

波速/(m/s)	普通支座弯矩 /kN·m	黏滞阻尼器弯矩 /kN·m	速度锁定器弯矩 /kN·m	双曲面弯矩 /kN·m
750	240139	170304	268680	182995
1500	224192	156439	252856	163819
2500	216477	148292	248968	150019
一致激励	216289	142334	246050	142568

由图 9-15 及图 9-16 可以看出行波效应对 2＃塔墩无论是从横桥向还是顺桥向的抗震都是不利的，2＃塔墩墩底弯矩在普通支座及三种装置下都有所增加，其中最大增长出现在波速为 750m/s 时，增长率为 9.02%～29.39%。

另外从图中可看出不同波速的地震动对桥梁抗震性能的影响是不同的，普通支座、黏滞阻尼器、速度锁定器以及双曲面球型减隔震支座的减隔震性能整体变化趋于相似，从图中变化折线可以看出：波速在 250m/s 到 750m/s 之间，由于波速较慢，桥梁跨度较大，到达不同处的地震波时间差较大，因此受行波效应影响较明显，2＃桥塔墩底弯矩呈增大趋势，当波速达到 750m/s，墩底弯矩达到峰值；波速在 750m/s 到 2500m/s 之间，由于波速的增加，地震波到达各个桥墩的时间差减小，墩底弯矩随之减小，增长率也减小到 0.09%～6.76%，逐渐趋于一致激励，并且随着波速的增大，墩底弯矩减小的趋势减缓。当行波波速为 750m/s 时，黏滞阻尼器、速度锁定器及双曲面球型减隔震支座的墩底变矩的顺桥向减震率分别为 30.28%、－8.05%、43.06%，横桥向分别为 29.08%、－11.88%、23.80%。当仅考虑一致激励的情况下，桥塔墩底弯矩最小。

针对墩底剪力值分析，2＃塔墩的塔底剪力值对比如图 9-17、图 9-18，见表 9-4、表 9-5。

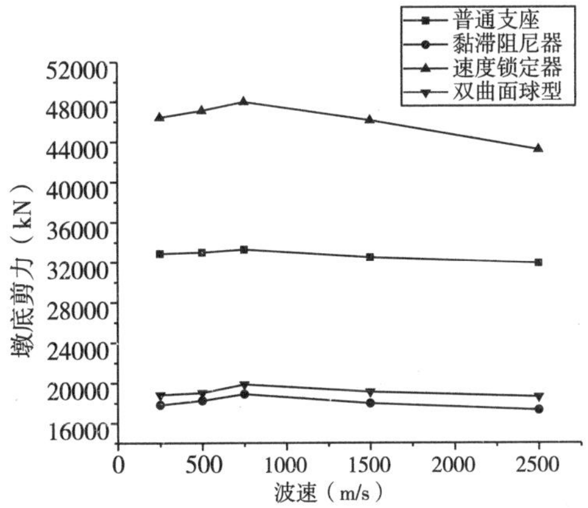

图 9-17　2＃塔墩的顺桥向墩底剪力

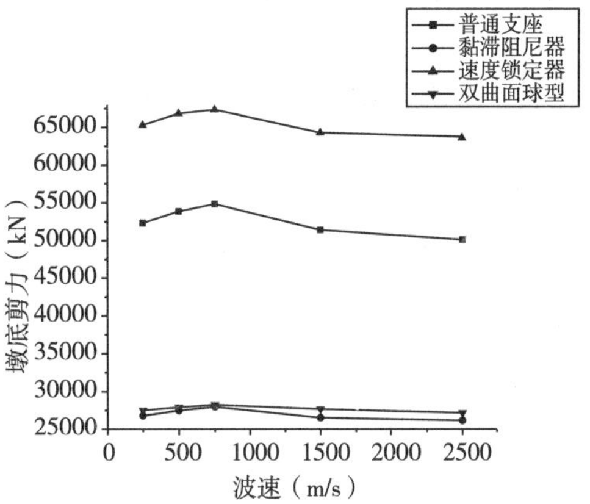

图 9-18　2＃塔墩的横桥向墩底剪力

表 9-4 不同波速下 2#塔墩的顺桥向墩底剪力

波速/(m/s)	普通支座剪力/kN	黏滞阻尼器剪力/kN	速度锁定器剪力/kN	双曲面剪力/kN
250	32874	17831	46429	18823
500	33007	18265	47126	19032
750	33299	18908	47982	19875
1500	32495	17983	46130	19120
2500	31891	17302	43210	18632
一致激励	31598	16850	40518	17853

表 9-5 不同波速下 2#塔墩的横桥向墩底剪力

波速/(m/s)	普通支座剪力/kN	黏滞阻尼器剪力/kN	速度锁定器剪力/kN	双曲面剪力/kN
250	52321	26812	65293	27518
500	53872	27482	66835	27919
750	54824	27958	67347	28242
1500	51408	26543	64277	27678
2500	50121	26168	63749	27176
一致激励	48379	25816	62766	26809

由图 9-17 及图 9-18 可看出，在考虑行波效应后，2#塔墩墩底剪力随波速的变化趋势也为先增大后减小，行波效应使普通支座及三种减隔震装置的剪力都有所增大，顺桥向增大率为 0.93%～18.42%，横桥向增大率为 1.36%～13.34%。随着行波波速的增大，2#桥墩墩底剪力呈先增大后减小的趋势，并且在行波波速为 750m/s 时达到峰值，波速在 750m/s 至 2500m/s 之间时，剪力随波速变化减缓，并且越来越趋近于一致激励。当行波波速为 750m/s 时，黏滞阻尼器、速度锁定器及双曲面球型减隔震支座的墩底剪力的顺桥向减震率分别为 43.22%、-44.09%、40.31%，横桥向分别为 49%、-22.84%、48.49%。

接下来研究塔墩的墩梁相对位移，2#塔墩结果如图 9-19、图 9-20，见表 9-6、表 9-7。

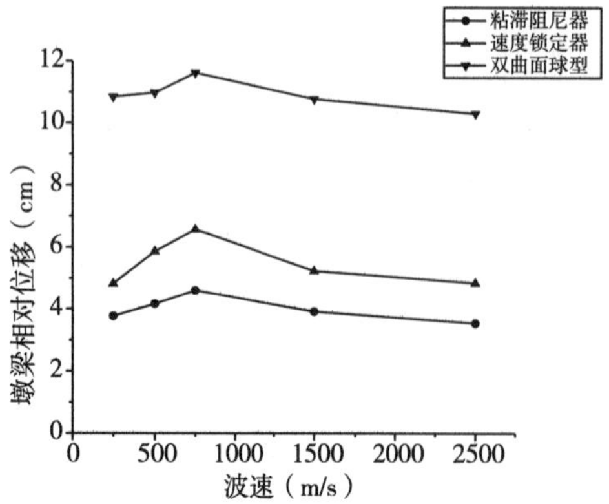

图 9-19 2#塔墩的顺桥向墩梁相对位移

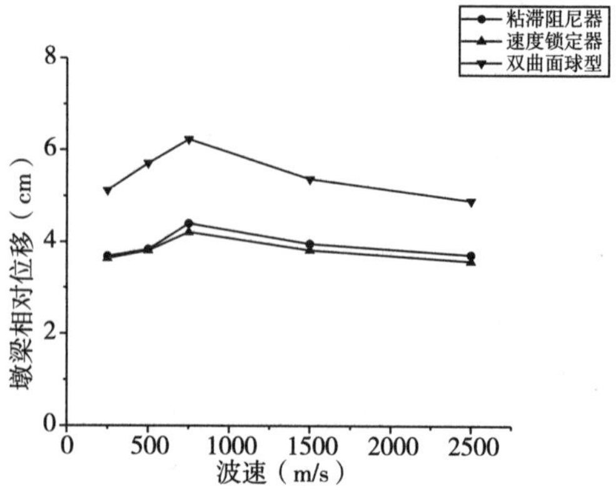

图 9-20 2#塔墩的横桥向墩梁相对位移

表 9-6　不同波速下 2# 塔墩顺桥向墩梁相对位移

波速/(m/s)	黏滞阻尼器位移/cm	速度锁定器位移/cm	双曲面位移/cm
250	3.77	4.82	10.85
500	4.16	5.86	10.98
750	4.60	6.57	11.62
1500	3.91	5.23	10.78
2500	3.54	4.84	10.31
一致激励	3.17	4.37	9.56

表 9-7　不同波速下 2# 塔墩横桥向墩梁相对位移

波速/(m/s)	黏滞阻尼器位移/cm	速度锁定器位移/cm	双曲面位移/cm
250	3.69	3.64	5.12
500	3.84	3.81	5.71
750	4.40	4.21	6.23
1500	3.96	3.82	5.37
2500	3.72	3.58	4.90
一致激励	3.48	3.01	4.65

由图 9-19 及图 9-20 可看出，在考虑行波效应后，随着行波波速的增大，2# 桥墩墩梁相对位移同样出现先增大后减小的趋势，并且在行波波速为 750m/s 时达到峰值，顺桥向增大率为 21.55%～50.34%，横桥向增大率为 26.44%～39.87%。

当行波波速为 750m/s 时，黏滞阻尼器、速度锁定器及双曲面球型减隔震支座的墩梁相对位移达到最大值，其中顺桥向双曲面球型减隔震支座位移最大，为 11.62cm。原因是双曲面球型减隔震支座发生作用，前支座会发生滑动摩擦，造成较大的位移。黏滞阻尼器对墩梁相对位移值放大相对较小，为 4.6cm。横桥激励下，同样是双曲面球形减隔震支座位移放大最大，黏滞阻尼器和速度锁定器对墩梁相对位移的放大效果相对较小，且基本一致。

根据 2# 塔墩墩底弯矩、剪力及墩梁相对位移的分析结果可以看出，高铁矮塔斜拉桥考虑行波效应后，墩底弯矩、剪力及墩梁相对位移相对一致激励状态下都呈现先增大后减小的趋势，对该桥梁来说，当行波波速为 750m/s 时，采用三种减隔震装置的桥梁，弯矩、剪力及位移值增大幅度最大，此影响不宜忽略。所以在选择减隔震装置并开展减隔震设计时，只考虑一致激励下可能得到不安全的设计，需要考虑行波效应的影响。

9.6　本章小结

本章研究了高铁矮塔斜拉桥采用三种减隔震装置后，在一致激励以及行波效应下的减震效果，得出以下结论：

(1)不同行波波速下，桥梁地震响应不同。对于本书研究的高铁矮塔斜拉桥，三种减隔震装置在行波波速在 250m/s 至 750m/s 之间时，结构内力及位移随着波速的增加而增大；当波速为 750m/s 时，结构内力及位移达到峰值；当波速在 750m/s 至 2500m/s 之间时，结构内力响应逐渐减小，并最终逐渐趋于一致激励。

(2)桥梁结构在行波效应下，三种减隔震装置以及普通支座的墩底弯矩都有所提高。当波速为 750m/s 时，行波效应使结构对地震动的反应增大程度达到峰值，各支座的增大率为 9.02％～29.39％。在波速为 750m/s 时，黏滞阻尼器顺桥向及横桥向减震率最大值为 30.28％，双曲面球型减隔震支座为 43.06％，速度锁定器为－11.88％；桥梁结构在行波效应下，三种减隔震装置以及普通支座的墩底剪力都有所提高。各支座的增大率为 0.93％～18.42％。在波速为 750m/s 时，黏滞阻尼器顺桥向及横桥向减震率最大值为 49.00％，双曲面球型减隔震支座为 48.49％，速度锁定器为－44.09％；桥梁结构在行波效应下，三种减隔震装置的墩梁相对位移都有所提高，增大率为 21.55％～50.34％之间。

(3)考虑行波效应后，对于采用减隔震装置的高铁矮塔斜拉桥，其内力减震效果变差，并放大了桥梁的位移响应。不考虑行波效应可能得到偏不安全的设计，存在一个最不利的行波波速，在该行波波速下，桥梁内力和位移响应放大效应最大。综合来看，黏滞阻尼器与双曲面球型减隔震支座的减震性能较好，速度锁定器由于增加了桥梁的整体刚度，放大了桥梁的内力响应。

第10章 结 论

开展大跨桥梁抗震设计时，应考虑多维多点地震激励才能保证桥梁结构的安全已形成共识。目前大跨桥梁在多维多点激励下抗震性能和减隔震控制方面的研究工作还远未成熟，本书围绕多维多点地震动输入，多维多点地震反应分析方法以及大跨桥梁在多维多点地震动下的响应特征等方面进行论述，主要包括：

(1)研究了多维多点的随机模型，本书针对以往研究中未考虑多点地震动不同点不同地震动分量之间的相干性的问题，利用 SMART－Ⅰ台阵的地震记录分析了其相干函数值的范围。数值分析结果表明，不同点不同分量之间的相干函数的随着频率变化趋势不明显，相干性很弱，可以认为是与频率无关的常数。同时，在生成多维多点人工时程的基础上，给出了基线调整和位移末值归零的方法，取得了很好的效果。

(2)以曲线桥为例，给出了多维地震动时程分析主方向的确定方法。推导给出了多维时程分析主方向的求解公式，通过两次时程分析就可以很方便地求出曲线桥时程反应分析时，多维地震动作用下的各个反应量的最大值，并同时求出最不利角度，与传统的沿各个可能方向输入的方法相比，大大地减少了计算量。对于曲线桥，不同的反应量对应着不同的最不利激励角度。在时程分析时，采用各种不同的组合方法不一定能得到保守的结果，实际分析时建议对关键部位的内力或位移沿最不利激励方向同时输入地震波进行分析。

(3)给出了多维多点反应谱法的计算原理和计算公式，将 Kiureghian 给出的 MSRS 多点反应谱法推广应用于多维多点领域。基于公路工程抗震设计规范，利用 MATLAB 编写了大跨桥梁多维多点反应谱法的程序，同时针对 MSRS 法中存在的问题以及改进方法进行了探讨，并对提高 MSRS 方法计算效率的方法进行总结和改进。

(4)采用具有统计意义的多点反应谱方法研究了大跨斜拉桥在多维多点地震激励下的响应特性。竖向多点地震反应分析对斜拉桥的放大作用最大，纵向多点地震反应分析次之，横向多点地震反应分析影响最小；相比于行波效应的影响，部分相干效应的影响较小，初步设计时可不考虑；另外，拟静力效应对桥梁内力影响有限；不考虑同一点和不同点不同分量之间的相干性对斜拉桥可能造成不安全的估计。

大跨斜拉桥多维多点地震反应分析可简化为单维多点地震反应分析。由于纵向激励和竖向激励耦合，而横向激励与纵向、竖向激励基本不耦合，可对纵向激励和竖向激励利用 SRSS 法组合，并乘以一个放大系数，近似地考虑同一点不同分量以及不同点不同分量之间相干性的影响。横向激励则单独计算。

最后，提出利用遗传算法求得多维多点反应谱法参数变化时，如行波波速、部分相干效应参数变化时桥梁结构地震响应的最值。数值结果表明，遗传算法可方便地找到地震响应的最值及对应的准确的参数值，保证结构的安全。

(5)研究了曲率半径、横系梁设置、桥梁墩高以及桥梁跨数等对高墩大跨曲线连续刚构桥多维多点抗震性能的影响，得到了该类桥型考虑多维多点地震影响的响应特征。研究结果表明：曲率半径较大时，对于桥墩受力，可按直桥进行抗震计算；系梁的设置可放大主墩和主梁的地震响应，在满足稳定性的条件下，应不设或少设系梁对该类桥型的抗震有利；墩高越高的桥梁，主墩和主梁的地震响应一般越小，于抗震有利；曲线刚构桥跨数增加后并未明显改变主墩的受力；实际地震响应分析时可不考虑行波效应和部分相干效应对桥梁主墩的影响，如需要考虑主梁的受力，应该考虑行波效应和部分相干效应引起的放大效应。

(6)利用SIMULINK仿真工具箱建立了桥梁在多维多点地震激励下的减震控制分析模型。研究了曲线桥在多维多点地震激励下的半主动控制分析，重点探讨了多维多点地震激励以及地震输入的不同角度对结构减震效果的影响规律。研究结果表明：半主动变阻尼装置对曲线桥的减震效果非常显著，采用界限Hrovat算法可以达到与主动控制相近的减震效果，可用于曲线桥的减震设计中；曲线桥的地震动输入角度与行波效应的影响程度是相互影响的。当地震波传播方向沿着曲线桥的弦线时，行波效应的影响最大。所以设计半主动控制参数时，可以沿着弦线输入，同时考虑多维多点激励进行设计，以达到更好的减震效果；半主动控制装置的减震效果与多点激励效应中动力成分在总响应中的比例有关，应该对各种结构形式和地震动参数下，拟静力和动力响应部分分别所占的比例进行研究，以更好地在曲线桥梁中设计运用半主动装置。

(7)利用非线性时程分析法对铅芯橡胶支座隔震桥梁在多点地震激励下的反应规律进行了探索。研究了行波效应、部分相干效应以及局部场地土效应对体系的影响规律。研究结果表明，对LRB隔震桥梁仅进行一致地震激励分析会对结构的响应产生不安全的估计。地震动的空间变化的各个因素对结构的影响程度不一，地震动部分相干效应影响程度最小，行波效应影响次之，而局部场地土条件的不同，对于隔震桥梁的反应影响很大，随着局部场地土差别的增大，一般情况下影响程度增大。

(8)采用不同行波波速的地震波研究了行波效应对高铁矮塔斜拉桥减震效果的影响。研究结果表明：不同行波波速下，桥梁地震响应不同。对于本书研究的高铁矮塔斜拉桥，三种减隔震装置在行波波速为250m/s至750m/s之间时，结构内力及位移随着波速的增加而增大；当波速为750m/s时，结构内力及位移达到峰值；当波速在750m/s至2500m/s之间时，结构内力响应逐渐减小，并最终逐渐趋于一致激励。考虑行波效应后，对于采用减隔震装置的高铁矮塔斜拉桥，其内力减震效果变差，并放大了桥梁的位移响应。不考虑行波效应可能得到偏不安全的设计。存在一个最不利的行波波速，在该行波波速下，桥梁内力和位移响应放大效应最大。综合来看，黏滞阻尼器与双曲面球型减隔震支座的减震性能较好，速度锁定器由于增加了桥梁的整体刚度，放大了桥梁的内力响应。

本书对于以上几个方面的研究还很不完善，作者认为在以下几个方面需要进一步进行深入的研究：

(1)继续开展多维多点地震动输入的研究，对于解决目前相对精细的抗震分析方法与相对粗糙的地震动输入模型之间的矛盾具有极其重要的理论和现实意义。

(2)针对不同桥梁结构体系，继续开展多维多点地震动效应随桥梁结构参数的变化规律，为工程中考虑多维多点地震效应并进一步在规范中引入相关条文打下坚实基础。

(3)继续开展多维多点地震振动台试验。虽然目前国内外已经建立了较多的多点地震动台阵，但还需要对振动台试验方法，以及已有振动台数据进行深入的探讨和研究，以验证已有理论计算成果的有效性。

参考文献

[1] 李宏男．建筑抗震设计原理[M]．北京：中国建筑工业出版社，1996.

[2] 李宏男．地震工程学[M]．北京：机械工业出版社，2013.

[3] 李宏男，霍林生．结构多维减震控制[M]．北京：科学出版社，2008.

[4] 李宏男．结构多维抗震理论[M]．北京：科学出版社，2006.

[5] 林家浩，张亚辉，赵岩．大跨度结构抗震分析方法及近期进展[J]．力学进展，2001，31(3)：350－359.

[6] 屈铁军，王前信．多点输入地震反应分析研究的进展[J]．世界地震工程，1993，9(1)：30－36.

[7] 苗家武，胡世德，范立础．大型桥梁多点激励效应的研究现状与发展[J]．同济大学学报，1999，27(2)：189－193.

[8] 李宏男．地震动的转动分量及有关的结构反应分析[J]．世界地震工程，1991，7(4)：44－51.

[9] Li H N, Sun L Y, Wang S Y. Improved approach for obtaining rotational components of seismic motion [J]. Nuclear Engineering and Design, 2004, 232(2): 131－137.

[10] Hernandez J J, Lopez O A. Evaluation of combination rules for peak response calculation in three－component seismic analysis [J]. Earthquake Engineering and Structural Dynamics, 2003, 32(10): 1585－1602.

[11] Lopez O A, Hernandez J J. Response spectra for two horizontal seismic components and application of the CQC3－rule [C]. Proceedings of the 7th U. S. National Conference on Earthquake Engineering, Boston, 2002.

[12] Bozorgnia Y, Campbell K W, Niazi M. Observed spectral characteristics of vertical ground motion recorded during worldwide earthquakes from 1957 to 1995 [C]. Proceedings of the 12th World Conference on Earthquake Engineering, New Zealand, 2000.

[13] Niazi M, Bozorgnia Y. Behavior of near－source vertical and horizontal response spectra at SMART－Ⅰ array, Taiwan [J]. Earthquake Engineering and Structural Dynamics, 1992, 21(1): 37－50.

[14] 王国权．921台湾集集地震近断层地面运动特征[D]．北京：中国地震局地质研

究所,2001.

[15] Ohno S,Konno T,Abe K,et al. Method of evaluating horizontal and vertical earthquake ground motions for aseismic design[C]. Proceedings of the 11th World Conference on Earthquake Engineering,Mexico,1996.

[16] 耿淑伟,陶夏新. 地震动加速度反应谱竖向分量与水平分量的比值[J]. 地震工程与工程振动,2004,24(5):33-38.

[17] Penzien J,Watabe M. Characteristics of 3-dimensional earthquake ground motion[J]. Earthquake Engineering and Structural Dynamics,1974,3(4):365-373.

[18] Lopez O A,Torres R. The critical angle of seismic incidence and the maximum structural response[J]. Earthquake Engineering and Structural Dynamics,1997,26(9):881-894.

[19] Menun C,Kiureghian A D. A replacement for the 30%,40% and SRSS rules for multicomponent seismic analysis[J]. Earthquake Spectra,1998,4(1):153-156.

[20] 克拉夫,彭津. 结构动力学[M]. 王光远,译. 北京:高等教育出版社,2006.

[21] Hadjian A H. On the correlation of the components of strong ground motion-part2[J]. Bulletin of Seismological Society of America,1981,71(4):1323-1331.

[22] Chen C,Lee J P. Correlation of artificially generated three component time-histories[C]. Proceedings of the Second International Conference on Structural Mechanics in Reactor Technology,Berlin,Germany,1973.

[23] 黄玉平,刘季. 双向水平地震动的空间相关性[J]. 哈尔滨建筑工程学院学报,1987(3):10-15.

[24] 王君杰. 多点多维地震动随机模型及结构的反应谱分析[D]. 哈尔滨:国家地震局工程力学研究所,1992.

[25] 钟菊芳,胡晓,屈铁军. 同一测点不同地震动分量空间相干性分析[J]. 地震研究,2005,28(4):378-382.

[26] 中交路桥技术有限公司. 公路工程抗震规范 JTG B02—2013[S]. 北京:人民交通出版社,2014.

[27] 中华人民共和国铁道部. 铁路工程抗震设计规范 GB 50111—2006:2009 年版[S]. 北京:中国计划出版社,2009.

[28] 同济大学. 城市桥梁抗震设计规范CJJ166—2011[S]. 北京:中国建筑工业出版社,2011.

[29] 同济大学. 城市轨道交通结构抗震设计规范 GB 50909—2014[S]. 北京:中国计划出版社,2014.

[30] CEN (European Committee for Standardization). (2005). "Design of structures for earthquake resistance. Part 2:Bridges." Eurocode 8,BS EN 1998—2:2005,Brussels,Belgium.

[31] AASHTO. (1996). Interim revisions to the AASHTO standard specifications for highway bridges,Division I—a:Seismic design,Washington,DC.

[32] Caltrans. (2013). Seismic design criteria version 1.7, Sacramento, CA.

[33] JRA (Japan Road Association). (2002). Design specifications of highway bridges, part V. Seismic design, Tokyo.

[34] 刘健新,葛胜锦. 日本公路桥梁抗震设计规范释义[M]. 北京:人民交通出版社,2014.

[35] 冯启民,胡聿贤. 空间相关地面运动的数学模型[J]. 地震工程与工程振动,1981,1(2):1-8.

[36] Harichandran R S, Vanmarcke E H. Stochastic variation of earthquake ground motion in space and time[J]. Journal of Engineering Mechanics, 1986, 112(2):154-175.

[37] Loh C H, Yeh Y T. Spatial variation and stochastic modeling of seismic differential ground movement[J]. Earthquake Engineering and Structural Dynamics, 1988, 16(5):583-596.

[38] Loh C H, Lin S G. Directionality and simulation in spatial variation of seismic waves[J]. Engineering Structures, 1990, 12(2):134-143.

[39] Abrahamson N A, Schneider J F, Stepp J C. Empirical spatial coherence functions for application to soil-structure interaction analyses[J]. Earthquake Spectra, 1991, 7(1):1-27.

[40] 屈铁军,王君杰,王前信. 空间变化的地震动功率谱的实用模型[J]. 地震学报,1996,18(1):55-62.

[41] Oliveira C S, Hao H, Penzien J. Ground motion modeling for multiple-input structural analysis[J]. Structural Safety, 1991, 10(1-3):79-93.

[42] Nakamura H. Depth-dependent spatial variation of ground motion based on seismic array records[C]. Proceedings of the 11th World Conference on Earthquake Engineering, Mexico, 1996.

[43] 王君杰,陈虎. 面向设计应用的地震动空间相干函数模型[J]. 地震工程与工程振动,2007,27(1):16-23.

[44] Wang J J, Chen H. A new spatial coherence model and analytical coefficients for multi-support response spectrum combination[J]. Earthquake Engineering and Engineering Vibration. 2007, 6(3):225-235.

[45] Luco J E, Wong H L. Response of a rigid foundation to a spatially random ground motion [J]. Earthquake Engineering and Structural Dynamics, 1986, 14(6):891-908.

[46] Somerville P G, Mclaren J P, Sen M K, et al. The influnce of site condition on the spatial incoherence of ground motions[J]. Structural Safety, 1991, 10:1-14.

[47] Kiureghian A D. A coherency model for spatially varying ground motions. Earthquake Engineering and Structural Dynamics[J]. 1996, 25(1):99-111.

[48] Yang Q S, Chen Y J. A practical coherency model for spatially varying ground

motions[J]. Structural Engineering and Mechanics,2000,9(2):141－152.

[49] 刘先明,叶继红,李爱群. 竖向地震动场的空间相干函数模型[J]. 工程力学,2004,21(2):140－144.

[50] 丁海平,刘启方,金星,等. 基岩地震动的一个相干函数模型——倾滑断层情形[J]. 地震工程与工程振动,2003,23(2):8－11.

[51] 丁海平,刘启方,金星,等. 基岩地震动的一个相干函数模型——走滑断层情形[J]. 地震学报,2004,26(1):62－67.

[52] 金星,廖振鹏. 地震动随机场的物理模拟[J]. 地震工程与工程振动,1994,14(3):11－19.

[53] 李小军,赵凤新,胡聿贤. 空间相干地震动场模拟的研究[J]. 地震学报,1997,19(2):212－215.

[54] Zerva A,Zhang O. Correlation patterns in characteristics of spatially variable seismic ground motions[J]. Earthquake Engineering and Structural Dynamics,1997,26(1):19－39.

[55] 陈清军,杨永胜,王沿朝. 基于强震台阵记录的地震动空间相干函数实用模型[J]. 土木工程学报,2016,49(S1):1－6.

[56] 洪娜,陈清军. 地震动随场地深度变化的相干性分析[J]. 振动与冲击,2019,38(09):140－147.

[57]丁海平,朱越,于彦彦. 基于能量的相干函数有效频段范围的选取[J]. 地震工程与工程振动,2019,39(02):35－45.

[58] 重庆交通科研设计院. 公路桥梁抗震设计细则 JTGT B02－01－2008[S]. 北京:人民交通出版社,2014.

[59] Yamamura N,Tanaka H. Response analysis of flexible MDOF systems for multiple－support seismic excitation[J]. Earthquake Engineering and Structural Dynamics,1992,19:345－357.

[60] Berrah M,Kausel E. Response spectrum analysis of structures subjected to spatially varying motions[J]. Earthquake Engineering and Structural Dynamics,1992,21(6):461－470.

[61] Berrah M,Kausel E. A modal combination rule for spatially varying seismic motions[J]. Earthquake Engineering and Structural Dynamics,1993,22(9):791－800.

[62] Kiureghian A D,Neuenhofer A. Response spectrum method of multi－support seismic excitations [J]. Earthquake Engineering and Structural Dynamics, 1992,21:713－740.

[63] Loh C H,Ku B D. An efficient analysis of structural response for multiple－support seismic excitations[J]. Engineering Structures,1995,17(1):15－25.

[64] Kahan M,Gibert R. Influence of seismic waves spatial variability on bridges:a sensitivity analysis [J]. Earthquake Engineering and Structural Dynamics, 1996, 25

(8):795-814.

[65] Wang Z,Kiureghian A D. Multiple-support response spectrum analysis using load-dependent Ritz vectors[J]. Earthquake Engineering and Structural Dyna-mics. 2014, 43 (15):2283-2297.

[66] 王淑波. 大型桥梁抗震反应谱分析理论及应用研究[D]. 上海:同济大学,1998.

[67] 夏友柏,王年桥. 多点地震激励下基于改进振型位移法的反应谱方法[J]. 世界地震工程,2003,19(1):164-169.

[68] 李杰,李建华. 多点激励下结构随机地震反应分析的反应谱方法[J]. 地震工程与工程振动,2004,24(3):21-29.

[69] 刘先明,叶继红,李爱群. 多点输入反应谱法的理论研究[J]. 土木工程学报,2005,38(3):17-22.

[70] Allam S M, Datta T K. Analysis of cable-stayed bridges under multi-component random ground motion by response spectrum method[J]. Engineering Structures,2000,22(10):1367-1377.

[71] Heredia-Zavoni E., Vammarake E H. Seismic random vibration analysis of multi-support structural systems[J]. Journal of Engineering Mechanics,1994,120(5):1107-1128.

[72] 刘洪兵. 大跨度桥梁考虑多点激励及地形效应的地震响应分析[D]. 北京:北方交通大学,2000.

[73] 孙建梅. 多点输入下大跨空间结构抗震性能和分析方法的研究[D]. 南京:东南大学,2005.

[74] 苏亮. 大跨空间结构的多点反应谱法和多点地震反应性状的研究[D]. 杭州:浙江大学,2007.

[75] Zembaty Z, Krenk S. Spatial seismic excitations and response spectra [J]. Journal of Engineering Mechanics,1993,119(12):2449-2460.

[76] Jeng V, Kasai K. Spectral relative motion of two structures due to seismic travel waves[J]. Journal of Structural Engineering,1996,122(10):1128-1135.

[77] Trifunac M D, Todorovska M I. Response spectra for differential motion of columns[J]. Earthquake Engineering and Structural Dynamics,1997,26(2):251-268.

[78] Trifunac M D, Gicev V. Response spectra for differential motion of columns paper Ⅱ: Out-of-plane response[J]. Soil Dynamics and Earthquake Engineering, 2006,26(12):1149-1160.

[79] Su L,Dong S L,Kato S. A new average response spectrum method for linear response analysis of structures to spatial earthquake ground motions[J]. Engineering Structures,2006,28(13):1835-1842.

[80] Su L, Dong S L, Kato S. Seismic design for steel trussed arch to multi-

support excitations[J]. Journal of Constructional Steel Research,2007,63(6):725 - 734.

[81] 陈文兵,唐家详．水平任意向地震输入下双塔楼联体结构的动力分析[J]. 振动与冲击,2003,22(1):29 - 32.

[82] Chopra A K. 结构动力学—理论及其在地震工程中的应用[M]. 谢礼立,吕大刚,等,译．北京:高等教育出版社,2007.

[83] 爱德华．L. 维尔逊．结构静力与动力分析—强调地震工程学的物理方法[M]. 北京金土木软件技术有限公司,中国建筑标准设计研究院,译．北京:中国建筑工业出版社,2006.

[84] 国巍,余志武,柳国环,等．大跨隔震结构多点地震计算模型的几点注记[J]. 哈尔滨工业大学学报,2013,45(10):86 - 92.

[85] 陈幼平,周宏业．斜拉桥地震反应的行波效应[J]. 土木工程学报,1996,29(6):61 - 68.

[86] 陈幼平,周宏业．斜拉桥地震破坏的计算研究[J]. 地震工程与工程振动,1995,15(3):127 - 134.

[87] 罗尧治,王荣．索穹顶结构动力特性及多维多点抗震性能研究[J]. 浙江大学学报(工学版),2005,39(1):39 - 45.

[88] 刘枫,肖从真,徐自国,等．首都机场 3 号航站楼多维多点输入时程地震反应分析[J]. 建筑结构学报,2006,27(5):56 - 63.

[89] 杨志,韩庆华,周全智,等．多维多点激励下老山自行车馆屋盖结构的地震反应分析[J]. 天津大学学报,2007,40(11):1277 - 1283.

[90] Nazmy A S,Abdel - Ghaffar A M. Nonlinear earthquake - response analysis of long - span cable - stayed bridges: Theory[J]. Earthquake Engineering and Structural Dynamics,1990,19:45 - 62.

[91] Nazmy A S,Abdel - Ghaffar A M. Effects of ground motion spatial variability on the response of cable - stayed bridges[J]. Earthquake Engineering and Structural Dynamics,1992,21(1):1 - 20.

[92] 秦权,孙晓燕,贺瑞,等．苏通桥对非一致地震地面运动的反应和人工波质量的讨论[J]. 工程力学,2006,23(9):71 - 83.

[93] Zanardo G,Hao H. Seismic response of multi - span simply supported bridges to a spatially varying earthquake ground motion [J]. Earthquake Engineering and Structural Dynamics,2002,31(6):1325 - 1345.

[94] Zanardo G. Performance evaluation of short span reinforced concrete arch bridges[J]. Journal of Bridge Engineering,2004,9(5):424 - 434.

[95] 田利,盖霞．复杂地形场地上多维多点地震动模拟研究[J]. 振动与冲击,2016,35(14):195 - 201.

[96] 惠迎新,王克海,何文杰．跨断层桥梁非一致激励输入模型适用性研究[J]. 建筑科学与工程学报,2016,33(5):100 - 107.

[97] 赵博,石永久,江洋. 一种空间相关多点地震动合成的实用模拟方法[J]. 天津大学学报(自然科学与工程技术版),2015(8):717-722.

[98] Konakli K, Kiureghian A D. Simulation of spatially varying ground motions including incoherence, wave - passage and differential site - response effects [J]. Earthquake Engineering and Structural Dynamics. 2012,41(3):495-513.

[99] Hu L, Xu Z F, Xu Y L, et al. Error analysis of spatially varying seismic ground motion simulation by spectral representation method [J]. Journal of Engineering Mechanics, 2017, 143(9):1-13.

[100] Kiureghian A. D. Structural response to stationary excitation[J]. Journal of Engineering Mechanics, 1980, 106(6):1195-1213.

[101] 王虎栓,汪近仁. 高层建筑随机地震反应分析[J]. 地震工程与工程振动,1988,8(3):86-96.

[102] Harichandran R S, Wang W. Effects of spatially varying earthquake excitation on surface lifelines. Proceedings of Fourth U. S. National Conference on Earthquake Engineering [C]. Palm Springs, 1990.

[103] Harichandran R S, Wang W. Response of indeterminate two - span beam to spatially varying seismic motion[J]. Earthquake Engineering and Structural Dynamics, 1990, 19:173-187.

[104] Harichandran R S, Hawwari A, Sweidan B N. Response of long - span bridges to spatially varying ground motion[J]. Journal of Structural Engineering, 1996, 122(5):476-484.

[105] 林家浩,张亚辉. 随机振动的虚拟激励法[M]. 北京:科学出版社,2004.

[106] 薛素铎,王雪生,曹资. 空间网格结构多维多点随机地震响应分析的高效算法[J]. 世界地震工程,2004,20(3):43-49.

[107] 曹资,薛素铎. 空间结构抗震理论与设计[M]. 北京:科学出版社,2005.

[108] 赵灿晖,周志祥. 大跨度钢管混凝土拱桥在多维多点地震激励作用下的平稳随机响应[J]. 世界地震工程,2007,23(4):66-71.

[109] 李忠献,林伟,丁阳. 大跨度空间网格结构多维多点随机地震反应分析[J]. 地震工程与工程振动,2006,26(1):56-63.

[110] 丁阳,林伟,李忠献. 大跨度空间结构多维多点非平稳随机地震反应分析[J]. 工程力学,2007,24(3):97-103.

[111] Hao H. Arch responses to correlated multiple excitations[J]. Earthquake Engineering and Structural Dynamics, 1993, 22(5):389-404.

[112] Hao H. Ground motion spatial variation effects on circular arch responses [J]. Journal of Engineering Mechanics, 1994, 120(11):2326-2341.

[113] Hao H, Oliveira C S, Penzien J. Multiple - station ground motion processing andsimulation based on SMART - Ⅰ array data[J]. Nuclear Engineering and Design,

1989,111(3):293 - 310.

[114] Oliveira C S,Hao H,Penzien J. Ground motion modeling for multiple - input structural analysis[J]. Structural Safety,1991,10(1 - 3):79 - 93.

[115] Manohar C S, Sarkar A. Critical earthquake input power spectral density function models for engineering structures[J]. Earthquake Engineering and Structural Dynamics,1995,24(12):1549 - 1566.

[116] Heredia - Zavoni E, Santa - Cruz S, Silva - González F L. Modal response analysis of multi - support structures using a random vibration approach[J]. Earthquake Engineering and Structural Dynamics,2015, 44(13):2241 - 2260.

[117] 项海帆．斜张桥在行波作用下的地震反应分析[J]. 同济大学学报,1983,11(2):1 - 9.

[118] 范立础,王君杰,陈玮．非一致地震激励下大跨度斜拉桥的响应特征[J]. 计算力学学报,2001,18(3):358 - 363.

[119] 史志利,李忠献,陈平．大跨度斜拉桥多点激励地震反应分析[J]. 特种结构,2004,21(2):46 - 50.

[120] Soyluk K. Dumanoglu A A. A stochastic analysis of long span structures subjected to spatially varying ground motions including the site - response effect [J]. Engineering Structures,2003,25(10):1301 - 1310.

[121] Soyluk K,Dumanoglu A A. Spatial variability effects of ground motions on cable - stayed bridges[J]. Soil Dynamics and Earthquake Engineering,2004,24(3):241 - 250.

[122] Soyluk K. Comparison of random vibration methods for multi - support seismicexcitation analysis of long - span bridges [J]. Engineering Structures, 2004, 26(11):1573 - 1583.

[123] 李忠献,史志利．行波激励下大跨度连续刚构桥的地震反应分析[J]. 地震工程与工程振动,2003,23(2):68 - 76.

[124] 刘洪兵,范立础．大跨桥梁考虑地形及多点激励的地震响应分析[J]. 同济大学学报,2003,31(6):641 - 646.

[125] Dumanoglu A A,Brownjohn J M W,Severn R T. Seismic analysis of the faith sultan mehmetsuspension bridge[J]. Earthquake Engineering and Structural Dynamics,1992,21:881 - 906.

[126] 胡世德,范立础．江阴长江大桥纵向地震反应分析[J]. 同济大学学报,1994,22(4):434 - 438.

[127] 刘春城,郭丽波,李福军．非一致激励下自锚式悬索桥的非线性地震反应分析[J]. 武汉理工大学学报(交通科学与工程版),2007,31(5):864 - 867.

[128] 黄海新,张哲,石磊,等．多点激励下自锚式斜拉-悬吊协作体系桥地震反应分析[J]. 地震工程与工程振动,2007,27(5):124 - 128.

[129] 王君杰,王前信,江近仁．大跨度拱桥在空间变化地震动下的响应[J]. 振动

工程学报，1995，8(2)：119－126.

[130] Tzanetos N, Elnashai A S, Hamdan F H, et al. Inelastic dynamic response of RC bridges subjected to spatial non－synchronous earthquake motion [J]. Advances in Structural Engineering, 2000, 3(3): 191－214.

[131] Kim S H, Feng M Q. Fragility analysis of bridges under ground motion with spatial variation[J]. Journal of Nonlinear Mechanics, 2003, 38(5): 705－721.

[132] Sextos A G, Pitilakis K D, Kappos A J. Inelastic dynamic analysis of RC bridges accounting for spatial variability of ground motion, site effects and soil－structure interaction phenomena. Part 1: Methodology and analytical tools [J]. Earthquake Engineering and Structural Dynamics, 2003, 32(4): 607－627.

[133] Sextos A G, Pitilakis K D, Kappos A J. Inelastic dynamic analysis of RC bridges accounting for spatial variability of ground motion, site effects and soil－structure interaction phenomena. Part 2: Parametric study[J]. Earthquake Engineering and Structural Dynamics, 2003, 32(4): 629－652.

[134] Lou L, Zerva A. Effects of spatially variable ground motions on the seismic response of a skewed, multi－span, RC highway bridge [J]. Soil Dynamics and Earthquake Engineering, 2005, 25(7): 729－740.

[135] Lupoi A, Franchin P, Pinto P E, et al. Seismic design of bridges accounting for spatial variability of ground motion [J]. Earthquake Engineering and Structural Dynamics, 2005, 34(4－5): 327－348.

[136] Mwafy A M, Kwon O S, Amr Elnashai A, et al. Wave Passage and Ground Motion Incoherency Effects on Seismic Response of an Extended Bridge [J]. Journal of bridge engineering, 2011, 16(3): 364－374.

[137] Ghobarah A, Aziz T S, El－Attar M. Response of transmission lines to multiple support excitation[J]. Engineering Structures, 1996, 18(12): 936－946.

[138] 岳茂光，李宏男，王东升，等．行波激励下输电塔-导线体系纵向地震反应分析[J]. 中国电机工程学报，2006，26(23)：145－150.

[139] 全伟，李宏男，岳茂光．多点激励下输电塔-导线体系纵向地震反应分析[J]. 振动与冲击，2008，27(10)：75－80.

[140] Harichandran R S, Chen M T. Reliability of an earth dam excited by spatially varying earthquake ground motion [C]. Proceedings of 11th World Conference on Earthquake Engineering, Amsterdam, 1996.

[141] Alves S W, Hall J F. Generation of spatially nonuniform ground motion for nonlinear analysis of a concrete arch dam [J]. Earthquake Engineering and Structural Dynamics, 2006, 35(11): 1339－1357.

[142] Hindy A, Novak M. Pipleline response to random ground motion [J]. Journal of Engineering Mechanics, 1980, 106(2): 339－360.

[143] 屈铁军,王前信. 地下管线在空间随机分布的地震作用下的反应[J]. 工程力学,2003,20(3):120-124.

[144] 董汝博. 多点地震动作用下海底悬跨管道非线性分析[D]. 大连:大连理工大学,2008.

[145] Hahn G D,Liu X. Torsional response of unsymmetric buildings to incoherent ground motions[J]. Journal of Structural Engineering,1994,120(4):1158-1181.

[146] Hao H,Duan X N. Seismic response of asymmetric structures to multiple ground motions[J]. Journal of Structural Engineering,1995,121(11):1557-1564.

[147] Hao H.,Duan X. N. Multiple excitation effects on response of symmetric buildings[J]. Engineering Structures,1996,18(9):732-740.

[148] Hao H. Torsional response of building structures to spatial random ground motions[J]. Engineering Structures,1997,19(2):105-112.

[149] Hao H. Response of two-way eccentric building to nonuniform base excitations[J]. Engineering Structures,1998,20(8):677-684.

[150] Hao H. Spatial ground motion effect on relative displacement of adjacent building structures[J]. Earthquake Engineering and Structural Dynamics, 1999, 28(4):333-349.

[151] Heredia-Zavoni E, Barranco F. Torsion in symmetric structures due to ground-motion spatial variation[J]. Journal of Engineering Mechanics, 1996, 122(9):834-843.

[152] Heredia-Zavoni E,Leyva A. Torsional response of symmetric buildings to incoherent and phase-delayed earthquake ground motion[J]. Earthquake Engineering and Structural Dynamics,2003,32(7):1021-1038.

[153] Aviles J, Suarez M, Sanchez-Sesma F J. Effects of wave passage on the relevent dynamic properties of structures with flexible foundation[J]. Earthquake Engineering and Structural Dynamics,2002,31(1):139-159.

[154] 夏友柏,王年桥,李爱群. 空间刚架受多点随机激励的响应[J]. 东南大学学报,2000,30(4):48-53.

[155] 杨庆山,刘文华,田玉基. 国家体育场在多点激励作用下的地震反应分析[J]. 土木工程学报,2008,41(2):35-41.

[156] 王社良,代建波,杜森. 多点输入下大跨空间结构的SMA阻尼减震控制研究[J]. 西安建筑科技大学学报(自然科学版),2010,42(2):261-266.

[157] Caicedo J M,Dyke S J,Moon S J,etal. Phase II benchmark control problem for seismic response of cable-stayed bridges[J]. Journal of Structural Control,2003,10(3-4):137-168.

[158] 代泽兵,黄金枝,王红霞. 基于智能阻尼器的大跨度斜拉桥多支承激励地震振动控制[J]. 振动与冲击,2005,24(2):66-70.

[159] 史志利，张建华，李忠献．行波激励下MR阻尼器对桥梁地震反应控制效果的研究[J]．特种结构，2006，23(1)，74－77．

[160] 亓兴军，李小军．大跨漂浮体系斜拉桥减震控制研究[J]．振动与冲击，2007，26(3)：79－82．

[161] 吴春秋，朱以文．大跨度结构TMD减震系统多点激励的地震随机响应分析[J]．地震工程与工程振动，2003，23(4)：131－135．

[162] 杨德健，耿辰，宋佳楠．基于多点激励下黏滞阻尼器在斜拉桥中的减震效果分析[J]．世界地震工程，2015，31(2)：34－42．

[163] Ates S，Bayraktar. Stochastic response ofseismically isolated highway bridges with friction pendulum systems to spatially varying earthquake ground motions[J]. Engineering Structures，2005，27(13)：1843－1858．

[164] Ates S，Bayraktar A，Dumanoglu A A. The effect of spatially varying earthquake ground motions on the stochastic response of bridges isolated with friction pendulum systems[J]. Soil Dynamics and Earthquake Engineering，2006，26(1)：31－44．

[165] 江宜城，杨德喜，李黎，等．LRB隔震桥梁空间变异性地震随机响应分析[J]．振动与冲击，2007，26(1)：104－107．

[166] Shrestha B，Hao H，Ibrahim N H，etal. On the effectiveness of rotational friction hinge damper to control responses of multi－span simply supported bridge to non－uniform ground motions[J]. Advances in Structural Engineering，2013，16(4)：619－640．

[167] Hao H. Stability of simple beam subjected to multiple seismic excitaions[J]. Journal of Engineering Mechanics，1997，123(7)：739－742．

[168] Ohsaki M. Sensitivity of optimum designs for spatially varying ground motions[J]. Journal of Structural Engineering. 2001，127(11)：1324－1329．

[169] 丁光莹，李杰．多点非一致激励长跨结构抗震可靠度分析[J]．世界地震工程，2000，16(3)：84－89．

[170] 李建华，李杰．多点激励下结构抗震可靠度分析的反应谱方法[J]．防灾减灾工程学报，2004，24(3)：242－246．

[171] 孙建梅，叶继红，程文瀼．多点输入下大跨空间网格结构的可靠度分析[J]．应用力学学报，2005，22(4)：560－566．

[172] Du X T，Xu Y L，Xia H. Dynamic interaction of bridge－train system under non－uniform seismic ground motion[J]. Earthquake Engineering and Structural Dynamics，2012，41(1)：139－157．

[173] Hao H. A parametric study of the required seating length for bridge decks during earthquake[J]. Earthquake Engineering and Structural Dynamics，1998，27(1)：91－103．

[174] Jankowski R，Wilde K，Fujino Y. Pounding of superstructure segments in

isolated bridge during earthquakes [J]. Earthquake Engineering and Structural Dynamics,1998,27(5):487 - 502.

[175] Jankowski R,Wilde K,Fujino Y. Reduction of pounding effects in elevated bridges during earthquakes[J]. Earthquake Engineering and Structural Dynamics,2000,29(2):195 - 212.

[176] Chouw N,Hao H. Study of SSI and non - uniform ground motion effect on pounding between bridge girders[J]. Soil Dynamics and Earthquake Engineering,2005,25(7):717 - 728.

[177] Chouw N,Hao H. Significance of SSI and nonuniform near - fault ground motions in bridge response I:Effect on response with conventional expansion joint [J]. Engineering Structures,2008,30(1):141 - 153.

[178] Chouw N,Hao H. Significance of SSI and nonuniform near - fault ground motions in bridge response II:Effect on response with modular expansion joint [J]. Engineering Structures,2008,30(1):154 - 162.

[179] Bi K M,Hao H,Nawawi Chouw N. 3D FEM analysis of pounding response of bridge structures at a canyon site to spatially varying ground motions [J]. Advances in Structural Engineering,2013,16(4):619 - 640.

[180] Shrestha B, Hao H, Bi K M. Effectiveness of using rubber bumper and restrainer on mitigating pounding and unseating damage of bridge structures subjected to spatially varying ground motions [J]. Engineering Structures ,2014,79:195 - 210.

[181] 李忠献,岳福青,周莉．考虑地震动空间效应的城市高架桥梁地震碰撞响应分析[J]. 天津大学学报,2006,39(8):938 - 943.

[182] 王军文,张运波,李建中,等．地震动行波效应对连续梁桥纵向地震碰撞反应的影响[J]. 工程力学,2007,24(11):100 - 105.

[183] 张超,许莉,房贞政．三塔长跨斜拉桥振动台试验研究[J]. 地震工程与工程振动,2013,33(2):126 - 132.

[184] 何立翔,任伟新,王宁波,等．空间多点地震作用下桥梁结构碰撞响应振动台试验研究[J]. 地震工程与工程振动,2016,36(1):24 - 34.

[185] 孙利民,谢文．超大跨斜拉桥多点振动台试验研究[J]. 工程力学,2016,33(11):38 - 48.

[186] Li X,Zhang D Y,Yan W M. Shake - table test for a typical curved bridge: wave passage and local site effects[J]. Journal of Bridge Engineering,2015,20(2).

[187] 欧进萍．结构随机振动[M]. 北京:高等教育出版社,1998.

[188] Simos N,Philippacopoulos A J,Papandreou D. Power spectra based seismic structural responses using cross crorrelated free - field earthquake motions [C]. Transactions of SMiRT16,Washington DC,USA,August 2001,Paper Number:1754.

[189] 吴健,金峰,徐艳杰．多维地震动各方向相关性对拱坝动应力的影响[J]. 地

震工程与工程振动,2005,25(2):50-54.

[190] Abrahamson N A, Bolt B A, Darragh R B, et al. The SMART-Ⅰ accelerograph array (1980—1987): A review [J]. Earthquake spectra, 1987, 3 (2):263-287.

[191] 屈铁军,王前信. 空间相关的多点地震动合成(Ⅰ)基本公式[J]. 地震工程与工程振动,1998,18(1):8-15.

[192] 杨庆山,姜海鹏. 基于相位差谱的时-频非平稳人造地震动的反应谱拟合[J]. 地震工程与工程振动,2002,22(1):32-38.

[193] Shama A A. Simplified procedure for simulating spatially correlated earthquake ground motions[J]. Engineering Strutures,2007,29(2):248-258.

[194] 董汝博,周晶,冯新. 一种考虑局部场地收敛性的多点地震动合成方法[J]. 振动与冲击,2007,13(1):28-34.

[195] Trujillo D M. A new approach to the integration of accelerometer data [J]. Earthquake Engineering and Structural Dynamics,1982,10(4):529-535.

[196] 中华人民共和国建设部. 建筑抗震设计规范 GB50011—2001[M]. 北京:中国建筑工业出版社,2001.

[197] 潘晓东. 非平稳随机地震下堤坝非线性有效应力动力响应可靠度分析[D]. 杭州:浙江大学,2004.

[198] 朱东生. 桥梁抗震设计中几个问题的研究(输入地震动、曲线桥地震反应、梁桥隔震)[D]. 成都:西南交通大学,1999.

[199] 李宏男,孙丽. 结构在多维地震动作用下抗震计算组合方法[J]. 大连理工大学学报,2003,43(3):338-343.

[200] 范立础,聂利英,李建中. 复杂结构地震波输入最不利方向标准问题[J]. 同济大学学报,2003,31(6):631-636.

[201] 高晓安. 曲线桥梁抗震设计方法研究[D]. 北京:中国建筑科学研究院,2003.

[202] Heredia-Zavoni E, Machicao-Barrionuebo R. Response to orthogonal components of ground motion and assessment of percentage combination rules [J]. Earthquake Engineering and Structural Dynamics,2004,33(2):271-284.

[203] 刘晶波,杜修力. 结构动力学[M]. 北京:机械工业出版社,2005.

[204] 刘先明. 大跨度空间网格结构多点输入反应谱理论的研究和应用[D]. 南京:东南大学,2003.

[205] Nakamura Y, Kiureghian A D, Liu D. Multiple-support response spectrum analysis of the Golden Gate Bridge. Report No. UCB/EERC-93/05 [K]. Earthquake Engineering Research Center, University of California at Berkeley, 1993.

[206] Kiureghian A D, Keshishian P, Hakobian A. Multiple support response spectrum analysis of bridges including the site-response effect & the MSRS code [R]. Report No. UCB/EERC—97/02, Earthquake Engineering Research Center, University

of California at Berkeley,1997.

[207] 交通部公路规划设计院．公路工程抗震设计规范 JTJ 004—89[S]. 北京:人民交通出版社,1999.

[208] 于德广,周广春．MSRS 方法中存在的问题及其改进[J]. 低温建筑技术,2006(6):62-64.

[209] 王君杰,范立础．规范反应谱长周期修正方法的探讨[J]. 土木工程学报,1998,31(6):49-55.

[210] 李建华．工程结构抗震可靠度实用分析方法的研究[D]. 上海:同济大学,2004.

[211] Bommer J J, Elnashai A S. Displacement spectra for seismic design [J]. Journal of Earthquake Engineering,1999,3(1):1-32.

[212] Tolis S V, Faccioli E. Displacement design spectra[J]. Journal of Earthquake Engineering,1999,3(1):107-125.

[213] Kavashima K, Aizawa K. Modification of earthquake response spectra with respect to damping ratio [C]. Proceedings of 3nd U. S. National Conference of Earthquake Engineering, South Carolina,1986.

[214] Kaul M K. Stochastic characterization of earthquakes through their response spectrum[J]. Earthquake Engineering and Structural Dynamics,1978,6(5):497-509.

[215] Burdisso R A, Singh M P. Multiple supported secondary systems part I: response spectrum analysis[J]. Earthquake Engineering and Structural Dynamics,1987,15(1):53-72.

[216] Wilson J C, Gravelle W. Modeling of a cable - stayed bridge for dynamic analysis[J]. Earthquake Engineering and Structural Dynamics,1991,20(8):707-721.

[217] Soneji B B, Jangid R S. Passive hybrid systems for earthquake protection of cable - stayed bridge[J]. Engineering Structures,2007,29(1):57-70.

[218] Wilson J C, Liu T. Ambient ambient vibration mearsurements on a cable - stayed bridge[J]. Earthquake Engineering and Structural Dynamics,1991,20:723-747.

[219] Fleming J F, Egeseli E A. Dynamic behaviour of cable - stayed bridge [J]. Earthquake Engineering and Structural Dynamics,1982,8(1):1-16.

[220] 徐荣桥．结构分析的有限元法与 MATLAB 程序设计[M]. 北京:人民交通出版社,2006.

[221] Kattan P I. MATLAB 有限元分析与应用[M]. 韩来彬,译[M]. 北京:清华大学出版社,2005.

[222] 雷英杰,张善文,李续武,等．MATLAB 遗传算法工具箱及应用．西安:西安电子科技大学出版社,2006.

[223] 王丽,周锡元,闫维明．曲线梁桥地震响应的简化分析方法[J]. 工程力学,2006,23(6):77-84.

[224] Williams D,Godden W. Seismic response of long curved bridge structures: experimental model studies[J]. Earthquake Engineering and Structural Dynamics,1979, 7(2):107－128.

[225] Kawashima K,Penzien J. Theoretical and experimental dynamic behaviour of a curved model bridge structure[J]. Earthquake Engineering and Structural Dynamics, 1979,7(2):129－145.

[226] 朱东生,刘世忠,虞庐松. 曲线桥地震反应研究[J]. 中国公路学报,2002,15(3):42－48.

[227] 高晓安,周锡元. 曲线桥梁在多向地震作用下的动力分析方法[J]. 特种结构,2005,22(1):56－88.

[228] 阎石,张海. 高架桥地震反应半主动控制分析[J]. 地震工程与工程振动,2003,23(6):169－173.

[229] 史志利. 大跨度桥梁多点激励反应分析与MR阻尼器控制[D]. 天津:天津大学,2006.

[230] 亓兴军,李小军,唐晖. 曲线桥弯扭耦合减震半主动控制分析[J]. 公路交通科技,2006,23(9):54－57.

[231] 全伟,李宏男. 大跨结构多维多点输入抗震研究进展[J]. 防灾减灾工程学报,2006,26(3):343－351.

[232] 李宏男,李忠献,祁皑,等. 结构振动与控制[M]. 北京:中国建筑工业出版社,2005.

[233] 欧进萍. 结构振动控制—主动、半主动和智能控制[M]. 北京:科学出版社,2003.

[234] 亓兴军,李小军,申永刚. 地震行波输入下大跨连续刚构桥梁半主动控制效应分析[J]. 振动与冲击,2007,26(2):117－120.

[235] 王丽,闫维明,阎贵平. 铅芯橡胶支座参数对隔震桥梁动力响应的影响[J]. 北京工业大学学报,2004,30(3):304－308.

[236] 陈水生,万益春,野田尚昭. 隔震桥梁地震响应非线性分析[J]. 长安大学学报(自然科学版),2006,26(1):54－58.

[237] 叶爱群,管仲国. 桥梁抗震(第二版)[M]. 北京:人民交通出版社,2011.

[238] 王占飞,赵柏冬. 桥梁抗震设计[M]. 北京:中国水利水电出版社,2016.

[239] 张雷. 京沪高速铁路津沪联络线矮塔斜拉桥设计[J]. 桥梁建设,2012(4):69－74.

[240] 李天恩. 铁路T构矮塔斜拉桥设计分析[J]. 铁道工程学报,2016(2):43－47.

[241] 邓江涛. 高速铁路矮塔斜拉桥墩塔梁固结段局部应力分析与验证[J]. 铁道标准设计,2016,60(6):43－48.

[242] 季伟强. 高速铁路矮塔斜拉桥主梁局部受力行为分析[J]. 铁道标准设计,

2017,61(2):63－67.

[243] Gunawardena Y K R, Ohashi H, Yamahana Y, et al. Design of the new extradosed bridge over the Kelani River[C]. The 6th International Conference on Structural Engineering and Construction Management 2015, SECM/15/014, 1－11.

[244] Choi D H, Park W S. Tension Force Estimation of extradosed bridge cables oscillating nonlinearly under gravity effects [J]. International Journal of Steel Structures, 2011, 11(3):383－394.

[245] 李小珍．地震动输入方向对铁路部分斜拉桥地震响应的影响[J]. 桥梁建设，2015(1):26－32.

[246] 李小珍，刘桢杰，雷虎军，等．行波效应对矮塔斜拉桥弹塑性地震响应的影响[J]. 铁道工程学报，2015(11):49－54.

[247] 吴国斌，谭平，王冰．高速铁路桥梁的隔震研究[J]. 华南地震，2016, 36(2):32－40.

[248] 刘红绪．液体黏滞阻尼器在乌锡线黄河特大桥中的应用研究[J]. 铁道标准设计，2016, 60(1):79－83.

[249] 郑晓龙，金怡新．摩擦单摆支座的设计与减隔震性能分析[J]. 铁道工程学报，2014(4):81－87.

[250] 郑晓龙，金怡新，吕娜．E 型钢阻尼支座的设计与减震性能分析[J]. 铁道工程学报，2015(2):70－75.

[251] 刘洪占，刘爱乔，姚君芳．高烈度地震区客运专线长联不对称预应力混凝土连续梁桥设计[J]. 铁道标准设计，2012(8):52－55.

[252] Li Y, Conte J P. Probabilistic performance－based optimum design of seismic isolation for a California high－speed rail prototype bridge[J]. Earthquake Engineering and Structural Dynamics ,2018 ,47 (2):497－514.

[253] 陈兴冲，张永亮，李子奇．矮塔斜拉桥的减震方案对比研究[J]. 世界地震工程，2010(3):16－21.

[254] 张永亮，陈兴冲，郭永强．刚构连续梁体系铁路矮塔斜拉桥的减震研究[J]. 铁道学报，2011(10):79－85.

[255] 李明华．国道 110 线乌海黄河大桥主桥设计[J]. 世界桥梁，2016(4):6－10.

[256] 高山，彭泽友，史春娟．弹塑性钢减隔震支座在桥梁抗震设计中的应用[J]. 世界桥梁，2015, 43(5):44－48.

[257] 陈维，胡珊，刘义河，等．多塔矮塔斜拉桥抗震结构体系研究[J]. 公路，2013, 58(3):107－110.

[258] 王雷，徐艳．钢阻尼装置应用于斜拉桥横向减震的试验研究[J]. 世界地震工程，2015, 31(4):43－49.

[259] Kim D, Yi J H, Seo H Y, et al. Earthquake risk assessment of seismically isolated extradosed bridges with lead rubber bearings[J]. Structural Engineering and

Mechanics,2008,29(6):689－707.

[260] 张蓓雯．高烈度区单线铁路大跨混凝土连续梁桥抗震设计[J]．铁道标准设计,2012(8):40－45.

[261] 李健宁,虞庐松．液体粘滞阻尼器配合双曲面球型支座在大跨连续梁桥中的减隔震研究[J]．兰州交通大学学报,2016,35(1):94－99.

[262] 冯亚成．高速铁路大跨连续梁桥减隔震方案讨论[J]．地震研究,2015,38(1):167－172.

[263] 孟兮,高日,李承根．铁路简支梁桥中减震榫的设计及其减震性能研究[J]．桥梁建设,2014(3):81－86.

[264] 温留汉·黑沙,邹爽,周福霖,等．高速铁路梁桥减隔震研究[J]．铁道工程学报,2017,34(7):47－52.

[265] 邹爽,温留汉·黑沙．高速铁路简支梁桥减隔震研究[J]．铁道工程学报,2017,34(9):64－69.

[266] 石岩,王东升,孙治国．近断层地震动下的高速铁路桥梁减震设计[J]．中国铁道科学,2014(6):34－40.